高校德育思维方式发展研究

白翠红 著

GAOXIAO DEYU SIWEI FANGSHI FAZHAN YANJIU

·广州·

版权所有　翻印必究

图书在版编目（CIP）数据

高校德育思维方式发展研究/白翠红著．—广州：中山大学出版社，2018.7

ISBN 978-7-306-06368-7

Ⅰ．①高⋯　Ⅱ．①白⋯　Ⅲ．①高等学校—德育工作—研究　Ⅳ．①G647

中国版本图书馆CIP数据核字（2018）第122724号

出 版 人：	王天琪
责任编辑：	靳晓虹
封面设计：	刘　犇
责任校对：	李先萍
责任技编：	何雅涛
出版发行：	中山大学出版社
电　　话：	编辑部 020-84111996，84111997，84110779，84113349
	发行部 020-84111998，84111981，84111160
地　　址：	广州市新港西路135号
邮　　编：	510275　　传　真：020-84036565
网　　址：	http://www.zsup.com.cn　　E-mail：zdcbs@mail.sysu.edu.cn
印 刷 者：	虎彩印艺股份有限公司
规　　格：	787mm×1092mm　1/16　13.75印张　236千字
版次印次：	2018年7月第1版　2018年7月第1次印刷
定　　价：	46.00元

如发现本书因印装质量影响阅读，请与出版社发行部联系调换

内容简介

长期以来，高校德育工作者从未停止过思考德育实践中存在的问题，也从未停止过把理想的德育理念运用于德育实践，但德育实践依然困难重重，效果不尽如人意。高校德育的问题究竟出在哪里，我们该如何应对和解决呢？通过分析所收集的资料，笔者认为，高校德育效果不佳的根源是沿用计划经济时代的简单性思维方式。一切思维方式都有其时代的局限性，思维方式应根据时代发展变化进行相应的调整和转换。因此，高校德育改革的阿基米德点应是高校德育思维方式。高校德育思维方式是看不见摸不着的、深层次的一种认识框架和思维路线，它渗透到德育实践中，在深层次上影响着德育实践。高校德育应根据时代的发展变化，运用复杂性思维方式，从整体上促进大学生全面发展。在这一基本思想的指导下，本书共分五章。

第一章对相关概念进行界定。首先，明确思维方式的涵义。其次，本书将思维方式分为简单性思维方式与复杂性思维方式，分析简单性思维方式的特征、应用及局限，阐述复杂性思维方式的特征，辩证分析简单性思维方式与复杂性思维方式的关系。最后，明确高校德育思维方式的内涵。

第二章着重分析简单性思维方式在高校德育实践中的表现及局限。首先分析高校德育系统与社会环境的割裂，主要表现为：在空间维度上，高校德育与现实环境的割裂；在时间维度上，高校德育与历史和未来的割裂；在途径上，高校德育与家庭教育、社会教育的割裂。其次分析高校德育系统内部各子系统功能的分离。主要表现为：教学系统、管理系统与服务系统之间，以及教学系统内部思想政治理论课教学与专业教学之间没有实现育人的耦合效应。最后分析高校德育系统内部各要素的割裂，主要表现为：主体与客体的割裂、社会价值与个体价值的割裂、知识内容与价值内容的割裂。

第三章分析高校德育思维方式发展的社会背景。随着经济市场化、政治民主化、文化多元化、信息社会化的发展，先进的和落后的东西、高尚的和颓废的东西、主流的和非主流的东西都交织在同一时空中，综合影响大学生的思想行为。原来简单的泛政治化德育、知性德育、灌输德育不能满足大学生的多样需求，客观上要求发展高校德育思维方式。

第四章分析高校德育思维方式发展的内在依据。大学生主体意识的增强要求高校德育将他育与自育有机统一起来，大学生全面发展要求高校德育由应试德育向素质德育发展，大学生思想道德素质的综合性发展要求高校德育由知性德育向实践德育发展。

第五章提出在复杂性思维方式的观照下高校德育向前推进的对策。首先，高校德育应在适应与优化社会环境中，与社会环境协同发展。其次，高校德育系统内部各子系统在协调互补中，实现育人的耦合功能。最后，高校德育系统通过整合教育内容、聚集教育主体，实现系统内部各要素的优化组合，达成社会目标与个体目标的共生。

序

改革开放以来，由于党和政府的高度重视，广大高校德育工作者的辛勤努力，高校德育不断创新发展，取得了丰硕成果。总体上讲，高校德育在培养大学生的思想道德素质，帮助大学生树立正确的世界观、人生观和价值观，维护高校乃至社会稳定等方面发挥了积极作用。高校德育工作虽然取得诸多成绩，但仍然存在德育泛政治化、德育知性化、德育生活化现象，德育实践仍然面临种种困境，德育实效还有待继续提高。高校德育如何走出困境，是个值得研究的课题。白翠红博士的《高校德育思维方式发展研究》一书深入探究高校德育效果不佳的根源——计划经济时代的简单性思维方式，提出应该随着时代的发展变化及时转换思维方式，采取与大学生全面发展和现代复杂社会相适应的复杂性思维方式。本书以马克思主义认识论为指导，既研究了高校德育困境的根源——简单性思维方式，阐述了简单性思维方式在高校德育实践中的表现及局限，又研究了高校德育思维方式发展的社会背景和内在依据，提出了高校德育应该确立复杂性思维方式，提出了在复杂性思维方式指导下高校德育发展的有效路径。

思维方式是哲学认识论的重要论题之一。本书对思维方式研究的历史做了简单考察，界定了思维方式的涵义，分析了思维方式发展变化的根源及特征，探讨了简单性思维方式和复杂性思维方式的特征及关系。人类任何活动的背后都由一定的思维方式来指导，高校德育也不能例外。本书界定了高校德育思维方式的内涵，分析了高校德育思维方式与高校德育教育方式的辩证关系，为探索高校德育的改革发展提供了新思路。

本书作者根据系统论思想，提出高校德育是一个包含宏观层次、中观层次、微观层次的复杂系统。高校德育困境形成的原因多种多样，但深层原因是简单性思维方式造成的。本书分析了简单性思维方式在高校德育中的表现及局限，在宏观层次，高校德育没有充分考虑社会环境的发展变化，试图将社会环境过滤、提纯，与社会环境之间没有充分进行物质、信息和能量的交换；在中观层次，高校德育各子系统之间处于各自为政的状态，教学系统、管理系统和服务系统之间没有形成教育合力；在微观层次，高校德育各要素之间，例如主体与客体、社会价值与个体价值、知识内容与价值内容往往相互割裂。简单性思维方式导致高校德育陷入种种困境，难以实现立德树人的目标。本书提出要实现立德树人的目标，高校德育应该形成开放性思维方式、整体性思维方式、非线性思维方式等复杂性思维方式。

本书根据马克思主义关于人与环境的辩证关系原理，分析了高校德育思维方式发展的社会背景。随着经济市场化、政治民主化、文化多元化、信息社会化的快速发展，原来简单的泛政治化德育、知性德育、灌输德育难以适应越来越具有不确定性和不可控性的社会环境，必然要求高校德育形成开放性思维方式，适应并优化社会环境，使高校德育与社会环境协同发展。

本书根据马克思主义关于人的全面发展理论，分析了高校德育思维方式发展的主体诉求。大学生主体意识的增强要求高校德育将他育与自育有机统一起来，大学生全面发展要求高校德育由应试德育向素质德育发展，大学生思想道德素质形成的复杂过程要求高校德育由知性德育向实践德育发展。高校德育教育方式的发展变化要求形成与之相适应的整体性思维方式和非线性思维方式。

本书提出高校德育只有完成从线性到非线性、从封闭性到开放性、从还原性到整体性、从平面性到立体性、从片面性到辩证性的转换，才能使高校德育适应复杂多变的环境，满足大学生全面发展的需求。本书探究了复杂性思维方式视野下高校德育的实践对策，是对以往高校德育思维方式研究的丰富，也是亮点之一。本书提出在宏观层次上，高校德育要增强主体性、耗散性、预示性，在适应社会环境中发展自身，在自身发展中优化社会环境，达到与社会环境的协同发展。在中观层次上，高校德育各子系统——教学系统、管理系统、服务系统之间可以找到耦合点，形成耦合机制，产生功能耦合效应。教学系统内部思想政治理论课教学与专业教学之间具有功能耦合的可能性，思想政治理论课教学可以从哲学社会科学和自然科学中汲取丰富的养料，哲学社会科学和自然科学教学要以社会主义核心价值体系为导向。在微观层次上，高校德育系统内部通过整合教育内容、聚集教育主体，使系统各要素优化组合，教育资源得以涌现，达成社会目标与个体目标的共生。

总之，本书提出在高校德育中确立复杂性思维方式，为我们走出高校德育困境提供了一个新视角，有一定的创新性。复杂性思维方式能够提供面向德育实践的方法论，为德育实践的发展指明方向和路线。但是，复杂性思维方式不是包医百病的灵丹妙药，它不能为高校德育提出面向具体德育活动的方法或方案。另外，高校德育思维方式的内涵极其深刻、外延极其丰富，可以从多视角多层面进行研究，还有许多问题有待进一步深化研究。希望作者在现有研究的基础上，始终把握思想政治教育学科发展动态，不断开阔学术视野，提升学术水平，为推动思想政治教育学科发展而努力！

李辉

2018 年 2 月 26 日

于中山大学康乐园

目 录

绪 论 …………………………………………………………… 1
 一、问题缘起 ………………………………………………… 1
 二、文献综述 ………………………………………………… 6
 三、研究方法 ………………………………………………… 12
 四、研究思路 ………………………………………………… 13

第一章 思维方式与高校德育思维方式 …………………… 15
 第一节 思维方式 ………………………………………… 15
 第二节 简单性思维方式 ………………………………… 24
 第三节 复杂性思维方式 ………………………………… 34
 第四节 高校德育思维方式 ……………………………… 40

第二章 高校德育简单性思维方式的表现及局限 ………… 45
 第一节 高校德育系统与社会环境的割裂 …………… 45
 第二节 高校德育系统内部各子系统的割裂 ………… 54
 第三节 高校德育系统内部各要素的割裂 …………… 67

第三章　高校德育思维方式发展的社会背景 …… 86
第一节　经济市场化及其对高校德育思维方式的影响 …… 86
第二节　政治民主化及其对高校德育思维方式的影响 …… 95
第三节　文化多样化及其对高校德育思维方式的影响 …… 106
第四节　社会信息化及其对高校德育思维方式的影响 …… 116

第四章　高校德育思维方式发展的主体诉求 …… 127
第一节　大学生主体意识增强的诉求 …… 127
第二节　大学生全面发展的诉求 …… 136
第三节　大学生思想道德素质发展的诉求 …… 150

第五章　复杂性思维方式视野下高校德育的实践对策 …… 161
第一节　协同发展：高校德育与社会环境的适应优化 …… 161
第二节　功能耦合：高校德育子系统的协调互补 …… 172
第三节　内容整合：高校德育系统内部各要素的优化组合 …… 185

结　语 …… 206

参考文献 …… 209

后　记 …… 220

绪　论

一、问题缘起

改革开放以来，由于党和政府的高度重视，再加上广大高校德育工作者的辛勤努力，高校德育不断创新发展，取得了丰硕成果。2012年高校学生思想政治状况滚动调查显示，当前高校学生思想主流继续保持积极健康向上的良好态势。调查表明，广大高校学生坚决拥护党的领导，坚持走中国特色社会主义道路，拥护我国基本经济政治制度。91.4%的学生认为应该增强我国各族人民对伟大祖国、中华文化和中国特色社会主义道路的认同。[①] 总体上讲，高校德育在培养大学生的思想道德素质，帮助大学生树立正确的世界观、人生观和价值观，维护高校乃至社会的稳定等方面发挥了积极的作用。但是，高校德育与党和国家的要求、与大学生全面发展的要求相比差距仍然很大，正如《中共中央国务院关于进一步加强和改进大学生思想政治教育的意见》中指出："一些大学生不同程度地存在政治信仰迷茫、理想信念模糊、价值取向扭曲、诚信意识淡薄、社会责任感缺乏、艰苦奋斗精神淡化、团结协作观念较差、心理素质欠佳等问题。"目前，高校德育还不能很好地适应新环境、新形势、新任务，仍然有待于进一步加强和改进。

长期以来，高校德育工作者从未停止过思考德育的各种问题，也从未停止过将理想的德育理念运用于德育实践，可谓"日日新"。高校德育工作虽然取得诸多成绩，但仍然荆棘丛生，面临种种问题，许多学者都感叹学校德育工作陷入了困境。邱柏生教授在《试图摆脱困境的高校思想政

---

① 参见教育部《2012年高校学生思想政治状况滚动调查》，http://www.wenming.cn/xj_pd/ssrd/201206/t20120606_693175.shtml，2012年6月5日。

治教育》一文中指出，近年来，高校在轰轰烈烈地开展思想政治教育过程中，总感到有一种莫名的困惑，思想政治课程建设认认真真，学校思想政治工作形式多样，校园文化建设不断翻新，但总感到教育效果不尽如人意。[①] 高校德育的问题究竟出在哪里，我们该如何应对和解决呢？

（一）高校德育面临的困境

长期以来，高校德育始终存在着德育泛政治化、德育知性化现象，近年来又出现了德育生活化现象，德育泛政治化、德育知性化和德育生活化都对德育做了简单化理解，使德育实践面临种种困境，德育实效不佳。

1. 高校德育的泛政治化

高校德育的泛政治化就是以政治教育取代思想教育、道德教育、心理教育。由于受中国传统的政治与伦理合一（即政治伦理化和伦理政治化）文化的影响和中华人民共和国成立初期"左"倾思想的影响，高校德育被窄化为政治教育，出现泛政治化的现象，即德育政治化和政治德育化。正如金生鈜教授所说："道德目标变成了政治目标，而政治目标又道德化，政治目标的实现依靠道德的手段，而道德理想的追求又运用了政治的手段。政治思想因而成为道德的核心内容。学校的道德教育因灌输政治思想而成为思想政治教育。"[②] 高校德育泛政治化具体表现为：一是德育目标的政治化。高校德育目标的设置带有理想化色彩，用少数先进分子和优秀人物的高标准来要求所有大学生，只有远大的长期目标，没有可操作性的阶段目标，不符合学生身心发展规律。二是德育内容的政治化。从中华人民共和国成立后高校德育所走的历程来看，德育内容变动过于频繁，存在着过多的从属于政治形势需要的东西，以至在某些时期，"共产主义理想教育""党和国家的路线、方针和政策教育"成为高校德育的全部，政治教育完全取代德育的其他内容。三是德育过程的政治化。由于过分注重政治内容，高校德育往往把大学生的心理问题当成思想政治问题而加以简单化处理，采用政治理论说教的方式压制大学生的心理问题，而不是采用疏导的方式解决心理问题。高校德育过程被简单等同于思想政治理论课，

---

① 参见邱柏生《试图摆脱困境的高校思想政治教育》，载《思想·理论·教育》2003年第6期。

② 金生鈜：《德性与教化》，湖南大学出版社2003年版，第335页。

而思想政治理论课教学的目的是规范大学生的思想行为，其思想性、故事性、趣味性、文化性被淡化。四是德育评价的政治化。评判大学生德性的标准被窄化为政治标准，裁定大学生的道德品质主要依据其政治态度、政治觉悟和政治表现。因此，好学生就是政治态度端正、政治觉悟高、政治表现好的学生。

2. 高校德育的知性化

受西方主知主义思想的影响，我国的高校德育遵循知性逻辑，认为思想道德知识与科学知识一样是外在于人、外在于生活的存在物，用传授科学知识的方法去传授思想道德知识。高校德育被窄化为知性德育，"通过'范式匹配'（Patterns Matching）的方式将自己等同于科学知识教育，按照科学知识学习的逻辑来组织内容、设立目标。其典型的表现就是将压缩过的伦理学、道德哲学的知识体系直接移植到学校教育中，虽然声称是为了学生的品德发展，但其隐含的目的却是使学生成为研究伦理和道德的'伦理学者'"①。高校德育重视对德育知识的传授与理解，这对学生学习间接经验无疑是十分有效的。但是，知性化德育的局限性也不断暴露出来，具体表现为：一是大学生思想道德认知与情感、意志、行为的割裂。大学生思想道德素质是由思想道德认知素质、思想道德情感素质、思想道德意志素质和思想道德行为素质构成。高校德育的知性化把德育窄化为思想道德知识的传授与学习，只重视理性的认知因素，忽视非理性的情感、意志、行为因素，其结果是认知与情感、认知与意志、认知与行为的割裂，其结果是培养出许多知情脱节、知志脱节、知行脱节的"人才"。二是高校德育与生活的割裂。高校德育按照科学和科学教育的逻辑将各种思想道德知识分类组合，构建成一定的知识体系，再按照知识教学的方式进行教学。高校德育抽象的理论内容远离了大学生的生活世界，大学生不能将抽象的思想道德知识与自己的生活联系起来，学到的仅是枯萎的知识符号，而不是沉甸甸的智慧，他们成为"有德育知识而没有德育生活智慧"的人。高校德育的知性化不适应当代社会对大学生思想道德素质全面发展的要求，也不能满足大学生精神生活的需要，因此，一直备受诟病。

3. 高校德育的生活化

由于德育一直存在与实际生活脱节的现象，一些德育工作者提出对德

---

① 高德胜：《生活德育论》，人民出版社2005年版，第90页。

育进行全面改造使其贴近生活，实现德育的"生活化"。在对德育政治化和德育知性化批判的基础上，德育工作者提出德育生活化，要求德育回归"生活世界"，但是德育生活化的理论基石不牢固。首先，对德育生活化的核心概念——"生活"没有明晰的界定。"生活"到底是指日常生活还是非日常生活，到底是指健康生活还是不健康生活，没有形成统一的认识。"生活"作为复杂的环境资源影响德育，德育不可脱离生活，但德育更要在汲取生活中丰富资源的基础上承担优化生活、引领生活的历史使命。德育被"生活化"了，德育的特殊性就体现不出来，就会导致德育泛化和随意化。其次，在德育生活化中德育目标的来源不确定。德育生活化主张"德育目标来源于生活"，就意味着有什么样的生活就提出什么样的德育目标，从而在根本上否认德育目标所内含的国家意志和社会理性的统一性要求，使之变得分散而模糊，实际上消解了国家制定的德育目标。[①] 德育生活化"从本质上看仍然未能摆脱非此即彼的形而上学思维方式，用一种口号代替另一种口号，从一场运动跳跃到另一场运动；在实践过程中，过分强调实践与活动，追求学校德育的媚俗与生活化，忽视了学校德育思辨与理性探讨的过程，从一种极端跳到另一种极端"[②]。

（二）高校德育面临困境的原因

高校德育陷入泛政治化、知性化、生活化困境中，不能与社会环境的发展变化相适应，这与高校德育工作者固守的简单性思维不无关系。纵观我国高校德育发展的历程，存在的突出问题是以简单性思维方式为方法论基础，将大学生全面发展的全方位、整体性的问题加以拆解，"头疼医头，脚疼医脚"。例如，大学生出现心理问题就仅从心理上找原因，用加强心理教育的方式解决；大学生出现思想问题就仅从思想上找原因，用加强思想教育、价值观教育的方式解决；大学生出现政治问题就仅从政治上找原因，用加强政治教育的方式解决。近年来，高校德育改革搞得轰轰烈烈、有声有色，但主要局限于教育方法、教育手段等细枝末节方面，指导高校德育的思维方式仍然是传统社会形成的简单性思维，这与复杂多样的

---

① 参见钱广荣《置疑"德育生活化"》，载《思想理论教育导刊》2011年第12期。
② 戚万学等：《静水流深见气象——鲁洁先生的教育思想与教育情怀》，教育科学出版社2010年版，第182页。

社会环境不相适应，难以满足大学生全面发展的需要。

改革开放以来，中国社会处于从传统社会向现代社会转型的过渡时期，由于分工不明确，传统社会的社会结构、社会关系、价值观念都比现代社会简单很多。因此，中国从传统社会向现代社会的转型，也可以说是从简单社会向复杂社会的转型。中国社会的转型改变着人们的生活方式，推动着人们思维方式的变化，客观上也要求高校德育思维方式发展变化。

在转型过程中，中国社会结构从同质走向异质，客观上要求高校德育思维方式不断发展，以适应社会环境的发展变化。改革开放前，中国社会结构简单，经济、政治和文化三大领域的功能很大程度上以政治为中心融合为一体，高校德育出现泛政治化现象，德育目标、德育内容、德育评价都以政治原则作为取舍标准或判断标准。改革开放后，经济、政治和文化三大领域逐渐分离，每个领域都有自己的价值原则，不能再以政治原则取代一切，人的全面发展也不能再被窄化为政治发展。简单的泛政治化德育与异质的社会结构已经很不协调，也无法满足大学生全面发展的需要，高校德育应该从泛政治化德育向人本德育发展。

在转型过程中，中国社会在从计划经济走向市场经济的过程中，社会关系从依附走向相对独立，客观上要求高校德育思维方式向前发展。在计划经济时代，人们处于特定的身份等级关系，下级对上级、个人对集体形成一种依附关系。与这种依附关系相适应，高校德育采取灌输的教育方式。学生依附于教师，被动接受教师传授的知识。在社会主义市场经济条件下，大学生的主体意识增强，意识到自己是自身的主人，不愿意被动地接受教育者传递的知识和信息，他们要求在德育过程中发挥主动性和能动性。传统的灌输德育无法满足大学生主体性发展的需要，高校德育应该从灌输德育向交往德育发展。

在转型过程中，价值观念从单一走向多样，客观上要求高校德育思维方式向前发展。经济全球化、生活世俗化和信息网络化的联袂出台，把我们带入价值多样化时代，不同的价值选择都获得了被尊重的社会空间。价值多样化带给大学生更多的选择空间，但多样化的价值极易将主流价值遮蔽和消解，基本的是非、善恶、美丑界限被杂乱无章的多样价值搅乱。知性化的高校德育仅仅传授经过人类抽象思维加工过的自足自明的德育知识，科学知识语言建构的体系化德育知识去宰制生动活泼的社会现实生活，导致学生无法将所学德育知识与多元化的价值生活衔接起来。知性化的高校德育无法应对复杂、分化的价值领域,高校德育从知识教育向价值教育发展,引导学生认同主流价值。

(三) 高校德育走出困境的思路

高校德育要走出困境,改革要取得成效,就必须寻找到它的阿基米德点。笔者认为,高校德育改革的阿基米德点就是思维方式。思维方式是看不见摸不着的、是深层次的一种认识框架和思维路线。思维方式直接影响着人们思维活动的成果,决定着主体能否正确认识和把握客体。德育思维方式渗透于德育理论和德育实践中,在深层次上影响着德育理论和德育实践,也就是说,德育思维方式是通过德育理论和德育实践体现出来的。影响高校德育的因素多种多样,在一定的客观条件前提下,在教育者知识结构相差不多的情况下,思维方式不同,德育效果就不同。因此,如何运用科学的思维方式从事高校德育实践,是值得我们深思的。一切思维方式都有自己的时代局限性,高校德育也不例外。随着中国社会从高度集中的计划经济体制向社会主义市场经济体制的转变,计划经济时代形成的简单性思维方式的局限性越来越凸显,高校德育应该及时调整和转换思维方式。

系统科学和复杂性科学的深入发展以及其在社会科学领域应用的深入拓展为高校德育提供了一种新的方法论——复杂性思维方式。高校德育具有显著的复杂性,是一个复杂的开放系统,应该以复杂性思维方式为方法论的基础,采取全方位、整体性的思路和方法,从根本上解决德育实践中的问题。

二、文献综述

(一) 关于复杂性的研究

20 世纪 80 年代,法国思想家埃德加·莫兰指出:"无论在科学思想里、在认识论思想里,还是在哲学思想里,复杂性的问题现在仍然是不受重视的。"[1] 然而,30 多年后的今天,复杂性问题已成为自然科学研究的

---

[1] [法]埃德加·莫兰:《复杂思想:自觉的科学》,陈一壮译,北京大学出版社 2001 年版,第 137 页。

前沿，复杂性科学已成为当代科学的前沿，复杂性科学方法正在打破科学与人文的隔阂，从自然科学领域蔓延到人文社会科学领域，引发了人们对人文社会科学领域方法论的反思。

复杂性科学包含研究复杂系统的一系列理论如系统论、控制论、信息论（老三论）和耗散结构理论、协同学、突变论（新三论）等，这些理论是对经典力学的简单分析法的超越。在我国，20世纪90年代初，钱学森等人提出了"开放的复杂巨系统"的概念，以及"从定性到定量的综合集成研讨厅体系"，由此开创了中国复杂性研究之先河。2004年，青岛大学复杂性科学研究所的成立与《复杂系统和复杂性科学》学报的创办，已经成为国内外相关专家学者开展复杂性研究与学术交流的重要基地，由此在中国掀起了研究复杂系统及其复杂性的新浪潮。

哲学是跟在科学后面、姗姗来迟的"密涅瓦的猫头鹰"，尽管复杂性科学研究已经硕果累累，但对复杂性的哲学思考十分欠缺。思考复杂性，尤其是从哲学角度思考复杂性，是当下时代的重要任务。复杂性哲学是建立在复杂性科学研究基础上的，是对复杂性科学的反思，是以复杂性科学理论为源泉的本体论、认识论和方法论。笔者所见的主要著作有3本：赵凯荣的《复杂性哲学》、刘劲杨的《哲学视野中的复杂性》、黄欣荣的《复杂性科学的方法论研究》。

（二）关于复杂性思维运用于教育领域的相关研究

复杂性科学的兴起，给教育研究提供了新视角，为教育研究注入了活力，使教育研究焕发出勃勃生机。复杂性思维方式在教育领域的运用，肇始于20世纪末，所形成的理论成果虽然不是很多，但是却犹如轻轻投入湖中的小石子，使平静的湖面泛起层层波纹，为其增添了几分生趣和活力。郑金洲、程亮在《中国教育学研究的发展趋向》一文中指出，21世纪初的中国教育学研究呈现出五个方面的变化态势，其中之一就是，方法论意义上的复杂科学已越来越多地影响教育研究乃至对教育的基本看法。[①]

以"复杂性"为题名的关于教育的博士学位论文有1篇：《复杂性视角下的教育决策机制研究》。以"复杂性"为题名的关于教育的硕士学位论文有9篇：《复杂性科学视野下的教学方式变革研究》《复杂性科学视

[①] 参见郑金洲、程亮《中国教育学研究的发展趋向》，载《教育研究》2005年第11期。

野中的教学目标》《复杂性科学研究对学校教育的启示》《复杂性视域下的教师教学决策研究》《复杂性视域下的教育研究范式探究》《复杂性思维方式视野中的教育理论研究》《基于复杂性理论的学习环境及其构建》《教育系统及教育评价的复杂性研究》《走向复杂性思维的教学理论研究》。以"复杂性"为题名在中国期刊网全文数据库中搜索的关于教育的小论文有将近40篇。还有一些论文题目中使用的"非线性""关系性""整体性""立体性""创新性"等字眼，但它也是将复杂性科学方法论应用于教育的研究成果。在国内外学者将复杂性思维方式应用于教育领域的探索和实践中，人们逐渐取得了一个基本共识，即教育是一个特殊的超复杂系统，传统的教育控制实践和教育研究范式需要变革，至少隐喻式的借鉴复杂性科学方法论富有现实意义。

运用复杂性思维研究教育问题取得了丰硕的成果，现有研究成果主要集中在以下几方面。

第一，运用复杂性思维研究教育系统。国内外学者认为教育系统是多要素组成的复杂系统，如教育主体的复杂多样、教育内容的复杂多样、教育系统内部各要素的纷繁变化、教育系统外部环境的复杂多变等。

第二，运用复杂性思维研究学校组织、管理系统。国内外学者应用复杂性思维方式，分析学校管理中的复杂性现象，指出学校管理低效的各种非线性因素。

第三，运用复杂性思维研究教学系统。国内外学者认为，传统的教学设计具有线性、确定性、封闭性和负反馈等局限，试图运用复杂性思维方式探索具有非线性、不确定性、开放性和正反馈特性的教学设计。

第四，运用复杂性思维研究教育过程。国内外学者分析了教育过程简单化的表现，如教学目的、教学手段、教学方法、教学反馈和考试手段等的简单化，指出教育过程中的各种非线性关系。

第五，运用复杂性思维研究有关教育的具体问题。国内外学者对儿童观、教育规律、教育评价、学习等具体问题的复杂性做了大量研究。

可见，复杂性思维已成为教育理论界洞察教育实践与理论问题的新的思维范式，为教育实践与理论研究提供了一个全新的视角。

（三）关于复杂性思维运用于德育领域的相关研究

近年来，复杂性思维也逐渐引起德育研究者的重视，他们开始将复杂性思维引入德育领域，运用复杂性思维研究德育存在的问题，试图提出德育的出路和发展方向。

1. 现有的研究成果

运用复杂性思维研究德育问题虽然刚开始，但也取得了一些成果，主要集中在以下几方面。

（1）有的从总体上指出，思想政治教育复杂的学科特点（思想政治教育性质、对象、方法等的复杂性），内在要求超越传统研究中的还原论、狭隘的学科边界意识、学术权威、"意识研究"范式等局限，用复杂性思维去推进思想政治教育的创新和发展。史宁在《复杂思维视野下的高校德育系统研究》中，用复杂思维去解释、把握、分析、透视高校德育存在的问题与不足，试图用复杂思维去解决简单思维指导下高校德育实践中的问题。① 但是，作者人为地将高校德育系统分为德育目标、德育内容、德育管理三个子系统，且这三个子系统不在同一层面上。陈中建在《高校德育系统工程研究》中，运用系统工程的思维观念和方法，试图全面理解和把握高校德育。② 本书通过对高校德育系统的结构梳理，将高校德育系统划分为目标系统、组织管理系统、内容系统和环境系统四个子系统，研究了系统内德育队伍建设、德育实践体系、德育环境建设和德育评估，却没有研究内容系统。

（2）有的指出思想政治教育过程的复杂性，提出运用复杂性思维，才能真正提升学生的主体性。卢岚在《复杂性思维与思想政治教育主体性的优化》一文中指出，思想政治教育过程本身是由多种要素和多个方面组成，多重环节展开并受诸多因素制约的复杂系统。这个复杂系统的自组织过程是主体生命活动的展现过程，是思想政治教育实践智慧施展的过程。只有把复杂性思维运用于思想政治教育理论与实践中，才能真正提升学生的主体性。③

（3）有的运用复杂性思维，提出拓展思想政治教育路径的思路。黄路在《复杂性科学理论与大学生思想政治教育途径的拓展》一文中，引

---

① 参见史宁《复杂思维视野下的高校德育系统研究》，辽宁师范大学 2009 年博士学位论文。
② 参见陈中建《高校德育系统工程研究》，南京师范大学 2008 年博士学位论文。
③ 参见卢岚《复杂性思维与思想政治教育主体性的优化》，载《理论与改革》2007 年第 4 期。

入复杂性科学的相关理论，针对大学生思想政治教育的复杂性特征，提出当前拓展大学生思想政治教育途径的思路：教育影响因素的非线性特征要求采取非线性的应对措施；教育过程与教育效果的不可还原性特征要求多种教育方式的有机结合；思想发展的自组织性特征要求贴近被教育者的思想和生活实际。[①] 卢岚在《思想政治教育的新路径——复杂性思维与思想政治教育社会生态研究》一文中，从自组织系统的生成性特点（如开放性、远离平衡特性、非线性和涨落机制等）出发，来探讨现代思想政治教育社会生态系统的自组织演化规律，为思想政治教育社会生态的健康发展提供了新思路。[②]

（4）有的试图从复杂性理论的视角分析对学校道德教育的启示，但在行文中却是分开的，先谈复杂性理论，再谈道德教育该如何，如薛淑芳的《复杂性理论视野中的学校道德教育》。[③]

2. 现有研究的局限性

通过以上研究成果可以看出，学者开始有意识地运用复杂性思维方式来研究德育中存在的问题，以期能够推进德育理论的深入研究和德育实践的深入发展。现有研究涉及了思想政治教育的学科发展、教育过程、教育路径、社会环境、教育主体等问题，这些研究成果为进一步探讨思想政治教育的复杂性提供了必要的基础和可贵的借鉴。但是，这些研究也不可避免地存在以下局限性。

第一，生搬硬套。很多研究直接将自然科学中的复杂性概念生搬硬套到思想政治教育中，或直接将教育领域中的复杂性研究成果简单移植到思想政治教育中，没有考虑思想政治教育学科的特殊性，没有实现话语的转化。

第二，"应然"研究多，"实然"研究少。大多研究从"应然"的角度提出思想政治教育应该如何，停留在价值层面和理念层次上，缺乏面向实践的"实然"策略。

---

① 参见黄路《复杂性科学理论与大学生思想政治教育途径的拓展》，载《中南民族大学学报》2006年第1期。
② 参见卢岚《思想政治教育的新路径——复杂性思维与思想政治教育社会生态研究》，载《襄樊学院学报》2008年第7期。
③ 参见薛淑芳《复杂性理论视野中的学校道德教育》，载《吉林省教育学院学报》2008年第2期。

第三，研究方法单一。目前，大多数研究都是定性研究，都是相关的理论陈述与探讨，缺乏调查问卷、深度访谈等实证材料，说服力不强。

第四，研究方向不集中，还没有形成系统的研究成果。

运用复杂性思维方式研究德育问题毕竟刚刚开始，这方面的研究还有待继续深化。

（四）关于高校德育研究现状

近年来高校德育研究日益深入，基础理论研究和应用理论研究都有所加强，彰显了浓郁的人文关怀意蕴和强烈的社会责任意识。

1. 基础理论研究

基础理论研究主要集中在三个方面：①高校德育的相关概念和内涵、本质和价值、地位和作用等基本范畴的理论研究；②高校德育的目标和内容、过程和规律、原则和方法、环境和载体、队伍建设等运作机制的理论研究；③高校德育的领导体制、效果评估、学生管理等管理系统的理论研究。可以说，基础理论研究比较成熟，理论体系比较完善，已经建立起比较完整的框架结构。

2. 应用理论研究

应用理论研究主要集中在四个方面：①比较深入地探讨了高校德育的具体模式，研究焦点主要集中在主体性德育、交往性德育、生活化德育、隐性德育、网络德育等方面；②比较深入地探讨了思想政治理论课程的整体性建构、教育教学内容和方法、教学评价与反馈等方面；③比较深入地探讨了高校德育队伍的建设，分析了思想政治理论课教师、辅导员、管理人员以及各方面人员之间的协调配合；④比较深入地探讨了大学生日常思想政治教育，研究焦点集中在如何拓展高校德育的路径，将德育渗透于日常管理、心理咨询与心理健康教育、职业生涯规划、校园网络、志愿服务等工作中。这些研究成果不仅在学科领域内推动着高校德育研究的进展，更直接推动着高校德育实践活动的实施与开展。

现有的高校德育研究，提出问题的模式相近，都是从某一方面入手，重新解释和分析新形势下高校德育的走向与发展趋势，分析问题的理论工具是思想政治教育学范畴内的概念和理论框架的演绎，缺少其他学科概念和框架的运用。

本书在前人研究的基础上，另辟蹊径，综合分析，从支配高校德育理论和实践的那只"看不见的手"——思维方式入手,分析高校德育中存在的问题,提出高校德育思维方式发展的路向。

三、研究方法

方法论与方法是同一事物的两个方面。方法论是人的主观意识对客观事物认识过程中总结的符合客观规律方法的认识。方法是人在具体实践中运用的能够达到预期目的的并符合客观规律的一种由方法论总结得出的具体步骤。

本书在马克思主义唯物史观和复杂性科学方法论这一哲学方法论的指导下,将历史与逻辑统一起来,运用文献研究法和比较研究法等方法进行具体分析研究。

复杂性科学方法论不是以唯心主义和机械唯物主义为理论基石,而是以辩证唯物主义为理论基石。复杂性科学方法论与辩证唯物主义是互补的,"一方面,是辩证唯物主义对复杂性研究的指导作用;另一方面,是复杂性科学对辩证唯物主义在实证、充实、深化与发展等方面的推进作用"[1]。

本书将历史与逻辑统一起来,使用大量文献资料,根据历史的具体进程来考察高校德育的发展演变,力争做到史料详实、阐释具体、论证充分。历史的东西往往是杂乱的,还需要运用逻辑思维进行"修正",用辩证思维分析问题,力求在对历史和现实的把握中对高校德育做出客观分析。

本书将整体论方法与还原论方法结合起来分析高校德育。本书既汲取还原论的合理思想,按还原的方向,从上到下,从大到小,把整个高校德育系统分解为三个子系统(教学系统、管理系统和服务系统),把高校德育分解为教育者、受教育者、教育内容、教育方法等要素,详尽分析各要素之间、各子系统之间的相互关系。本书又汲取整体论的合理思想,将高校德育系统看作一个整体,按照整体把握的方向,从下到上,提出如何将高校德育各要素、各子系统整合为一个整体,使其产生组织效应、结构效应,在整体上涌现出新的面貌、新的特性,更好地促进大学生全面发展。

本书运用比较研究法,将简单性思维方式与复杂性思维方式的特征进

---

[1] 北京大学现代科学与哲学研究中心:《复杂性新探》,人民出版社2007年版,第290页。

行对比分析，将高校德育中简单性思维方式的实然状态与高校德育中复杂性思维方式的应然状态进行对比分析。本书指出简单性思维方式在高校德育实践中的表现并分析其局限性，有针对性地提出复杂性思维方式视野下高校德育的实践对策。

四、研究思路

通过分析所收集的资料，笔者认为，高校德育效果不佳的根源是沿用计划经济时代的简单性思维方式。一切思维方式都有其时代的局限性，时代发展变化了，思维方式必须发生相应调整和转换。高校德育要提高实效性或有效性，就应根据时代的发展变化，采取与大学生全面发展和现代复杂社会相适应的复杂性思维方式。在这一基本构思的指导下，本书共分五章。

第一章对有关概念及论题进行界定。明确思维方式的涵义、发展变化、分类等，本书将思维方式分为简单性思维方式与复杂性思维方式，分析了简单性思维方式的特征、应用及局限，阐述了复杂性思维方式的特征，辩证分析了简单性思维方式与复杂性思维方式的关系，明确了高校德育思维方式的内涵。

第二章着重分析简单性思维方式在高校德育实践中的表现及局限。主要从三个方面进行分析。一是高校德育系统与社会环境的割裂。主要表现为：在空间维度上，高校德育与现实环境的割裂；在时间维度上，高校德育与历史和未来的割裂；在功能向度上，高校德育系统与其他社会系统的割裂。二是高校德育系统内部各子系统功能的分离。主要表现为：教学系统、管理系统与服务系统之间，以及教学系统内部思想政治理论课教学与专业教学之间没有实现育人的耦合效应。三是高校德育系统内部各要素的割裂。主要表现为：高校德育主体与客体的割裂、高校德育价值的割裂、高校德育内容的割裂。

第三章分析高校德育思维方式发展的社会背景。随着经济市场化、政治民主化、文化多元化、信息社会化的发展，社会环境越来越复杂多样，前现代、现代和后现代的东西，先进的和落后的东西，高尚的和颓废的东西，主流的和非主流的东西都交织在同一时空中，综合影响大学生的思想行为。这对高校德育既带来发展机遇，更带来严峻挑战。社会环境的快速发展和复杂变化，越来越具有不确定性和不可控性，原来简单的泛政治化德育、知性德育、灌输德育越来越难以适应大学生的多样需求，客观上要求高校德育思维方式向前发展。

第四章分析高校德育思维方式发展的主体诉求。大学生主体意识的增强要求高校德育将他育与自育有机统一起来；大学生全面发展要求高校德育由应试德育向素质德育发展；大学生思想道德素质形成的复杂过程要求高校德育由知性德育向实践德育发展。

第五章提出在复杂性思维方式的观照下高校德育向前推进的实践对策。首先，高校德育要在适应社会环境的同时，优化社会环境，达到与社会环境的协同发展。其次，高校德育系统内部各子系统在协调与互补中，实现育人的耦合功能。最后，高校德育系统通过整合教育内容、聚集教育主体，实现系统内部各要素的优化组合，最终达成社会目标与个体目标的共生。

第一章 思维方式与高校德育思维方式

思维方式与高校德育思维方式是本书的两个核心概念。思维方式是看不见、摸不着的，其内涵丰富，形式多样，难以把握。难以把握不等于不能把握，本章对思维方式研究的历史做了简单考察后，界定了思维方式的涵义，分析了思维方式发展变化的根源及特征，探讨了简单性思维方式和复杂性思维方式的特征及关系。人类任何活动的背后都有一定的思维方式来指导，高校德育也不能例外。高校德育思维方式是隐藏在高校德育教育方式背后"看不见的手"，要通过研究高校德育教育方式来洞察高校德育思维方式。

第一节 思维方式

思维方式是哲学认识论的重要论题之一。人类认识事物、探寻真理离不开一定的工具和手段，其中思维方式就是不可或缺的工具和手段。思维是人脑的"固有属性"或"存在方式"，人类认识事物时必然需要脑部的运动，其运动的结果是形成一定的思想观念和精神意识。运用不同的思维方式考察同一事物，得到的结果会有所不同甚至截然相反。

一、思维方式的涵义

（一）思维的涵义

思维是人脑对客观事物进行分析、综合、判断、推理的活动，是人们反映外部世界本质和规律的能力，是人认识事物的活动过程和对信息的一种排序。思维属于哲学方法论的范畴，也是大脑神经网络这个复杂系统的运动过程。《中国百科大辞典》中关于思维的定义："思维又作思惟，即思量、思忖、思考。人类对客观事物间接的和概括的反映。……思维以感觉和知觉为基础，它揭示事物的本质特征和内在联系，是认识的高级形式。……思维是通过一系列复杂的操作来实现的，人们在头脑中运用贮存在长时记忆中的知识和经验，对外界输入的信息进行分析、综合、比较、抽象和概括的过程。"① 可见，离开思维，人类无法把握事物的本质、实质，无法把握世界的普遍力量和终极目的。思维要完成这些任务，必须借助于一定的思维方法，即采取相应的思维方式。正如黑格尔所说："当精神一走上思想的道路，不陷入虚浮，而能保持着追求真理的意志和勇气时，它可以立即发现，只有（正确的）方法才能够规范思想，指导思想去把握实质，并保持于实质中。"② 因此，认识思维方式是十分必要的。

（二）思维方式的涵义

西方哲学史上第一个自觉地系统研究人类思维的哲学家是亚里士多德，他"通过对范畴、定义、命题、三段论、演绎方法以及思维规则、规律等内容的探讨，确立了理性思维的起点（范畴），表征或展示了思维活动的程式或思维推进的程序，构成了思维活动的'格'，建立了第一个思维的形式化体系（三段论），确立了思维活动所应遵循的规则、方法以及蕴含于思维活动中的规律"③。亚氏把三段论演绎推理方式看作推导和论证新知识的有效工具，建立了初等的符号化形式系统，制定了相关的思维规则。亚氏的三段论演绎推理方式成为经院哲学论证神学信仰的思维工具，对西方人的思维方式产生了深远的影响。随着科学技术的发展，亚氏的三段论形式逻辑逐渐成为人们追求新知识的思维桎梏。

弗兰西斯·培根提出"假象说"对形式逻辑思维进行了批判，在分析"假象"的功能时揭示了影响思维方式的诸因素，揭示了思维方式与人的情感、意志、信仰、信念、语言等方面的关系。培根批判旧思维方式

---

① 中国百科大辞典编撰委员会：《中国百科大辞典》（普及版），中国大百科全书出版社2005年版，第910-911页。
② [德]黑格尔：《小逻辑》，贺麟译，商务印书馆1980年版，第5页。
③ 杨楹：《精神的脉络：思维方式的历史研究》，福建人民出版社2000年版，第31页。

的根本目的是创设一种新的思维工具——归纳法,以归纳法形成新的概念和原理来肃清各种"假象"。通过对归纳法的研究,培根明确提出认识和把握事物的本质与发展规律必须遵循的思维程序和原则,这成为近代自觉研究思维方式的起点。

笛卡尔对思维方式的探讨蕴涵于认识论中,即蕴涵于对真理的探求中,也就是说他要寻求达到客观确定性知识所采取的方法与必须遵循的原则,因此,认识活动的起点、中介、方法、程序等构成研究思维方式的主要内容。笛卡尔以理性的怀疑精神和怀疑态度对传统思维方式进行清理和改造,创建了新的思维方法——演绎法,演绎法对西方哲学思维方式产生了深远影响。黑格尔赞许道:"在哲学上,笛卡儿开创了一个全新的方向:从他起,开始了哲学上的新时代;从此哲学文化改弦更张,可以在思想中以普遍性的形式把握它的高级精神原则。"①

在马克思主义哲学产生前,思维方式研究的集大成者是黑格尔。"黑格尔首先将哲学界定为一种'思维方式',然后在此基础上,展开了思维方式的本质和类型的剖析,构筑了马克思主义哲学之前对思维方式研究最完备的理论体系。"② 黑格尔认为,"精神是主动的,它的活动是以特定的方式进行的",这种"特定的方式"就是思维方式,即主体用思维去把握客体、认识"真理"、追求"绝对"的模式和工具。黑格尔把人类思维的类型划分为四种:表象或经验思维、形式或知性思维、灵感或直觉思维、概念或辩证思维。黑格尔认为,表象或经验思维停留于直观或直接经验,用抽象分析法将事物内容分解为各种抽象的规定;形式或知性思维从感性具体中得到抽象规定,再用有限的抽象规定去把握无限的真理;灵感或直觉思维带有偶发性,取消了逻辑思维;概念或辩证思维是分析与综合的统一,是最合理的思维方式。

马克思主义经典作家们也十分重视思维方式的研究。恩格斯说:"离开思维便不能前进,而且要思维就得有思维规定。"③ 马克思主义创始人在批判继承黑格尔思维方式研究成果的基础上,以唯物史观作为思维方式

---

① [德]黑格尔:《哲学史讲演录》第4卷,贺麟、王太庆译,商务印书馆1978年版,第65页。

② 陈中立等:《思维方式与社会发展》,社会科学文献出版社2001年版,第33页。

③ 中共中央马克思恩格斯列宁斯大林著作编译局:《马克思恩格斯选集》第4卷,人民出版社1995年版,第308页。

研究的基础，实现了思维方式研究的伟大变革，形成了马克思主义的思维方式——实践思维方式。思维方式的对象是感性材料，因此，思维"必须充分地占有材料，分析它的各种发展形式，探寻这些形式的内在联系，只有这项工作完成以后，现实的运动才能适当地叙述出来。这点一旦做到，材料的生命一旦观念地反映出来，呈现在我们面前的就好像是一个先验的结构了"①。马克思所说的"先验的结构"其实就是思维方式，思维方式对感性材料具有分析、选择、整合的功能，思维方式的存在是大脑对感性材料进行组织、分析、加工的前提条件。"先验的结构"相对于具体认识对象而言具有先在性，是在以前的实践活动中形成的。正如列宁所说："人的实践经过亿万次的重复，在人的意识中以逻辑的式固定下来。这些式正是（而且只是）由于亿万次的重复才有着先入之见的巩固性和公理的性质。"②列宁阐述了"逻辑的式"与实践活动的辩证关系，"逻辑的式"是亿万次实践活动的产物，同时在亿万次的实践活动中人的意识又使这些"逻辑的式"以思维规则和思维方法等形式固定下来，进而又调节和控制人的实践活动。"逻辑的式"就是思维运演的逻辑，就是思维方式。

从以上分析可以看到，"思维方式即在思维活动进行之前主体思维既有的'先验的结构'，它在认识、思维活动中具体地表现为设定问题、选择问题、剖析与解决问题和说明问题的思维形式、思维方法，或者可以说，思维方式即是思维结构、思维形式和思维方法等方面的概称"③。人类的思维活动是人脑根据自身的社会实践，凭借语言等符号系统，并遵循一定的运作程序，理解和把握世界的过程。思维方式是抽象的思想方式，"是人们思考问题，进行抽象思维的方式，是主体认识客观现实，在思维中反映和把握客观现实的方式。包括人们思考问题的角度和思维的路线、方法"④。思维方式是一个带有整体性和综合性的范畴，是人们对世界整体性的认知方式，是一定时代人们的理论认识方式。笔者认为，所谓思维

---

① 中共中央马克思恩格斯列宁斯大林著作编译局：《马克思恩格斯选集》第2卷，人民出版社1995年版，第111页。
② 中共中央马克思恩格斯列宁斯大林著作编译局：《列宁全集》第55卷，人民出版社1990年版，第186页。
③ 陈中立、杨楹等：《思维方式与社会发展》，社会科学文献出版社2001年版，第33页。
④ 张锋主编：《当代中国百科大辞典》，档案出版社1991年版，第658页。

方式，是一定社会历史实践活动形成的、由人的各种思维要素及其结合并按一定的方法和程序表现出来的相对稳定的思维样式，是主体观念的理解和把握世界的一种认识方式，即认识的发动、运行和转换的内在机制和过程。

二、思维方式发展变化的根源、过程及特征

思维方式的产生根源于实践方式，实践方式的发展变化决定了思维方式的发展变化。但思维方式具有相对稳定性，往往滞后于实践方式的发展变化。

（一）思维方式发展变化的根源

不同历史时代的思维方式是不同的，这归根到底是由各个历史时代不同的实践方式造成的。每个历史时代的思维方式，只有从该历史时代的实践发展状况中才能得到科学的说明。

一方面，思维方式归根到底是由实践方式决定的。恩格斯指出："人的思维的最本质的和最切近的基础，正是人所引起的自然界的变化，而不仅仅是自然界本身；人在怎样的程度上学会改变自然界，人的智力就在怎样的程度上发展起来。"[①] 一定时代的生产力发展水平，特别是科学技术发展水平，决定着生活在这一时代的人们的社会存在方式和行为方式，进而决定着这一时代人们的思维方式。"每一个时代的理论思维，从而我们时代的理论思维，都是一种历史的产物，它在不同的时代具有完全不同的形式，同时具有完全不同的内容。"[②] 不同的时代，由于人们生产方式和生活方式的不同，形成了具有时代特色的思想观念，这些思想观念以"逻辑的式"固定下来就成为该时代的思维方式。

另一方面，思维方式随实践方式的发展变化而发展变化。人类高度发达的思维能力并不是与生俱来的，而是在认识和改造世界的活动中由低级

---

① 中共中央马克思恩格斯列宁斯大林著作编译局：《马克思恩格斯选集》第4卷，人民出版社1995年版，第329页。

② 中共中央马克思恩格斯列宁斯大林著作编译局：《马克思恩格斯选集》第4卷，人民出版社1995年版，第284页。

到高级，由简单到复杂逐步发展起来的。人类思维方式的发展变化是人在改变客观世界的同时，不断进行自我调整和自我改变的结果。正如马克思所说："发展着自己的物质生产和物质交往的人们，在改变自己的这个现实的同时也改变着自己的思维和思维的产物。不是意识决定生活，而是生活决定意识。"① 思维方式是动态的和过程性的，它必然伴随着人类生产方式的变化而变化，只要人类还在进行着变革现实的活动，就必然要通过转变自己的思维方式来适应社会变革的要求。旧的思维方式为新的思维方式所代替，是人类思维进化的必然规律。

（二）思维方式发展变化的过程

思维方式形成的基础是社会实践，科学技术又是人类社会实践活动的直接推动力和结果。每一次重大的科学技术革命都会引起人们生活方式和行为方式的变化，进而引起思维方式的变革，因此可以说科学技术是思维方式变革的直接推动力。随着科学技术的发展进程，人类思维方式大致从古代直观的整体思维方式发展到近代机械论思维方式，再发展到现代复杂性思维方式。

1. 古代直观的整体思维方式

在农业社会，人类与自然交往的工具和技术日益发展，交往范围不断扩展，人类开始主动地认识和改造自然，形成了直观的整体思维方式。这种思维方式具有整体性特点，对事物的直观现象进行整体描述，没有对事物内部结构做出详细分析。例如，古埃及人根据尼罗河河水泛滥之间的间隔把一年定为365天，进行农作物的耕种。古代的中医对于人体内部结构不能做出详细分析，只能对人体进行直观现象的整体描述。

2. 近代机械论思维方式

牛顿在继承伽利略等人研究的基础上，力图用数学来研究自然现象，形成用数学表达的自然法则。牛顿认为，"力"是一个数学范畴，是物体之间相互作用的数量关系。牛顿在对"力"进行准确数学描述的基础上，形成了牛顿力学。牛顿力学对行星、彗星、月亮、潮汐以及常规物体运动的成功解释和预测，使人们深信宇宙犹如一部复杂的钟表机器，宇宙就是

---

① 中共中央马克思恩格斯列宁斯大林著作编译局：《马克思恩格斯选集》第1卷，人民出版社1995年版，第73页。

由自然法则精确控制的力学系统，人类可以主宰宇宙。牛顿力学在说明和解释自然方面取得的成功，最终使人们建立起机械自然观，形成机械论思维方式。机械论思维方式的核心思想和方法是还原与分析，即把研究对象从环境中分离出来，然后把研究对象分解为部分，把高层次的复杂问题还原为可以解决的低层次的简单问题，用自下而上各层次相对简单问题的逐步解决替代对高层次复杂问题的解决。

3. 现代复杂性思维方式

20世纪中叶以后，以系统科学为代表的新兴学科成为现代科学技术的重要组成部分，它把人类的认识从追求基本的简单性引向探索复杂性。"系统科学把关注点从元素转移到系统，强调整体的非还原性与非加和性；从实体转移到信息，揭示事物存在与运动的'隐秩序'；从可逆性转移到不可逆性，发现时间的历史性质；从存在转移到演化，研究自组织的机制与规律；从线性转移到非线性，指出系统运动轨迹的'混沌'性质；从简单性转移到复杂性，奠定科学世界观的新范式。"[①] 系统科学革命的力度、深度和广度都是前所未有的，从根本上改变着人们对世界事物构成方式的认识，人类逐渐确立起复杂性思维方式。复杂性思维方式具有非线性、整体性、立体性、关系性等特征，它注重考察系统的要素、结构、环境、信息、控制等之间的非线性关系，探寻问题产生的多种原因，提出解决问题的多种方案，对解决方案的多种影响做出预测，综合分析，选出最佳方案。复杂性思维方式是迄今为止人类思维水平达到的最高阶段，是人类全部智慧的结晶。

（三）思维方式发展变化的特征

思维方式虽然随着生产方式的变化而变化，但思维方式一旦形成就具有相对稳定性，其发展变化是比较缓慢的。思维方式作为特定时代社会实践方式在人脑中的内化与积淀，属于认识的最深层次，是一种观念形态的东西，它有自身独特的发展变化规则，它与社会实践的发展变化之间保持着一定的张力，即思维方式的发展变化与社会实践发展之间不完全同步。除了社会实践这一决定性的因素外，还有诸多因素影响思维方式，如职

---

① 颜晓峰：《20世纪的科学技术发展与思维方式变革》，载《湖南文理学院学报》（社会科学版）2003年第5期。

业、年龄、情感、宗教、道德、哲学、政治、法律、心理、情感等等。可以说，思维方式的发展变化是诸多因素综合作用的结果，一经形成就具有相对稳定性。纵观人类文化发展史，历史变迁的一般程序（实际情况要复杂得多）是按照社会经济形态—社会政治法律制度—表层文化形式—思维方式的层次向前推进的。思维方式的变化是历史变化的最后层次，因此，常常会出现思维方式滞后于实践发展的情况，即社会实践已经将历史推进到了一个新时代，但人们仍运用旧时代的思维方式思考问题。但也会出现另一种情形，思维方式超前于实践发展，虽然社会实践的发展还不充分，但一些先知先觉的伟大人物能够预测客观事物发展的主导趋势，超越历史实践所限，产生高瞻远瞩的超前性思维，从而为社会实践打开新的发展空间。思维方式既可以促进社会实践的发展，也可以阻碍社会实践的发展。当某种思维方式刚开始形成时，它有利于促进社会发展；而当某种思维方式成为一种思维定式并落后于时代发展的步伐时，它就会阻碍社会发展。

人们从事任何社会实践活动，都离不开一定的思维方式指导，思维方式是深藏在实践背后的"看不见的手"。在此意义上，社会实践方式是思维方式的外在表现，思维方式是人类社会实践活动的理性积淀，是人类对自然界和自身的认识过程中形成的思考问题的习惯性模式。每个时代都有自己时代的思维方式，同时每个时代的思维方式都具有时代赋予的不可克服的局限性与保守性，在社会实践发展中旧的思维方式必然要不断向前发展，新的思维方式必然扬弃旧的思维方式。

三、思维方式的分类

目前，理论界对思维方式的划分是多种多样的，参考系不同、标准不同，划分的结果就迥然相异。

根据思维活动的内容和工具划分，思维方式可以分为直观思维方式、想象思维方式和逻辑思维方式。直观思维方式的对象主要是过去的经验、感性事物和直接观察到的现象。想象思维方式主要表现在形象思维中，通过联想、象征、典型化的途径创造出新的形象。逻辑思维方式是思维按照一定的逻辑程序、逻辑规则和逻辑方法进行和展开的方式。

根据思维方式发展水平和程度划分，可以分为感性思维方式、知性思维方式和辩证思维方式。感性思维方式采取直观的方法，对事物形成直观、形象、笼统和模糊的认识。知性思维方式把认识对象的丰富内容和普遍联系抽象化、孤立化，形成一种确定的、凝固的知识。知性思维方式是一种静态思维方式，带有封闭性、保守性和形而上学性特征。辩证思维方式是一种动态思维方式，它用联系、发展、全面的观点分析和解决问题。辩证思维方式有发散—开放式思维、批判—创造式思维、多样—总体式思维等多种形态。

根据人类发展的历史时代进行划分，思维方式可以分为古代思维方式、近代思维方式和现代思维方式。古代思维方式具有直观性，近代思维方式具有机械性。现代思维方式具有系统综合性、动态开放性、自觉创新性等特征。

根据对客观事物的处理方式进行划分，分为简单性思维方式和复杂性思维方式。简单性思维方式是近代自然科学研究中形成的科学方法论的哲学表达，它具有线性、还原性、实体性、平面性等特征。简单性思维方式是将复杂现象作简化处理，省略掉一些非线性因素，在分析、拆解的基础上，把低层次部分累加为整体的思维方式。复杂性思维方式是现代（20世纪以来）自然科学研究中形成的科学方法论的哲学表达，它是在复杂性科学活动领域中孕育、滋生出来的，它具有非线性、整体性、关系性、立体性等特征。复杂性思维将"复杂性问题当作复杂性来处理"，考虑复杂事物外部及内部的各种非线性因素，在分析、拆解的基础上，再将各因素加以整合的思维方式。复杂性思维方式已经超越了复杂性科学领域，从自然科学领域推进到社会科学领域，逐渐被提升到一般化和普遍化的哲学层面，作为一种科学的认识论和方法论正渗透到各个学科研究领域和社会生活各个方面。

根据不同标准划分的各种思维方式之间具有交叉性。简单性思维方式与直观思维方式、知性思维方式、近代思维方式具有相通性，复杂性思维方式与逻辑思维方式、辩证思维方式、现代思维方式具有相通性。

第二节 简单性思维方式

简单性思维方式是人类在长期社会实践和认识过程中,尤其是在近代自然科学发展中形成的思维方式。近代科学运用简单性思维方式取得了巨大成就,但随着科学研究的深入,简单性思维方式无法解释复杂的自然界和人类精神世界,无法解决人类社会发展中的诸多难题。

一、简单性思维方式的特征

由于理性的有限性,人类不能完全认识和把握这个复杂的世界,于是人类在认识复杂世界中寻找到一种有效的策略,即抽象和简化的策略,将复杂世界做简化处理。经典科学的简单性思维范式就建立在这样的观念基础上:现象世界的复杂性也应该能够从简单的原理和普遍的规律出发加以消解,简单性是构成它的本质,复杂性是现实的表面现象。由于对这种观念的坚信,人类在科学研究和社会实践中形成了以线性、还原性、平面性、实体性等为特征的简单性思维方式。

(一)线性

线性本来是数学中的概念,从几何图像上看,线性就是直线性。在线性相互作用的系统中,两个变量之间保持一种固定的比例关系,即两个变量之间存在一个常数,表明两个变量的相互作用在时空上是均匀的、对称的,在性质上是等价的。线性系统的基本特点是,一个量的变化总是引起其他量按照固定的比例改变。线性思维在人类近代历史发展中占据了400多年的主导地位,400多年间数学工具无法解释非线性关系,因此,解决非线性问题的唯一方法就是将其简化为线性问题。线性思维的前提假设是,现实世界本质上是线性的,非线性不过是对线性的偏离或干扰。如果系统出现了用线性方法不能解决的问题,就把非线性略去或采用近似的扰动等线性方法来处理。线性思维是一种常用的思维方式,通常人们认为,认识一个对象就是要找到简单的线性方程,获得解析。

线性思维是指把思维对象看作线性系统来认识的思维方式,即一种直线的、单向的、单维的、缺乏变化的思维方式。人的感官在觉察外部世界时,产生的响应信号基本成对数正比,例如,"人的眼睛在观察相同距离上的不同物体时,物体的高度与视网膜上视角的大小成正比",物体的声振动"在主观上产生的响度感觉与声波强度的对数成正比"①,因此人们首先凭经验线性地思维。任何思维客体都有一个纵向系统,线性思维表现为向着一个方向延伸开来的直线思维,即思考问题从一个起点出发,从一个角度观察,沿着固定方向或向前延伸,或向后回溯。线性思维将认识过程简约化、线性化,是探寻事物发展变化规律的一种重要方法。线性思维对于事物发展现状的认识比较清晰,并能在一定程度上预见事物发展的前景。

但是,线性思维的缺陷也十分明显。线性思维容易忽视事物之间的横向联系,缺乏对事物进行多层次、多角度的立体透视,在认识的深度和广度上有很大的局限。线性思维从多要素、多层次的复杂系统中,抽查两个要素作为变量(将其他要素假设为不变量而忽略不计),孤立考察两个变量之间的因果关系,割断了两个要素与其他要素的客观联系,错综复杂的因果网络就被简化为单向因果链条。线性思维注重进行历史类比,重视对传统和经验的利用,排斥与传统经验相异的结论,不愿去探索新路,难以得出新结论,难以产生新发现。

(二)还原性

还原性思维方式将整体分解为部分,将复杂事物分解为简单事物,将持续不断的发展过程割裂为相对静止的个别片断,把高级运动形式归结为低级运动形式。概括起来说,还原性思维方式就是孤立地、僵化地、机械地、外因地看待与对待事物与世界的形而上学思维方式。②

还原性思维方式是在以分析为主要特征的近代科学技术的发展中形成的。牛顿力学把千差万别的物体还原为只有质量、速度和位置的"质点",把物体间复杂的相互作用关系所产生的能量简单地还原为"力",

---

① 游佩林:《自然界中线性与非线性的辩证法》,载《自然辩证法研究》1994年第6期。
② 参见许志峰、陈质敏、王鹏娟编著《现代科学技术概论》,东北师范大学出版社2006年版,第257页。

通过实验确认物体在不同时刻的机械运动状态之间的因果关系。牛顿力学在解释宏观物体的机械运动方面取得了巨大的成功，这使得人们相信，一切现象本质上都是力学现象，人和动物都是按照力学规律的机制组合起来的机器，牛顿力学是解释世界的真正可靠的、最根本的依据，一切科学最终都以牛顿力学为基础，牛顿力学规律是自然界唯一正确的客观规律。经验论哲学家吸收了牛顿力学的科学成果，将所有运动都还原为机械运动，将机械运动视为自然界唯一的运动形式，用机械运动原理解释所有事物的因果关系。18 世纪著有《人是机器》一书的拉美特里，根据大量医学、解剖学和生理学的科学材料，证明人的行为都是受定的，人的心灵状况受定于人的机体状况。例如，思维是大脑的机能，道德源于机体的自我保存的要求。1975 年，爱德华·威尔逊的《社会生物学》一书，试图以动物的社会行为原则来解释人类行为，试图证明从战争到利他主义等许多人类行为都有其生物学的基础，人类同其他所有群居性动物的行为都是受基因支配的。1976 年，理查德·道金斯的《自私的基因》一书，将进化的选择单位从个体定位到创造个体的基因上，指出所有生命的繁衍进化都是基因为求自身的生存和传衍而发生的结果，人也只不过是被基因主宰的机器人而已。

还原性思维方式力图用最简单的公式或原理推导出万事万物的原因，它不断分解宏观事物，直到最低的层次和最终的物质要素出现，在微观物质基元寻找事物的终极根源，做出终极说明。还原性思维方式克服了古代整体论思维方式的朴素、直观、模糊等局限和缺陷，使科学认识达到了精确、严格的程度。它的历史地位和作用是不容抹杀的，即使在今天仍然有广泛的使用范围。

但是，在系统科学特别是复杂性科学兴起以后，还原性思维方式的局限和缺陷日益明显。还原性思维方式的局限性集中表现为将现实生活中的每一种现象都看成更低级、更基本的现象的集合体或组成物，用低级运动形式的规律解释高级运动形式的规律，用自然科学理论解释精神科学现象，用无机界规律解释有机界现象。还原性思维方式将整体中要素之间的关系简化为原子式的机械关系，将整体简化为要素的简单加和，在根本上消解了事物的复杂意义。

(三) 平面性

平面性思维是"主体围绕思维对象整体中的某一个方面（平面或曲面）展开的思维方式"①。一个事物由许多方面构成，平面性思维从事物的一个断面展开，是线性思维向纵横两个方向扩展的结果。平面性思维从平面上不同的方位去研究某个问题，相对地达到认识某一方面的全面性。当思维定向以后、中心确定以后，它就要从几个方位去分析或说明这个问题，但是这些方位只是某个平面中的几个点，并不构成立体空间，因此，"它仍然是囿于某个平面中的全面，并不是反映对象整体性的全面，因而这种全面相对于立体思维来说，仍然是不全面的。充其量，它只不过是二维思维或单面思维、非空间思维上的一种'全面'"②。

任何事物都有多向联系，平面性思维就是进行横向的平面比较，能够认识到事物在某一面上的各种联系，有利于开阔思路、活跃思维，有利于打破思维定式、沟通各学科之间的联系。如果用图形表示平面性思维，"或是表现为平面上的一个点向着周围展开，或是表现为向着不同方向延伸开来的直线，它不涉及认识对象的诸多方面，而只涉及认识对象某个方面的不同方位"③。平面性思维无法将事物纵横两方面联系起来，往往忽略事物发展的历史过程，难以全方位地观察问题。

(四) 实体性

实体性思维几乎统治了古代哲学家和近代科学家的头脑，直到现在，仍然具有很大的影响力。实体性思维的哲学基础是实体实在论，"无限复杂的宇宙可以还原为某些基本实体，即具有既定或固有质的绝对本体；绝对本体超感性超现实，却是现实和感性世界的基础"④。所谓实体性思维，就是把宇宙万物理解为不同实体排列的集合，以实体的眼光看待事物的存在方式，并以此为前提诠释一切。

实体性思维具有抽象性特征。实体性思维相信，宇宙万物可以还原为

---

① 马林：《思维科学知识读本》，中共中央党校出版社2009年版，第198页。
② 李红革：《现代思维模式研究》，湖南人民出版社2009年版，第139页。
③ 李红革：《现代思维模式研究》，湖南人民出版社2009年版，第139页。
④ 孙美堂：《从实体思维到实践思维——兼谈对存在的诠释》，载《哲学动态》2003年第9期。

某种原初状态，可以找到构成宇宙万物的最小、最基本的终极单位，可以找到事物的本质存在。实体性思维从"本体论承诺"出发诠释一切，相信事物本质的存在，不断地向内挖掘事物的本质，将对事物本质的摹写和再现看作绝对的、确定的、不容怀疑的"真理"。因此，认识一个事物，就必须先抽象地把握规定着它本质的实体。实体性思维方式的对象是远离现实生活世界、悬于现实生活世界之外的本体，它"以统一性的抽象抹杀事物的多样性，以远离事物本身的抽象本原本体性概念裁定现实生活世界，极容易导致对现实生活世界的忽视"①。

实体性思维具有预定性特征。实体性思维以"是什么"为思考对象，注重对"是什么"问题的分析，而不关心"是"的本身，不关心事物怎样生成，或者说实体性思维只关心事物生成的结果而不关心事物生成的过程。如古希腊哲学家柏拉图的理念、德国古典哲学家黑格尔的绝对精神等都是预定的、已完成的存在。

实体性思维具有对象性特征。实体性思维预设了与主体及其实践绝对无涉的"事物本身"，预设了主体与客体、主观与客观的分离。实体性思维把主体和客体、心灵与世界先在分开，将两者看作彼此外在、处于互相封闭、各自独立的对立关系中。

二、简单性思维方式在社会发展中的应用及成就

古希腊哲学家是从整体上把握世界的。例如，泰勒斯把世界的本原归结为水，赫拉克利特把世界的本原归结为火，德谟克利特把世界的本原归结为原子等，他们都把世界简单化，试图去寻找隐藏在万事万物背后的本体。毕达哥拉斯从"数是万物的本原"的自然观出发，认为宇宙万物由数产生，万物都是由于模仿数而存在的，事物的运动变化就是数的"比例"关系的变化，宇宙由于满足一定的数的比例而达到和谐。毕达哥拉斯学派试图运用数学模型的方法寻求对自然界事物的本质和运动规律的理性把握。毕达哥拉斯的忠实"粉丝"——柏拉图，直接继承了其数学的和谐思想，企图通过研究数学方法寻求思维中的简单和完善的美。毕达哥

---

① 黄厚明、王向东：《从实体性思维到实践性思维：我国高校学生管理改革的哲学思考》，载《现代教育科学》2010 年第 5 期。

拉斯和柏拉图把宇宙结构理解为数学的和谐一致，是一种数学简单性思想。14世纪的英国经院哲学家奥卡姆提出了所谓的"经济原则"：如果有一组理论都能解释同一件事，则可取的总是最简单的，需要最少假设的那一个。奥卡姆要用"经济原则"这把"剃刀"将繁琐哲学删繁就简，把简单性作为形成概念与建立理论的标准，这被称之为奥卡姆剃刀原则。这个原则成为近代简单性原则的雏形。

近代自然科学运用简单性原则取得了巨大成就，经典力学是其典范。牛顿认为，可以对自然界进行简单化处理，他用三条运动定律和万有引力定律概括了从伽利略开始的科学成果，用不变的物体之间的简单的力解释了一切自然现象，把天体运动和地面物体运动规律统一起来。爱因斯坦也把追求简单性作为一生的最高目标，他说："迄今为止，我们的经验已经使我们有理由相信，自然界是可以想象到的最简单的数学观念的实际体现。我坚信，我们能够用纯粹数学的构造来发现概念以及把这些概念联系起来的定律，这些概念和定律是理解自然现象的钥匙。"[1] 他认为，如果不相信世界的内在和谐，就不可能有科学，相信世界的内在和谐是一切科学创造的根本动力。爱因斯坦的狭义相对论和广义相对论都遵循逻辑简单性原理。近代自然科学描绘的世界是简单、均匀、和谐、完美的图景，它坚信：现象世界的复杂性能够还原为简单的原理和普遍的规律，复杂性是它的表面现象，简单性构成它的本质。

近代自然科学中的简单性思维渗透到哲学社会科学领域，在哲学中表现为机械唯物论哲学。机械唯物论认为，自然不是一个有机的生命体而是一架机器，它由物质粒子组成，按照确定的力学规律运行，各个组成部分都精确可测，完全受制于线性因果律的作用。牛顿经典力学取得的成功启发哲学运用其概念范畴和思想方法来理解和把握世界，机械唯物论哲学很快发展成熟。曾被恩格斯誉为"第一个近代唯物主义者"（18世纪意义上的）哲学家霍布斯，建立了第一个比较完整的机械唯物论哲学体系，将力学范畴引入哲学，确立了物体、偶性、运动因果性等基本范畴，并将机械运动引入哲学，认为一切运动都是物质在空间位置上的移动，机械位移是物体唯一的运动形式，甚至认为人类的推理活动也不过是机械的计

---

[1] [美]爱因斯坦：《爱因斯坦文集》第1卷，许良英、李宝恒、赵中立、范岱编译，商务印书馆1976年版，第74页。

算。机械唯物论在法国得到进一步的发展，甚至走向极端。拉美特利在《人是机器》一书中，对机体和心灵活动的形式做了机械唯物论的解释，认为人与动物之间只是位置的不同和力量程度的不同，绝没有性质上的不同，人只不过比动物"多几个齿轮""多几个发条"。机械唯物论哲学的思维方式带有形而上学性，只承认事物的存在却否认事物的联系，只看到事物的一面而否认其他方面。

纵观人类认识的发展历史，不难发现，简单性思维是人类在长期社会实践和认识过程中形成的"人类传统"。

三、简单性思维方式的局限性

自1543年哥白尼革命以来，西方近代科学的一个基本信念是：大自然本质上是简单的，复杂由简单构成，任何复杂现象及其运动都可化约为简单对象来处理。近代以来的自然科学就是把复杂的宏观世界还原为某些公式、规律和法则，并运用这些规律和法则观察事物，取得了巨大的科学成就。简单性思维的历史地位和作用是不容抹杀的，即使在今天仍然有广泛的使用范围。追求简单性是一种重要的思维方法，但它不是万能的，在有些时候它会使我们看不到事物的重要方面，其局限性也是显而易见的。

（一）面对复杂的自然界，简单性思维方式遇到了解释世界的难题

近代科学研究总是将复杂事物简化，找出主要因素，略去次要因素，不考虑事情本身固有的随机性、偶然性，以求得问题的近似解决。近代科学在还原思维、线性思维、实体思维等简单性思维方式的影响下，取得了伟大成就。但是，面对复杂的自然界，简单性思维的局限性日益凸显。

19世纪前半叶，科学家坚信牛顿力学可以解释一切自然现象，牛顿力学是整个物理学乃至一切自然科学的基础，坚信物理学理论的发展几乎已到尽头，物理学体系已基本完善。但是，随着电磁理论的发展，科学家发现高速运动的电子的质量随着速度的加快而增大，牛顿力学无法解释这种现象，牛顿力学与经验事实之间产生了矛盾。简单的实体思维的局限性日益暴露出来，物理学家开始用关系性思维来解释电子现象。20世纪，爱因斯坦提出的相对论指出，物体的质量不是固定不变的，它与物体运动

的速度成正比，物体运动速度加快，物体的质量就增大。相对论的提出打破了实体绝对不变的观念，揭示了实体的时空性质与参照系的相互依赖性。19世纪末的物理学危机，"主要是一种理论上主客二分的认识论危机，揭示出旧自然观悖谬并引导了一种关系论视野"①。

运用简单的实体思维无法对宇宙的存在方式、存在状态和演化做出合理解释，物理学家开始运用关系性思维来解释宇宙的存在和演化。现代宇宙学提出的"人择原理"认为，人类现在所处的宇宙是"人择"的结果。宇宙的演化与人的存在有关，因为人类是被嵌入在宇宙中的存在者。人只能在参与宇宙活动中来认识宇宙，而不能作为旁观者"从外面"来描述宇宙。人类不是处于"绝对主体"的地位，人类的真实地位是作为自然界的一部分，人类在各种活动中同时扮演双重角色——既是演员又是观众。

简单性思维方式把复杂系统的各组成部分之间的线性叠加或简单求和的结果当作复杂系统的性质和特征，但实际上，复杂系统的性质和特征存在于各组成部分的相互作用中，组成部分之间的相互作用可以突现出系统的特征（这些特征是组成部分的线性叠加所没有的）。例如，生命就是一个突现特征，生命的起源并不能通过对单个DNA分子的解释得到说明。简单性观念与生物世界的丰富多彩的现实相矛盾，用分子生物学将生命还原为分子的方法无法解释生机勃勃的生命现象。生命是一种复合体，其本质是由组成元素之间的关系决定的，组成元素之间的非线性关系形成有序的结构，生命得以"涌现"。也就是说，生命系统的涌现是属于非线性的，即不能通过简单地叠加构成成分的行为推导出系统的行为。还原论思维往往舍弃实际系统的各种非线性因素，把复杂的事物还原为线性、有序、单一、可逆和决定性的因素，把整体分割成互不相干的部分，将整体中要素之间的关系理解为原子式的机械关系，整体被简化成要素的简单加和，采取一种条块分割的观点看待事物，导致事物的复杂意义被消解。

进入20世纪，随着人类社会实践活动广度和深度的扩展，人们对生命系统、教育系统、生态系统等复杂系统的研究越来越深入，这些系统中有组织的复杂性问题以多种多样的形式涌现出来，这就要求人们认识这些有组织的复杂性问题，简单性思维方式受到挑战。简单性思维方式将一些

---

① 彭新武：《复杂性思维与社会发展》，中国人民大学出版社2003年版，第46页。

非线性因素忽略掉,只能近似地反映客观事物,无法满足人们更深入、更全面地认识复杂系统的需要。复杂系统处于开放的、远离平衡的状态中,诸多因素经常会发生非线性的相互作用,其发展过程是不可逆的。因此,要"全面准确"地认识复杂事物,必须要用非线性思维、立体思维、关系思维等复杂性思维方式。

经典科学给出的简单的世界图式与复杂的真实世界之间的反差告诉我们,真实社会面临着来自各领域"整体"的挑战,用整体的观点看世界成为不可阻挡的潮流,用"整体"思维来处理复杂问题成为必然的选择,在某些领域复杂性思维方式变得越来越重要,并被人类推上了历史舞台。

(二) 面对复杂的精神世界,简单性思维方式无法解释主体与客体不一致的矛盾

简单性思维方式把客体的复杂属性和复杂规律,进行层层还原,还原为最低层次的属性和规律,主体的认识与客体的存在达成一致。然而,在现实世界,客体的属性和规律是极其复杂的,主体的心理特征、思想观念、社会环境等都可能对客体的认识产生影响,不同的主体对同一客体产生不同的认识结果。量子理论中的"波粒二象性"表明,人们对事物性质的认识是依赖于具体语境的,在认识主体和客体之间存在着主客体相互转化、相互包容的关系;量子关联的非定域性表明事件的联系性,即量子性质对于测量仪器的依赖性,显示了量子本质的不可分离性和量子现象的整体性。这说明我们不可能认识纯粹的客体,一切认识都与实验者、认识者相关。尤其是当主体面临复杂多样的信息而无法一项项掌握,依靠抽样法研究客体时,不同的主体看到研究客体的不同部分,就不可避免地会产生各种"偏见",得到不同的结论。任何客体都具有复杂的属性,它们都是在一定的情境下才呈现出来的,主体不同创设的情境就不同,情境不同呈现的属性就不同,因此,主体的认识结果就具有一定的差异性。处在有限认识中的主体,掌握的研究方法、拥有的理论体系、固有的思维方式"决定"了客体属性的呈现内容和呈现方式,因此,不论什么时候,主体对客体的认识都是不完全的,主体与客体认知的一致都是在某种范围内的一致。

（三）面对复杂的社会问题，简单性思维方式无法解决社会发展的难题

近代机器大工业的发展增强了人类改造自然的能力，为人类带来了巨大的物质财富，人们对机器及其带来的生产能力开始顶礼膜拜，认为只要发展生产力，保持经济稳步增长，社会问题就会迎刃而解。人们将经济因素与非经济因素之间的关系简单理解为一一对应的关系，将一切社会现象形成的原因直接归结为经济因素，形成"经济万能论""经济至上论"的观点。这意味着："其一，经济具有一种自我定向的品质。这就是说，经济本身不存在可控与不可控的问题，经济本身不应也不会被经济以外的因素所影响。其二，社会机体中的其他非经济因素相对经济而言皆呈被动状态，事无巨细地皆由经济所决定。其三，至于经济的决定方式，是一种自然而然的决定。这种决定是一种一一对应的线性决定，不需要中介变项，有什么样的经济，肯定就会有与之完全吻合的非经济因素。"① "经济万能论""经济至上论"的观点，将所有社会问题产生的根源归因于经济发展的落后，将所有社会问题解决的出路寄予经济的发展。这实际上是一种机械的、绝对的经济决定论，是线性思维的产物。"经济万能论""经济决定论"不但不能解决所有社会问题，反而可能给社会发展带来不利后果，产生新的社会问题。"经济万能论""经济决定论"既然将所有社会问题归罪于经济落后，将所有社会问题解决的希望寄托在发展经济上，那么在这种思想支配下，人们必然会片面地一味地追求经济增长，这又势必会造成与经济增长紧密相关的一些非经济因素过度膨胀，而与经济增长关联不大的一些非经济因素受到压抑，最终使社会出现畸形发展，甚至污染环境、破坏生态，威胁人类的生存。

增长不等于发展，经济增长不等于社会发展。社会发展不能靠单兵突击，而要靠整体推进。社会是一个有机整体，随着社会发展的加快，社会分工日益细密，社会分化日益明显，社会机体的各个层面、各个环节之间的相互依赖、相互制约的有机性日趋增强。如果单方面突进，就会产生许多社会问题，社会发展就会失衡。社会发展是各个层面、各个环节的协调并进，各个层面、各个环节之间存在着复杂的非线性关系，社会发展要达

---

① 刘祖云主编：《发展社会学》，高等教育出版社 2002 年版，第 11 - 12 页。

到全面、协调、可持续的"科学发展"就不能用简单直观的线性思维方式来指导，而要用非线性的复杂性思维方式来指导。

第三节 复杂性思维方式

复杂性思维方式是在复杂性科学活动领域中孕育、滋生出来的，它已经超越了复杂性科学的领域，从自然科学领域推进到社会科学领域，被提升到一般化和普遍化的哲学认识论高度。复杂性思维方式不是对简单性思维方式的完全否定，而是对它的扬弃。

一、复杂性思维方式的产生

自 20 世纪上半叶开始，西方学界掀起了一场"系统运动"。贝塔朗菲的《一般系统论》对复杂性科学做了奠基性的工作，他第一个将"系统""整体"和"整体性"作为科学研究的对象，形成第一个反对还原论的科学研究纲领，开辟了复杂性科学的先河，唤醒了现代科学对复杂性的关注。后来，控制论、信息论、耗散结构理论、协同论、突变论、混沌论、超循环论等科学理论也相继诞生，这些理论是对经典力学的简单分析法的超越，展示了人类科学从分析时代走向综合时代的一般趋势。复杂性科学的兴起彻底动摇了近代科学的机械的世界图景，开始把任何事物都看成一个复杂系统，这个复杂系统自身之外有更大的系统，有与自身平级的兄弟系统，自身之内有子系统，各个系统的结构是多样和多层的。系统之间存在着复杂的非线性联系，使得系统表现出极大的不稳定性，随时可能发生不可逆的动态演化。系统在演化过程中，通过涨落不断从有序走向混沌、无序，又通过自组织，不断从混沌、无序走向新的有序。

20 世纪末到 21 世纪初科学研究的综合化趋势更加明显，科学研究出现了向更高层级汇聚的崭新态势，即把复杂性作为独立的研究对象进行研究，其标志是 20 世纪 80 年代美国圣塔菲研究所（Santa Fe Institute，SFI）的设立及随之展开的系列复杂性研究。圣塔菲研究所关注的是不同学科之间的深入探讨与互动关系，试图找出各种不同系统之间的共性，由此掀起了研究复杂系统及其复杂性的新浪潮。复杂性是开放系统的一种性质,复杂性主要通过系统各要素之间的非线性关系表现出来。自然界、人类社会和思维领域都涉及复杂性问题的探索,几乎每个学科领域都有自己的复杂性研究,试图对本学科领域研究对象的形成、发展及其过程进行理论性的概括和总结,尽管其理论成果并不完善,但为我们思考事物、系统、演变等诸多问题提供了新视角。复杂性科学是当代科学的前沿,它正在打破科学与人文的隔阂,使科学与人文走向对话与融合。

真实的世界是简单与复杂、有序与无序、确定性与偶然性、线性与非线性、稳定与不稳定的统一,复杂性思维不进行理想化和简单化的预设,它要解决真实世界中的问题。在工业社会通行的是建立在牛顿力学基础上的简单性思维方式,而以知识经济为主的信息社会是一个信息资源共享的复杂性世界,简单性思维方式在复杂性系统和环境里显得苍白无力,研究复杂性系统必须考虑到它的非线性、多样性、多层性、整体性、自组织性、开放性等特征,即必须运用复杂性思维方式来研究复杂性系统。德国著名系统科学家克劳斯·迈因策尔指出:"一方面,在自然科学中,从激光物理学、量子混沌和气象学直到化学中的分子建模和生物学中对细胞生长的计算机辅助模拟,非线性复杂系统已经成为一种成功的求解问题方式。另一方面,社会科学也认识到,人类面临的主要问题也是全球性的、复杂的和非线性的。生态、经济或政治系统中的局部性变化,都可能引起一场全球性危机。线性的思维方式以及把整体仅仅看作其部分之和的观点,显然已经过时了。"[①] 对未来世界的把握最终将依赖人类对复杂性的认识,运用复杂性思维方式把"复杂性问题当作复杂性来处理"。

复杂性思维方式是当前科学新进展在哲学认识论上的重要体现。复杂性思维方式是在复杂性科学活动领域中孕育、滋生出来的,它已经超越了复杂性科学领域,从自然科学领域推进到社会科学领域,逐渐被提升到一般化和普遍化的哲学层面,作为一种方法论开始被应用到诸多学科的研究中。

---

① [德] 克劳斯·迈因策尔:《复杂性中的思维》,曾国屏译,中央编译出版社 1999 年版,第 1 页。

二、复杂性思维方式的特征

复杂性思维方式的涵义不能通过几句话来界定，但可以通过它的一系列特征来理解。复杂性思维方式的基本特征有非线性、整体性、立体性、关系性等，其中，非线性是其主要特征。

（一）非线性

经典科学主要研究线性关系，现代科学开始转向非线性关系。现实世界本质上是非线性的，线性关系只是非线性关系的特例。苗东升教授指出，物理系统（不考虑人的活动）和事理系统（人们处理事务的各种活动）本质上都是非线性系统。① 近代社会，由于没有建立非线性数学模型，常将非线性问题简化为线性问题来认识和处理。这种"化曲为直"的线性思维容易歪曲现实世界的真实面目，形成错误的理论认识和行动方案。

非线性系统是相互连接的，非平面、立体化、无中心、无边缘的网状结构，类似人的大脑神经和血管组织。其基本特点是，不同量之间的变化不成比例关系，一个量的微小变化可能导致其他量或系统整体结构、功能的巨大变化。对于复杂的非线性系统来说，不能将其做简化处理，不能满足简单的一因一果解释，而要运用非线性思维在不同层次上研究各种因素之间错综复杂的因果关系，探寻事物的多因多果。非线性思维具有自组织性，即思维一开始就不断接收新信息、淘汰旧思路，受到各种随机因素的影响，在涨落的作用下出现有序结构，得到解决问题的思路。非线性思维具有分叉性，思维过程以分叉的形式演化，形成多个分支系统，每个分支系统都可能产生新质，从各种新质中抓住有价值的东西，触发灵感的爆发。

（二）整体性

世界是许多系统的有机构成，无数非线性相互作用使之成为一个复杂

---

① 参见苗东升《非线性思维初探》，载《首都师范大学学报》（社会科学版）2003年第5期。

的层级系统,用还原性思维方式将世界孤立分解开来,难以准确地描述世界。对任何事件的分析都不能孤立地进行,必须用整体性思维分析事件之间的复杂联系。整体性思维是由客观事物的整体性所决定的,存在于系统运动的始终。整体性思维是建立在整体与部分之间辩证关系基础上的,整体的属性和功能是部分按一定方式相互作用、相互联系形成的,整体正是依据这种相互联系、相互作用的方式实行对部分的支配。整体性思维就是把研究对象作为系统来认识,将研究对象都分解为若干要素,理清各要素之间的关系,优化要素的结构,使之发挥"1+1>2"的功能。整体性思维将研究对象放在更大的系统内来考察,也就是说,考察研究对象与环境之间的关系,使研究对象不仅适应环境,而且要超越环境。

作为一个整体的系统,不是各子系统性质的简单相加,而是大于各组成部分之和,即每个组成部分不能代替整体,每个层次的局部不能说明整体,低层次的规律不能说明高层次的规律。复杂系统的各子系统之间及各要素之间的联系广泛而紧密,构成一个复杂的网络,每个要素的变化都会引起其他要素的变化,系统整体的功能是各子系统之间相互作用突现的结果。因此,必须从整体上去把握系统的发展趋势和特点。系统演化的突出特点是"涌现",涌现的新奇性就在于系统整体行为超越了其构成要素的属性和功能的简单加和,我们无法仅仅通过对其构成要素的认识而获得系统整体的预测。"复杂性的方法要求我们在思维时,永远不要使概念封闭起来,要粉碎封闭的疆界,在被分割的东西之间重建联系,努力掌握多方面性,考虑到特殊性、地点、时间,又永远不忘记起整合作用的总体。"[①]

(三)立体性

立体性思维是指从多点、多面,以及在不同时空中与这些点面相联系的事物中认识思维对象。这种纵横统一、多元思考、全方位反映思维对象的立体性思维,能够获得最无片面性的整体认识。"立体思维从思维对象的本来面目出发,努力反映思维对象的外在全貌、内在多级本质和全部规定性,因而可以极大地克服思想上的片面性,成为迄今为止最为科学有效

---

① [法]埃德加·莫兰:《复杂思想:自觉的科学》,陈一壮译,北京大学出版社2001年版,第151页。

的思维方式。"① 立体性思维要对思维对象进行纵向和横向的考察，然后按照思维对象固有的发展层次，将纵向和横向的各种要素组成思维网络，确定思维网络上的扭结，再现思维对象的全貌及其与周围事物的复杂联系。

（四）关系性

关系性思维就是"以关系的眼光看待一切"的思维，认为事物不是孤立的、由固有质构成的实体，而是多种潜在因素缘起、显现的结果，每一个存在者都以他物为根据，是一系列潜在因素结合生成的。存在者不能自足地"是"，它的"是"取决于他者，每一存在者的根据都在由无数他者构成的关系中、场中。存在者是无数潜在因素借助特定中介、在特定的"相空间"里结合、显现而成。关系性思维强调个体只有在与环境、背景的关系中才能得以存在和认识。黑格尔曾指出，作为人体一部分的"手"要获得其应有的意义，就不能离开人体，否则就会丧失它的原有地位。如果"手"出了毛病，医生也只有在了解整个复杂机体——人的前提下，才能将"手"医治好。当代法国社会学家布迪厄力图避免主客二元对立的思维提出了"场域"概念，"场域"就是"在各种位置之间存在的客观关系的一个网络，或一个构型"②。用场域概念进行思考就是从关系的角度进行思考，就是要充分考虑研究对象在现实社会中所具有的各种客观关系，力主从整体上客观准确地把握研究对象。

三、简单性思维方式与复杂性思维方式的辩证关系

任何事物都是简单与复杂的对立统一。一方面，简单是处于复杂性中的简单，简单的事物可能包含着复杂性。任何简单的事物都具有复杂的内部矛盾和多维的外部联系，表现出复杂性的一面。对看起来极为简单和容易理解的事物，如果从多种角度来思考和理解，完全可以看出其中的复杂性。另一方面，复杂中包含着简单，可以通过简单的方法来把握复杂。任

---

① 李红革：《现代思维模式研究》，湖南人民出版社 2009 年版，第 140 页。
② [法] 皮埃尔·布迪厄、[美] 华康德：《实践与反思——反思社会学导论》，李猛、李康译，中央编译出版社 1998 年版，第 134 页。

何复杂的事物经过适当的分解都可以还原为简单的构成要素和简单的关系，表现出简单性的一面。现代科学研究非常注重用简洁的数学形式来描述复杂的规律和关系，例如，爱因斯坦的质能方程 $E = mc^2$，形式简洁优美，内容丰富复杂。"一种内容丰富的、优美的科学理论，其形式总是具有逻辑基础的简单性。自然科学理论既向着逻辑基础的简单性的方向发展，又向着理论内容的丰富和复杂性的方向发展。"①

简单性思维方式与复杂性思维方式是相互补充的。复杂性思维方式是对简单的还原论和机械决定论的思维模式的扬弃，是建立在对简单性思维方式的批判和超越基础之上。复杂性思维方式不是以单纯的或片面的整体性来代替还原论，而是要将还原论与整体论结合起来，从两种研究路径去探讨问题。一是还原论的路径，按还原的方向，从上到下，从大到小，把整个复杂系统逐渐分解、层层剥开，直到找出组成该系统本质的要素和子系统。如果不从还原论路径看问题，就极容易运用片面的或者局部的整体论看问题，依然是简单性思维方式的表现。二是整体论的路径，将复杂系统看作一个整体，按照整体把握的方向，从下到上，将复杂系统的各要素、各子系统逐渐组装整合，使其产生组织效应、结构效应，在整体上涌现出新的面貌、新的特性。事物的各系统及各要素之间不是单一的线性关系，而是多样的非线性关系，复杂性表示系统及要素之间的多样性、过程性。任何事物既是承受作用者又是施加作用者，既是原因又是结果，既是部分又是整体。如果把复杂的组织现象还原到组织的最简单的层次，将是乏味的，只有同时把握统一性和多样性、连续性和断裂性，才具有一定意义。复杂性思维方式的兴起并不意味着对简单性思维方式的背弃，而是对简单性思维方式的容纳、会通和超越。

复杂性思维方式不是以唯心主义和机械唯物主义为理论基石，而是以辩证唯物主义为理论基石的。钱学森把毛泽东的《实践论》视为复杂性科学的重要哲学基础，强调科学研究要以辩证唯物主义为哲学指导，要坚持实事求是，防止主观主义，要克服机械唯物论，避免死心眼。"我们现在要重视复杂性的问题……我们要跳出从几个世纪以前开始的一些科学研究方法的局限性。我们既反对唯心主义，也反对机械唯物论……毛泽东思

---

① 《自然辩证法百科全书》编委会编：《自然辩证法百科全书》，中国大百科全书出版社 1995 年版，第 245 页。

想的核心部分就是从整体上来认识问题,把握住它的要害……这样一个哲学思想恰恰正是指导我们研究复杂问题所必需的。"① 复杂性思维方式与辩证唯物主义是互补的,具体表现为:"一方面,是辩证唯物主义对复杂性研究的指导作用;另一方面,是复杂性科学对辩证唯物主义在实证、充实、深化与发展等方面的推进作用。"②

第四节 高校德育思维方式

一、高校德育的内涵

研究之前,首先要确定研究对象。如果研究对象不确定,即什么属于高校德育系统,什么不属于高校德育系统都搞不清楚,研究就无法进行。在我国,高校德育与大学生思想政治教育是性质基本同一的概念。

"德育"一词是20世纪初才传入我国的,1902年《钦定京师大学堂章程》中讲到:"外国学堂于知育体育外,尤重德育,中外立教本有相同之理。"③ 1904年王国维在《论教育之宗旨》一文中提出教育的宗旨在于培养"完全之人物",培养"完全之人物"需要"完全之教育","完全之教育"包括体育、智育、德育和美育。④ 从此以后,"德育"概念在我国广泛传播开来。

德育有狭义和广义之分。狭义的德育仅指道德教育,广义的德育除道德教育外,还包括思想、政治等方面的教育。近代西方社会普遍采用狭义的德育概念,这是与其历史发展过程相联系的。近代西方社会,随着生产领域和社会生活领域的分化,原来浑然一体的社会意识也随之逐渐分化,

---

① 上海交通大学编:《智慧的钥匙钱学森论系统科学》,上海交通大学出版社2005年版,第183页。
② 北京大学现代科学与哲学研究中心:《复杂性新探》,人民出版社2007年版,第290页。
③ 王学珍、郭建荣主编:《北京大学史料第一卷(1898—1911)》,北京大学出版社2000年版,第87页。
④ 参见王国维《王国维文集》第3卷,中国文史出版社1997年版,第57页。

道德脱离宗教、政治、法律而成为独立的社会意识形态，道德规范与宗教规范、政治规范、法律规范并存。"在此背景下，古代以'宗教教育'为表、以浑然一体的社会意识为里的道德教育转变为近代有别于其他社会意识教育的'道德'教育。"① 但是，进入 20 世纪后，单纯的道德教育已不能达到使学生社会化的目的，一向讳言政治教育的西方国家，"不仅堂皇实施'公民教育''民主教育''政治教育'亦获首肯。实际上兼施（各国重点不同，实施途径有别，名目各异）道德教育、政治与法制教育"②。这说明，西方国家也开始从广义上使用德育概念。我国采用的是广义的德育概念，这与中国传统的道德文化土壤密不可分。我国古代就以"道德"囊括各种社会意识，"道德"是"包含世界观、人生观、价值观、政治取向与规范、日常行为规范以及某种宗教观念与规范的浑成体"③。自古至今，我国的"德育"都是包含道德、政治、思想等社会意识形态方面的教育。这不仅合乎我国国情，也符合现代国际教育的发展趋向。

在我国，德育是指学校对学生的思想、政治和品德教育，教育者是学校和学校的教师，受教育者是学生。如果受教育者是大学生，就称之为高校德育。《中国普通高等学校德育大纲（试行）》（1995 年 11 月）对德育的理解是："德育即思想、政治和品德教育。"④

思想政治教育是中国共产党思想政治工作的重要组成部分，担负着党的思想建设和群众性思想政治教育的职责，是中国共产党的政治优势。思想政治教育按照受教育者的职业性质可以划分为职工思想政治教育、农民思想政治教育、军人思想政治教育、干部思想政治教育、学生思想政治教育等。如果思想政治教育的对象是大学生，就称之为大学生思想政治教育。高校德育与大学生思想政治教育是直接同一的⑤，这是因为：①受教育者都是大学生；②两者的指导思想、教育目标都相同。高校德育或大学生思想政治教育都要坚持以马克思主义理论为指导，都要培养中国特色社会主义事业的建设者和接班人；③两者的教育内容与重点都相同。教育内

---

① 陈桂生：《中国德育问题》，福建教育出版社 2006 年版，第 26 页。
② 陈桂生：《中国德育问题》，福建教育出版社 2006 年版，第 26 页。
③ 陈桂生：《中国德育问题》，福建教育出版社 2006 年版，第 25 页。
④ 刘书林主编：《思想道德修养》（教师用书），清华大学出版社 2002 年版，第 20 页。
⑤ 参见郑永廷、江传月等《主导德育论：大学生思想政治教育一元主导与多样发展研究》，人民出版社 2008 年版，第 2 页。

容都包括思想教育、政治教育、道德教育，重点是政治教育；④两者的教育途径与方式都相同。思想政治理论课是其主渠道，校园文化建设、社团活动、党团活动、社会实践等是重要的途径与方式；⑤两者的教育机构和人员完全一致。专职从事德育的机构，如思想政治理论课教学部、学生工作处、共青团组织，也可以称之为大学生思想政治教育机构。专职从事德育的人员，也可以称之为大学生思想政治教育工作者。

在对高校德育概念分析的基础上，明确了高校德育涉及的范围和内容，在此基础上，还需要认识高校德育系统的内部结构。高校德育包括许多不同类型的教育活动，这些教育活动的内容和方法不尽相同，但是这些教育活动都要以大学生全面发展为目的，因此具有一些共同的基本要素，这些要素间的相互联系构成一个个相对独立的子系统，各子系统之间的联系构成高校德育的总系统。

二、高校德育思维方式的内涵

在长期实践活动中，人类按照需要改造客观事物，使客观事物发生预期变化，这个变化反映到人类思维中，逐渐形成一种固定下来的"逻辑的式"，进而积淀为思维方式。"教育思维是漫长历史过程中形成的人类教育经验的凝结……当教育的经验以思想的形式外在地存在时，教育思想就出现了，教育思维也随之逐渐形成。"[①] 对人类德育实践经验的凝结就形成德育思想，零散的德育思想，还不具有德育思维的意义。只有当零散的德育思想变成具有一定结构性的系统思想时，这种固定的结构才能成为德育思想的"逻辑的式"，德育思维方式才得以确立。也就是说，经过亿万次的德育实践，在德育工作者的意识中以"逻辑的式"固定下来的必然要思考的问题结构。这个问题结构包括两类：另一类是与知有关的问题，需要寻求答案，加以解答；一类是与行有关的问题，需要寻求方案，加以解决。探索与知有关的问题，形成种种德育观，使教育者更加深入地认识德育，满足教育者对德育的认识需要。探索与行有关的问题，形成种种德育操作模式，使教育者更好地改进德育实践，满足教育者对德育的实践需要。德育实践总是在一定的德育观念支配下进行的，两者是内在统

---

① 刘庆昌：《教育思维论》导论，广东教育出版社2008年版，第12页。

一的。

刘庆昌教授指出，教育思维就是教育思想的逻辑的格，就是教育观和教育操作模式的统一。"教育观的背后是'教育（应该）是什么'的问题，教育操作思路的背后是'教育（应该）怎么做'的问题，这两个问题具有内在的联系。这就是教育思想的逻辑的格，就是教育思维。"[①] 虽然刘庆昌教授使用的是"教育思维"而不是"教育思维方式"一词，但是，他对"教育思维"的解释实际上就是"教育思维方式"的解释，因为，它是一种"逻辑的格"。根据刘庆昌教授对"教育思维"的界定，笔者认为，德育思维方式就是以"逻辑的式"固定在教育者头脑中的德育观和德育操作模式。德育观是对德育的总和的根本看法，是一个关于德育的观念系统，包括德育目的、德育内容、德育方式，以及教育者与受教育者之间关系的观念。德育操作模式是面向德育实践的理论构思，即德育实践的方法论。德育操作模式不是面向具体德育活动的方法或方案，而是面向某种层面的德育实践整体的方法论，为德育实践的发展指明方向和路线。德育观是对"德育（应该）是什么"的理论回答，德育操作模式是对"德育（应该）做什么和（应该）怎么做"的理论构思。德育观与德育操作模式具有内在的统一性，一方面，德育操作模式以一定的德育观为逻辑前提；另一方面，德育观中蕴涵着对德育操作模式的初步认识。

综上所述，高校德育思维方式就是以"逻辑的式"固定在教育者头脑中的高校德育观和高校德育操作模式的统一。

三、高校德育思维方式与高校德育教育方式的关系

高校德育思维方式与高校德育教育方式是辩证统一的关系。

高校德育思维方式决定高校德育教育方式。有什么样的高校德育思维方式就有什么样的高校德育教育方式与之相对应。在简单性思维方式指导下的高校德育教育方式表现为：它是一种封闭的方式，不能与社会环境保持同步发展。它是一种各自为政的方式，高校德育系统内部各子系统之间各自为政，难以实现育人的耦合效应。它是一种割裂的方式，高校德育系统各要素之间结构不合理，没有实现优化组合。

---

① 刘庆昌：《教育思维论》导论，广东教育出版社2008年版，第13页。

高校德育教育方式巩固和强化与之相应的高校德育思维方式。封闭的、各自为政的、割裂的高校德育教育方式巩固和强化着高校德育的简单性思维方式。只有一点一滴地改变高校德育教育方式，才能逐步改变高校德育思维方式。高校德育通过采用开放的教育方式，在适应社会环境中优化社会环境，使高校德育与社会环境协同发展，教育者才能逐渐形成开放性思维方式。高校德育通过形成全员育人的机制，使高校德育各子系统之间协调互补，实现育人的耦合效应，教育者才能逐渐形成整体性思维方式。高校德育通过整合教育内容、聚集教育主体，使德育各要素优化组合，实现社会目标与个体目标的共生，教育者才能逐渐形成非线性思维。

高校德育工作者的思维方式只有完成从线性到非线性、从封闭性到开放性、从还原性到整体性、从平面性到立体性、从片面性到辩证性的转换，才能使高校德育适应复杂多变的环境，满足大学生全面发展的需求。

第二章 高校德育简单性思维方式的表现及局限

任何复杂事物都是一个由若干要素组成的相互关联、相互作用、不断发展变化的系统。冯·贝塔朗菲认为，系统是"处于相互作用中的要素的复合体"①。所有系统都是由若干要素以一定结构形式，联结构成的具有某种功能的有机整体。高校德育系统也是一个多层次、多要素、多方面构成的有机结构体系。高校德育系统结构有三个层次：一是宏观层次，即高校德育与社会环境之间进行物质、信息和能量的交换；二是中观层次，即高校德育各子系统之间的相互联系和作用；三是微观层次，即高校德育系统各要素之间的矛盾运动。高校德育系统功能的发挥既取决于各个子系统和要素的功能，更取决于子系统之间、要素之间组合的合理程度。高校德育各种问题形成的原因多种多样，但深层原因是由思维方式的简单性所造成的，即缺乏系统思维的指导，使得高校德育与社会环境之间没有充分进行物质、信息和能量的交换，高校德育各子系统之间处于各自为政的状态，高校德育各要素之间相互割裂。

第一节 高校德育系统与社会环境的割裂

任何一个复杂系统都在不断同外界进行物质、能量和信息的交换，通过反馈进行自控和调节，以达到适应外界变化的目的。任何一个系统只有保持不断与外界进行物质、能量和信息的交换，只有在开放的条件下才能形成、生存和发展，才能使自身保有动态稳定的能力，封闭就意味着死

---

① [美]冯·贝塔朗菲：《一般系统论基础、发展和应用》，林康义、魏宏森译，清华大学出版社1987年版，第31页。

亡。开放性则意味着系统的复杂性不仅体现在系统本身，而且体现在系统的运行环境。高校德育作为一种教育实践，不是在真空中进行的，其必然受到社会环境的干扰，社会环境的优劣直接影响高校德育的效果。长期以来，高校德育系统将自身封闭起来，缺乏与社会环境进行物质、能量和信息的交换。

一、空间上：高校德育系统与现实环境的割裂

社会环境和高校德育两者都对大学生思想道德素质的产生、发展和变化发挥着不可忽视的作用。改革开放之前，社会环境相对简单、纯净，高校德育和社会环境对大学生思想道德素质的形成几乎发挥着同性同向强化的作用。改革开放之后，随着社会环境越来越多样、多变、复杂，高校德育没有充分考虑社会环境的发展变化，仍然沿着传统的路径，将社会环境过滤、提纯，以期消除负面社会信息对大学生思想行为的自发影响，但是效果并不理想。其原因在于，学生可以轻而易举地从各种途径接触社会环境中的各种负面信息。高校德育与社会环境对大学生思想道德素质的形成有时发挥着同性同向强化的作用，有时发挥着异性异向弱化的作用，高校德育与社会环境分离的问题出现了。

（一）改革开放前，高校德育与现实环境的合一

改革开放之前的中国社会，政治领域、经济领域和文化领域高度合一，政治领域整合了经济领域和文化领域，集体主义价值观占主导地位，总体上来看，社会环境与高校德育的性质与作用的方向是一致的。改革开放之前，中国处于相对封闭的小农经济、计划经济时代，小农经济是建立在地缘和血缘基础上的封闭，计划经济是建立在生产和流通体制上的封闭。经济上的自给自足、封闭必然导致政治、文化的封闭。在这种封闭的社会环境中，高校德育几乎不存在与社会环境割裂的问题。因为，高校德育恰好要发挥维护封闭社会秩序的功能。

中华人民共和国成立后，中国共产党基于巩固自己的执政地位和来之不易的民族独立，基于最有效地配置有限资源，采取了行之有效的管理模式——单位制。单位成为中国共产党进行社会整合的组织和载体，国家通过调拨各类资源来控制和管理单位。个人无法"另谋出路"，必须依赖单

位提供的各类资源得以生存和发展,个人依赖单位,单位依赖国家。国家控制单位,单位控制个人,单位成为国家控制个人的中介,这样,中国社会形成了国家—单位—个人这样一个自上而下的社会整合机制。个人、单位、国家之间形成一种依赖关系,单位成为德育的主要实践空间,单位是一个大而全、小而全的"小社会",单位的生产生活资料只需依赖国家分配,无须与其他单位交换,结果造成各单位之间的相对封闭性。这种封闭性主要表现在两个方面:一是各单位把空间圈起来的围墙现象(有形围墙),二是各自为政的行为方式(无形围墙)。[①] 虽然各单位之间是相对封闭隔离的,但是每个单位与国家的关系都是非常密切的,每个单位都必须从国家获得所需资源,高校也不例外,因此,各单位和各"单位人"的思想与行为都同党中央和国家保持高度一致。

(二) 改革开放后,高校德育与现实环境的割裂

改革开放后,经济领域和文化领域从政治领域中分离出来,各自遵循自身的规律发展,社会环境越来越开放。在开放的背景下,社会环境越来越复杂,社会环境与高校德育不再是简单的同性同向强化的关系,而是同性同向强化与异性异向消解同时并存的复杂关系。社会的开放必然要求高校德育的开放,但长期以来,高校德育表现出了明显的滞后性,没有考虑社会环境的影响,不注意开发社会环境中的积极因素,不注意避免或减少社会环境中的消极因素。高校德育没有充分考虑社会环境的多元、多样、多变,仍然采用革命战争年代的高标准来要求大学生,其实效性因此大打折扣,出现"孤岛效应"。

在开放社会,高校德育将自身封闭起来是不明智的做法。

在开放社会,高校德育将社会环境"过滤",营造一个相对纯洁的教育空间,只宣讲正面的东西,反而会使学生产生逆反心理。社会环境对大学生思想和行为的影响在一定程度上是自发的,即呈现出无目的、无计划、无组织的状况。亚当·斯密的"看不见的手"、哈耶克的"自生自发社会秩序""自我组织的秩序""人的合作的扩展秩序"等都说明了社会环境的自发性。现代社会环境给高校德育带来发展机遇的同时更带来了挑战,例如,经济全球化致使大学生社会主义理想信念不坚定,文化全球化

---

① 参见李辉《现代思想政治教育环境研究》,广东人民出版社2005年版,第201页。

致使大学生价值观混乱，市场化致使大学生功利行为日益凸显。由于社会环境的自发性，高校必然要根据存良去劣的指向性进行过滤，通过一定的组织、人员进行筛选，高校德育内容主要是体系化、逻辑化的思想道德知识，高校所认可的观念是与社会主流意识形态相一致的观念，高校德育要为现行社会主义制度辩护，发挥意识形态教育的功能。这种做法在相对封闭的社会是可行的，但是在开放社会，为避免负面社会信息干扰德育效果，就对社会环境进行"过滤"，只宣讲正面的东西，说服力不强，学生认为是强制灌输，反而拒绝接受。正像鲁洁教授所说："如果说，这种思维模式把学生当作关闭在象牙塔中的受教对象，在相对封闭的社会里尚有其一定存在的根据的话，那么在一个开放的信息社会里就完全失去其存在的意义与科学的根据了。"①

在开放社会，高校德育将社会环境"过滤"，创设一个相对封闭的教育情境，不利于高校德育吸收外界不断变动的各类信息，容易使高校德育脱离社会现实，造成高校德育的无能和无为。伴随着改革开放历史进程的推进，中国开始了一场以经济体制为突破口、涉及社会方方面面的深刻变革。社会各领域的变革和转型推动了社会伦理秩序的变迁，中国社会经历了道德失范、理想迷茫、信仰危机的苦痛之后，正在探索建构一种新的、能适应社会主义市场经济的价值理念和行为模式。然而，高校德育仍在一种较为封闭的状态下进行，从德育目标、德育内容到德育体系总体上还停留在社会转型之前的水平上。高校德育目标仍然只重视维持社会稳定而忽视学生全面发展，德育内容落后于剧烈变迁着的社会实践，德育体系依然陈旧等。相对封闭的高校德育环境，造成各种反差现象：不断变革的社会现实与高校传统德育内容和方法存在着"反差"；开放的社会环境与高校德育的相对封闭性存在着"反差"；学校的正面教育与社会的负面影响存在着"反差"。在开放社会和多元社会中，高校德育难以解释和应对现实生活中的各种问题。例如，官员腐败、贫富差距、社会不公、观念混杂等，从而造成高校德育与社会环境的脱节。

---

① 鲁洁：《超越与创新》，人民教育出版社2001年版，第180页。

二、时间上：高校德育系统与历史和未来的割裂

从时间维度上看，高校德育是过去、现在和未来三个时间维度的综合。离开了过去，高校德育就失去了历史的厚重感和博大精深的资源，显得轻浮和无力；离开了现在，高校德育就触摸不到时代的脉搏和有效的问题域，显得空洞和教条；离开了未来，高校德育就失去了前瞻性和超越性，显得世俗和功利。然而，长期以来，高校德育把三个维度割裂开来，没有科学地处理好三个维度的关系。

（一）高校德育与历史的割裂：忽视中华文化传统

近代，在西方船坚炮利的冲击下，中国紧闭的大门被迫打开了，中华民族的文化传统和固有的社会结构遇到了前所未有的挑战，中国社会必须进行一场千古未有的大变局。从清末民初开始，以儒家思想为核心的传统精神文化遭遇到西方思想异常猛烈的冲击，此时"西人"反客为主，国家的主权地位、中国文化的主体位置，遭到根本动摇。1894年中日甲午战争后，康有为、梁启超等人发起维新运动，抨击君主专制、纲常名教，提倡民权、自由、平等。五四新文化运动以"提倡新道德、反对旧道德"拉开了"文化革命"的序幕，通过批判纲常名教、反对孔教，完成了对传统文化和文化传统的批判，为马克思主义在中国的传播奠定了基础。中华人民共和国成立后，为了巩固革命的胜利果实，否定了传统的经济和政治基础，对封建传统进行了彻底的否定。改革开放以来，西方思潮的大量涌入，又以一种新的方式再次冲击了中国的传统文化和文化传统。在现代中国人尤其是广大青少年的意识中，中国传统的东西就是陈旧的、落伍的、消极的，西方的东西就是现代的，现代的就是时尚的、潮流的、积极的，力图用"现代"的东西取代传统的东西。例如，中国的春节、中秋节等传统节日被西方的情人节、圣诞节等取代，以至于出现了民族文化的认同危机。

高校德育在内容的选择上缺乏对中华传统文化的重视，没有充分发挥出其传承中华文化传统的应有功能。中华人民共和国成立后的一段时间里，中华文化传统由于失去了原有经济基础的支撑和政治上层建筑的保护，曾被视为封建糟粕而被抛弃，高校德育变成政治信仰教育，人的发展

被片面定位在政治发展上。在1950年8月教育部颁布的《高等学校暂行规定》中指出，高校德育的目标是对学生"进行革命的政治及思想教育，肃清封建的、买办的、法西斯主义的思想，树立正确的观点和方法，发扬为人民服务的思想"①。1980年，教育部、共青团中央发出的《关于加强高等学校学生思想政治工作的意见》指出，"要旗帜鲜明地对学生进行系统的马克思列宁主义、毛泽东思想基本原理的教育、革命理想教育、共产主义道德品质教育，……系统地对学生进行形势与任务的教育，进一步肃清林彪、'四人帮'在思想上的流毒，把大家的思想统一到党的政治路线、思想路线和组织路线上来，统一到党中央的一系列重大决策上来"②。1995年，原国家教委发布《关于开展大学生文化素质教育试点工作的通知》，将52所高校确定为加强大学生文化素质教育的试点院校，拉开了文化素质教育的序幕，高校德育才开始意识到要提升大学生的文化素质。2004年，中共中央国务院在《关于进一步加强和改进大学生思想政治教育的意见》中指出，努力拓展新形势下大学生思想政治教育的有效途径之一是大力建设校园文化。近年来，校园文化建设搞得如火如荼，但许多高校的校园文化往往显得功利化、娱乐化、时尚化，缺乏深厚的文化传统底蕴。

高校德育对中华传统文化的轻视，导致思想理论教育与历史教育的脱节，引起了历史虚无主义和西化倾向的反复出现。近年来，否定中国革命、中国历史的虚无主义思潮对大学生的思想产生了不可忽视的负面影响。大学生是在和平时代、在物质丰裕时代中成长起来的，许多大学生不考虑中国国情而进行中外比较，一味用经济发展作为评判制度优劣的唯一标准，把中国社会落后的原因归于中国传统文化的"落后"。一些大学生认为西方文化尤其美国文化是"先进文化"，西方文化对中国的渗透不是意识形态的渗透，而是"先进文化"的传播。历史虚无主义会使大学生颠倒历史是非，混淆历史事实，消解大学生在德育中接受的主流意识形态。

文化传统是一个民族和国家在长久的发展过程中逐渐形成的价值积

---

① 李冀主编：《教育管理辞典》，中国三环出版社1989年版，第104页。
② 教育部思想政治工作司编：《加强和改进大学生思想政治教育重要文献选编：1978—2008》，中国人民大学出版社2008年版，第7页。

淀，没有文化传统根基的德育不可能获得长久的生命力。高校德育资源首先源于内部，源于对中华传统文化中的教育资源的批判继承，中华传统文化应成为高校德育的历史起点。高校德育资源不能开始于"移植"，虽然要学习和借鉴其他国家的有益经验，但国外的德育资源只能借鉴和吸收，不能成为主要组成部分，不能成为高校德育的基点。

（二）高校德育与未来的割裂：忽视对大学生未来发展的关照

教育肩负着传承人类文明的历史使命，长期以来，教育注重继承和传播现有的文明成果。联合国教科文组织国际教育发展委员会在《学会生存》一书中指出，自古以来教育的功能只是再现当代社会的科学技术和现有的社会关系，现有教育的弊端主要是"保守性"。[①] 1983年，邓小平提出的教育要面向现代化、面向世界、面向未来的"三个面向"思想，"三个面向"的教育方针已为教育者认同。然而，长期以来，高校德育是"面向过去"的教育，它不断再现革命传统和各种政治规训，其主要目的是教化学生，规范学生的行为，维护现有社会秩序。例如，德育从本本、原则、名人名言出发，照转各级文件，注解古人的思想，怀疑新观点、新思想等等。这在社会发展缓慢的计划经济时代有其合理性一面，因为在那个特殊年代，国家实行平均主义的分配方式，人们之间的利益差距不大，个人的前途命运与父辈紧密相连，个人的职业从父辈那里继承而来，人们凭着经验就可大致把握未来。

但是，现代社会出现了与传统社会完全不同的景象，现在绝不是过去的再现，未来更不是过去和现在的再版。现代社会的变化频率加快，复杂程度加深，充满了各种机遇与风险。在激烈的市场竞争中，大学生自然希望抓住机遇，避免风险，在优胜劣汰的激烈竞争中，发挥主动性，达到优胜目的。机遇与风险是未来才会出现的不确定因素，因此，大学生重视未来领域的发展趋势，更加关注发展前景。"面向过去"的德育无法帮助大学生提高面向未来的意识，使大学生缺乏对未来进行预测与决策的自觉性，难以清晰认定未来发展趋势，缺乏面向未来发展的能力。高校德育肩

---

① 参见联合国教科文组织国际教育发展委员会编著《学会生存——教育世界的今天和明天》，教育科学出版社1996年版，第85页。

负着为一个在历史上尚未存在的社会——中国特色社会主义和谐社会培养合格建设者和可靠接班人的重任,为此,它必须从"适应现在"转向"面向未来",培养大学生的开放意识、创新思维和实践能力,使大学生适应和满足未来社会发展的需要。现在,虽然中央非常重视思想政治教育,几乎每年都要组织专家编写新教材,但是教材体系基本未变,教材内容显得空泛,教材对一些问题的认识远离时代特征、当前实践与学生思想,教材内容没有随着时代的发展而充实和完善,在面对新情况、新问题时,缺乏深入的理论研究和概括,说服力不强。

三、途径上:高校德育与家庭教育、社会教育的割裂

长期以来,我们在简单性思维方式的影响下,以一种孤立的观点看待问题,把高校德育看成封闭的、独立自存、自成体系的存在物,看成影响大学生思想道德素质的唯一变量,没有将高校德育与家庭教育、社会教育有机结合起来。近年来,国家高度重视德育,对高校德育培养社会主义的合格建设者和可靠接班人寄予厚望,高校德育被赋予了导向功能、激励功能、开发功能、保证功能、就业指导功能、反腐败功能等。高校德育的功能不断被放大的结果是,大学生的所有思想行为问题都被归罪于高校德育的失效,家庭教育与社会教育应该承担的责任却被弱化,这与大学生思想道德素质的发展规律不相符合。大学生思想道德素质的形成和发展除了受学校教育影响外,还受到家庭、社会等综合因素的影响,没有社会系统支持的高校德育注定效果不佳。

(一)高校德育与家庭教育的割裂

家庭是孩子成长的摇篮,父母是孩子的启蒙老师。家庭是大学生形成基本的价值、信念、动机的重要场所,家庭为大学生提供心理上的安全感、依恋感和归属感。古代家庭教育以孝悌之道作为伦理道德的起点,强调家庭教育要及早实施。古人提出"修身、齐家、治国、平天下"的训示,将"修身"视为做人的最重要因素,十分重视道德修养和家庭教育,而当今的家庭教育往往忽视对孩子德性德行的培养。在从传统社会向现代

社会的转变过程中，中国社会的家庭规模越来越小、结构越来越简单，家庭矛盾和冲突减少，孩子生活在一个相对平静的家庭环境中，但是，孩子承受着比过去更大的学业压力。现如今，中国社会大量的独生子女家庭把所有的爱和期望都倾注在孩子身上，给孩子提供丰裕的物质条件，无微不至地照顾孩子的生活，想方设法满足孩子的一切要求，使孩子养成自私自利的品行。在考试指挥棒仍然发挥作用的今天，家庭教育出现了偏差，重智力开发、轻德性培养，许多家长认为只要孩子能考出高分、考上名校、考到更多的证书、找到好工作，其他都无关紧要。许多家长认为，孩子"做人"方面的教育应该由学校负责。

（二）高校德育与社会教育的割裂

广义的社会教育指一切影响个人身心发展的教育活动，狭义的社会教育则指学校教育以外的一切文化教育设施对青少年、儿童和成人进行的各种教育活动。在家庭尚未形成的原始社会时期，教育就是在日常生活和生产劳动中，由年长者向年轻人传授生活和生产经验的过程中实施的。家庭出现以后，家庭教育随之产生。随着体力劳动和脑力劳动分工的发展和文字的形成，学校教育得以产生。广义的社会教育包括家庭教育、学校教育和狭义的社会教育。本文所讨论的社会教育是指狭义的社会教育，它是学校教育的重要补充。

现代社会，由于科学技术的迅猛发展，社会知识总量的激增，对于成人来说，一次性的学校教育已不能适应社会发展的要求。现代信息技术的发展和教育技术的完善，为社会教育的广泛开展奠定了良好的物质基础，大学生的成长也迫切需要社会教育密切配合。《关于进一步加强和改进大学生思想政治教育的意见》中明确提出："全社会都要关心大学生的健康成长，支持大学生思想政治教育工作。"虽然中央非常重视高校德育工作，但整个社会沉浸在市场经济中，没有重视自身所肩负的教育责任。

现代社会，大众传媒对大学生思想行为的影响呈现出日益强化的趋势，甚至超越高校德育的影响力。大众传媒不仅可以控制社会舆论、引导公众，还可以渗透到一般的社会心理及个体思维和行动过程中，大学生是在被电视、广播、网络等各种媒体包围中长大的，可以说是被媒体塑造的一代人。大众传媒遵循商业化的运作模式，重实利轻担当，重浮华轻责任，大量的即时的信息没有得到沉淀和净化就被到处传播。如果大学生缺乏一定的背景知识，知其然不知其所以然，思想就会产生混乱。大众传媒往往为追求所谓的"实效性"和更好的卖点，一些传播内容的真实性得不到保证，这种失真的信息不能给受众以正确的舆论引导。例如，有些媒体过分渲染白领的高消费生活，对普通平民的生活状况报道较少，使心理不成熟的大学生误以为媒体上报道的就是社会现实，这会使他们不能清醒认识自身的处境，不能准确给自己定位，期望值过高，盲目追赶超前消费潮流。在"注意力稀缺"的时代，大众传媒为了吸引更多的受众，产生"眼球效应"，报道很多刺激性的负面新闻。例如，凶杀、暴力、色情、明星绯闻等，这些煽情的、感性的报道过于集中频繁，容易使大学生的价值观扭曲，对社会的美好前景失去信心，不利于理想信念的确立。大众传媒缺乏理性的思考、深邃的审视、高远的目光，没有担当起正确引领社会舆论的责任，其传播的许多内容与高校德育的方向不一致，弱化了高校德育的效果。在大众传媒的狂轰滥炸下，高校德育也难以做出有效回应，致使高校德育与大众传媒等社会教育的脱节。

第二节　高校德育系统内部各子系统的割裂

教学系统、管理系统和服务系统是高校德育的三大子系统。目前，高校德育工作的任务主要施加给教学系统内部尤其是思想政治理论课教学，管理系统和服务系统还缺乏自觉的育人意识，全员育人的"大德育"格局尚未形成，在育人上没有形成合力。

一、教学系统：专业教育与德育的分离

在教学系统内部，专业教育还存在教书与育人分离的现象，尤其是没有将"为谁学"的问题摆在首要位置，出现"淡化意识形态"的倾向。专业教育越来越被异化为技能训练，难以实现陶冶情操、启迪心灵和升华精神的育人目的。专业教育与德育的割裂与线性思维、科学主义思维是密不可分的。

（一）专业教育与德育分离的表现

1. 专业教育中教书与育人的分离

高等学校的根本任务是育人，就是说，教育者要根据社会发展需要和大学生身心发展规律，自觉地把传授科学文化知识与思想政治教育结合起来，把"治学"与"为人"结合起来，使大学生既学会"做学问"又学会"做人"。大学课堂是教书育人的主渠道，专业教师也必须坚持主流价值观，将治学、做人的道理传授给学生。然而在现实中，多数专业教师认为，大学生思想道德素质的培养与专业教师无关，应该是党团组织和思想政治理论课教师的事情。多数专业教师将专业知识教学与德育剥离开来，将"教"与"育"割裂开来，他们虽然重视教学内容和教学方法的研究，重视教学经验的积累，重视对教学规律的探究和实践，但是没有以正确的思想引导学生，对学生的思想、品德、心理等影响不大，客观上产生了教书与育人"油水分离"的消极效果。少数专业教师不教不育，他们把教书当作一种纯粹的谋生手段，不认真备课，不钻研教学内容，不研究教学方法，或照本宣科，或任意发挥，缺乏教书育人的责任感和爱岗敬业的精神。更有甚者，极个别教师在课堂上向大学生宣讲一些错误的理论和观点，还美誉为思想自由。《中国教育报》刊登了一则题为《大学教师言行应有底线》[①]的报道，该报道针对某高校一位副教授所说的"全身心投入教学是一种毁灭"进行评论。"燃烧自己，照亮别人"是教育的核心价值，而这位副教授的言论显然有违教育的核心价值。如果专业教师没有明确的教书育人、治学、敬业的价值观，那么专业教学就可能完全和思想政治理论课教学背道而驰，消解思想政治理论课教学的效果。

2. 专业教育对意识形态的淡化

高校自然科学教育中对意识形态的淡化。在科学技术成为第一生产力的时代，高等教育信奉"重器鄙道"的价值观，强调培养大学生的专业技能而忽视提升大学生的思想道德素质。甚至一些教育专家也提出"教育与意识形态相分离""人才培养不需要政治"之类的口号，主张培养"无阶级的自然科学人才"。他们认为只要把大学生培养成国家需要的专业人才，让他们拥有建设国家的技能就可以，思想先进不先进是无

---

① 陈宝泉：《大学教师言行应有底线》，载《中国教育报》2011年5月31日第1版。

所谓的。

高校人文社会科学教育中出现拒斥意识形态的思想倾向。有些学者打着"学术与政治分离"的旗号大行"为分离而分离"之实,他们以是否与政治分离为标准来确定研究内容和研究方法,认为只有离开意识形态才能真正地进行学术研究。因此,出现了一种不正常的现象:谁批判马克思主义意识形态越多,谁就越有学问,谁的学术研究就更有价值。谁抛却马克思主义的立场、观点和方法,谁的研究就越客观。在这种思想影响下,有些人文社会科学教育者以"中性化"作为教育标准,远离马克思主义和社会主义,并对反对、否定马克思主义和社会主义的错误言论听之任之,凡是带有意识形态色彩的内容都以中性的态度表达出来,听任马克思主义意识形态丧失主导性、主动性地位。例如,"关于革命与马克思主义的相关课程都以'中性化'做标识:中国革命史讲成了中国文化史,马克思主义哲学变成了西方哲学,政治经济学改成西方经济学,科学社会主义转变为社会发展理论,思想理论教育则转换为心理健康教育、个性发展教育,等等。还有某些课程虽以'马克思主义与……'为题,但整个讲述过程表达的却是'与……'的内容"①。有些教师在教学中,只介绍思想家的思想观点,尽可能地不做分析评判,不做有说服力的释疑解惑,结果使大学生的思想疑惑反而更多了。

在高等教育国际化背景下,专业教育出现盲目引进、重用西方教材和海归学者、"洋"学者的现象。例如,一些高校的经济管理学院将西方经济学作为主流经济学,将马克思主义政治经济学边缘化,甚至取消马克思主义政治经济学。《中国政治经济学年度发展报告(2010年)》② 中分析了当前马克思主义政治经济学在许多高校被边缘化的情况:①经济学各专业课程体系中西方经济学课程的比例不断提高,政治经济学课程的比例不断降低,一些高校甚至取消了政治经济学课程;②编写西方经济学教材或引进西方经济学原版教材蔚然成风,一些原版教材不经过科学评论就直接引用;③全国大部分高校理论经济学专业硕士研究生入学考试科目《经

---

① 李合亮:《解析与建构——当代中国思想政治教育的哲学反思》,人民出版社2010年版,第36页。
② 参见张宇、邱海平等《中国政治经济学年度发展报告(2010年)》,http://theory.people.com.cn/GB/13823039.html,2011年1月26日。

济学基础》中政治经济学所占比重是 1/3 或以下，有些学校甚至不考政治经济学；④马克思主义政治经济学教学队伍流失严重，他们或转向应用经济学，或转向"新政治经济学"。《中国政治经济学年度发展报告（2011 年）》① 中指出，高校政治经济学教学的总体状况依然和上年度基本相似，毫无改观。近年来，高校经济学教学和学科建设存在片面追求国际化、标准化、规范化的倾向，其实质是按照西方模式特别是美国模式改造中国经济学，使中国经济学全面与美国经济学模式接轨。这在很大程度上使得西方意识形态通过未加科学评论的经济学原版教材和"洋"学者"原汁原味"的讲解渗透到大学生的头脑中，把马克思主义意识形态从大学生的头脑中挤出去。一些著名经济学家曾撰文呼吁必须纠正经济学教学中存在的一些错误认识，如将西方经济学看作不受意识形态影响的纯粹的、唯一科学的经济学，将马克思主义经济学看作受意识形态影响严重的规范的、缺少科学性的经济学。② 但时至今日，马克思主义经济学指导地位被削弱和边缘化、西方经济学影响上升的状况仍没有被改变。

（二）专业教育与德育分离的危害

专业教育是专门化的，它传授给学生一些确定的技能，专业技能是生活所必需的，在人的生存和发展中占据着一个不可替代的位置。专业技能使人成为某一方面的专门人才，在人类社会认识和利用自然资源的宏伟进程中，物质世界越来越被人们所掌握，专业技能在社会中发挥的作用日益增强。专业教育主要给我们提供"是什么"和"怎么做"的知识和能力，只能解决"客观事物的是非"问题，不能提供"为什么"的价值判断，不能解决"应当怎样"的问题。没有渗透德育的专业教育被异化为一种技能训练，训练是一种心灵隔阂的活动，教师与学生之间只是一种专业技术交流，缺少精神交流。缺失精神交流的专业教育不是真正的"教育"，因为它遗忘了教育"陶冶精神生活"的内在本质，只能算作形式化的"教学"。现代社会的专业教育"本来是用训练有素的方法来处理广泛的

---

① 参见邱海平、张宇等《中国政治经济学年度发展报告（2011 年）》，http://theory.people.com.cn/GB/16921301.html，2012 年 1 月 19 日。

② 参见刘国光《对经济学教学与研究中一些问题的看法》，载《高校理论战线》2005 年第 9 期。

学习资料，现在变成了空洞无聊的尽义务而已；本来学生的学习目的是求取最佳发展，现在却变成了虚荣心，只是为了求得他人的看重和考试的成绩；本来是渐渐进入富有内涵的整体，现在变成了仅仅是学习一些可能有用的事物而已。本来是理想的陶冶，现在却只是为了通过考试学一些很快就被遗忘的知识"①。这种专业教育带给学生的不是包罗万象的整体教育，而是混杂的知识，它对学生思想的陶冶、心灵的启迪、精神的升华是无效的。

专业教育与德育的分离培养出只懂科学技术而灵魂苍白的"空心人"和不懂科学技术而侈谈人文的"边缘人"。② "空心人"是指情感、爱、意志、兴趣等被理性抽象化、失去情感世界和终极关怀、感情干瘪和思想空洞的人。科学技术入侵并主宰着"空心人"的生活世界，他们自以为掌握了科学技术，实际上是被科学技术异化了。"边缘人"自以为掌握了人生和社会发展的真谛，把科学技术描绘成造成一切灾难的根源，往往喜欢把空洞无聊的自我写照当作社会现实，对问题的看法总是有点隔靴搔痒，他们其实是被社会发展浪潮甩出来的多余者。21世纪需要的是全面发展的人才，只懂科技不谙人文，或只懂人文不谙科技的"人才"都不是真正的人才。

（三）专业教育与德育分离的原因

1. 线性思维

专业教育与德育的分离与人们头脑中固有的线性思维有关。过去，人们常把学生智力的发展仅仅归于智育，德性的发展仅仅归于德育，没有认识到德育与智育之间的相互融通。

智育是以开发学生的智力为主的教育活动，通过知识的传递和技能的训练，让学生掌握系统的科学文化知识和技能，使学生学会学习、学会认知。德育是有意识地将社会思想道德要求内化为学生自身的思想道德素质，德育是有目的地促进个体思想道德社会化的教育活动。德育是以开发学生的非智力为主的教育活动，给以学生巨大的精神动力，其目标是正确

---

① ［德］雅斯贝尔斯：《什么是教育》，邹进译，生活·读书·新知三联书店1991年版，第45页。

② 参见张复满《高校教育的失衡与制衡》，载《中国特色社会主义研究》2003年第3期。

处理人与自然、人与人、人与自身之间的关系。智育以开发人的智力为主，德育以开发人的非智力为主，两者看似毫不相干，但实质是相互贯通、相互影响的。

智力是人的各种能力的总和，主要包括观察力、记忆力、注意力、想象力、思维力、创造力。抽象思维能力是智力的核心，创造力是智力的最高表现。智力影响着人掌握知识与技能的速度、深度和灵活性，智力决定着人的学习能力。智力不是观察力、记忆力、注意力、想象力、思维力五种因素的机械相加，而是五种因素的有机结合。五种因素有机结合的程度越高，人的创造力越强。五种因素有机结合的程度受到非智力因素的影响。非智力因素是指与认识没有直接关系的情感、意志、兴趣、需要、动机、目标、抱负、信念等方面。非智力因素是影响智力活动和智力发展的个性心理因素，是智力活动和智力发展的推动力。

过去，人们把智力与非智力截然分开，没有充分认识到二者的相互关系，尤其是没有充分认识到非智力因素对智力发展的动力作用。其结果导致将智育仅仅看作开发智力因素的，将德育仅仅看作开发非智力因素的，重视智育而忽视德育。到目前为止，人们对高校德育与大学生人才培养关系的认识仍然存在误区，偏重于专业技能培养弱化思想道德素质培养的现象仍然普遍存在。高校德育处于非常尴尬的地位，"首位"被书面化，责任被加重，一旦大学生出现了思想不端、行为不正、心理不健康等问题时，都被归咎为高校德育的低效甚至无效。

2. 科学主义思维

在西方近代，人类利用科学知识在改造自然界中取得了辉煌成就，从此人们对科学笃信无疑，将科学视为知识合理性与合法性的评判标准，出现了科学统一整个知识领域的趋向。科学被视为是最可靠、最权威的知识形态，被视为是最完善的知识范式，它甚至可以取代哲学、伦理学等形而上知识直接解释人生问题。"如果说科学世界观在17世纪是一个羞羞答答的处女，那么在18世纪则蜕变为放荡不羁的性感少妇，整个世界处于其淫威之下。从自然到人、从人的肉体到人的心理或精神、从个人到国家，一切的一切都拜倒在她的石榴裙下"[①]。在西方"船坚炮利"的冲击下，中国传统秩序逐渐崩溃了，知识分子对中国传统文化产生普遍的、极

---

① 李文阁:《遗忘生活：近代哲学之特征》，载《浙江社会科学》2000年第4期。

其严重的焦虑情绪，迫切需要一种无所不包的意识形态的慰藉，恰好科学主义以其取得的物质成就和自信、乐观、武断的精神，满足了近代中国人追求独立、富强的心理需要，科学主义取代了中国传统文化的宏大叙事，在近代中国流行开来。五四新文化运动提出"科学"与"民主"的口号，后来，思想文化领域发生了一场影响深远的"科玄论战"，论战以"科学是否能支配人生观"为主题展开，双方都承认科学的重要性，分歧在于是否承认科学能够僭越到人生观之中，解决直觉的、综合的人生观问题，论战结果是以丁文江为首的"科学派"占了上风。

改革开放使中国步入以经济建设为中心的轨道上，科学技术作为第一生产力强有力地推动了社会和人的发展，其重要性日益凸显。于是，科学技术逐渐成为人们评判事物的标准，国人对科学技术顶礼膜拜，造成科技与人文的分离。再加上市场经济对经济效益的片面追求，加剧了这种分离。尤其是在市场化浪潮的冲击下，不少大学生把自己变成赚钱的机器，凡与赚钱无关的知识一概弃如敝屣，当然，与专业知识"无关"的思想政治学习也被遗忘了。大学生的头脑中存在一个认识误区：只抓专业知识的学习，就可以找到一份"好工作"，就可以适应社会发展的需要。受市场经济的影响，高等学校也要追求经济效益，越来越功利化，主要抓能够带来经济效益的专业，而与人文社会科学相关的学科则不断萎缩。科学主义的僭越导致德育与智育分离，高等教育重视对学生进行专业知识的传授和专业技能的训练，忽视对学生进行思想熏陶、心灵交流、人格培养，结果培养出一些思想偏激、道德水准不高、人生观迷茫、价值观混乱的"人才"。现代社会对人的综合素质要求越来越高，只掌握专业知识不能适应社会发展的需求，专业教育也要重视开发大学生的非理性资源，为大学生的全面发展提供强大的精神动力。

二、管理系统：管理与育人的分离

管理和教育是两种重要的人类社会活动，都有着悠久的历史，并早有沟通和渗透。从管理学角度来讲，教育是一种柔性管理；从教育学角度来讲，管理是一种特殊的教育方式。

高校管理系统内部部门林立，限于篇幅和主题的需要，本书只选择与大学生生活学习密切相关的学生工作系统（即学生管理系统）进行分析。

"高校学生工作是学生工作体制、工作理念、工作内容等诸要素相互作用的整体概念。学生工作体制是否完善、工作理念是否科学、工作内容是否充实,决定了学生工作系统效能能否充分发挥。"①

(一)高校学生工作理念、工作内容和工作体制的发展演变

1. 初创阶段:中华人民共和国成立至改革开放前

这一阶段国家的首要任务是巩固新生政权,高等教育的重要任务是培养大学生的政治素质。高校学生工作过分强调共性和整体性,过分看重统一和服从,出发点和落脚点是管住学生,严格规定学生能做什么和不能做什么。

高校学生工作的内容以政治教育为主,1950年教育部颁布的《高等学校暂行规定》总纲第二条指出,要对学生进行革命的政治及思想教育。1952年,教育部发出"在高等学校有重点地试行政治工作制度,设立政治辅导处"的指示,政治辅导处负责对教师和学生进行政治思想教育,负责大学生的毕业鉴定和毕业分配工作。一名校领导负责政治思想工作,党、团组织及政治辅导员做具体工作,高校学生工作体系初具雏形。这一时期的学生工作被称为政治工作或政治思想工作。对学生具体事务的管理只是学生工作职责中很小的一部分,学生事务工作隶属于学生政治思想工作。

1966—1976年,作为阶级斗争"主战场"的高等学校,开始停课"闹革命",高校学生工作体系也处于"瘫痪"状态。

2. 恢复重建与拓展阶段:改革开放初期至20世纪80年代末

随着国家由以阶级斗争为纲转向以经济建设为中心,高校学生工作也由为政治服务转向为经济建设服务。高校学生工作逐步改变过去"政治可以冲击一切"的观念,在不懈探索中,最终确立了"管理与教育"相结合的工作理念。

这一阶段,高校学生工作围绕学生教育与学生管理两个方面展开。改革开放以后,由于学生具体事务逐渐增多,学生工作内容除了要使学生端正政治立场,使学生坚定中国走社会主义道路的信念之外(与此有关的

---

① 盛云、段志锦:《1999—2009大学生特点十年变迁与学生工作问题研究》,东北财经大学出版社2009年版,第218页。

工作被称为"学生教育"），又增加了建设良好校风和学风等基础建设的内容，以保证学生遵守学校的规章制度（与此有关的工作被称为"学生管理"）。各高校在20世纪80年代末相继设置了专门机构"党委青年部"或"党委学生工作部"，负责全校的思想政治工作。后来，又将"党委青年部"或"党委学生工作部"改为学生工作部（处），将原来的党委学生教育工作和教务部门、人事部门的部分学生管理工作合并。为解决大学生教育与毕业分配长期脱节的问题，又在学生工作部（处）下面设置毕业生分配办公室，负责毕业生分配工作，把住出口关，这在规范学生行为、促进教育管理方面起到了一定作用。1990年国家教育委员会颁布的《普通高等学校学生管理规定》总则中指出，"本规定所称学生管理，是指对学生入学到毕业在校阶段的管理，是对高等学校学生学习、生活、行为的规范"[①]。此时，学生管理主要是指管理学生（人）、规范学生的各种行为，而不是管理学生工作（事）。学生管理与学生教育二者之间是一种主从关系，学生管理服从于、服务于学生教育，是实现学生教育的工具和手段。

3. 重新改革与纵深发展阶段：20世纪90年代至今

20世纪90年代，在建立和完善社会主义市场经济体制的背景下，高等教育也拉开了改革的序幕。高等学校首先进行招生就业制度改革，大学生需要缴费上学和自主择业，他们由单纯的受教育者转变为高等教育的投资者与消费者的双重身份。大学生越来越关注学校的办学质量，高校各职能部门开始树立起服务学生的理念，学生工作也向"教育管理与服务相结合"的理念转变。一切对学生的管理工作都应落实到学生成长、成才的服务上。

高校学生工作不断向纵深发展，形成了现阶段的学生工作模式：党政合一、两级管理的体制。学校设立以主管校领导（主管学生工作的副校长）为主任的学生工作指导委员会，协调处理全校学生工作的重大问题。学生处和校团委是学生工作管理的主体，承担日常学生工作。学生处主要负责奖助贷、勤工助学、就业等方面的管理，校团委主要负责学生的课外活动。二级学院设立学生工作组，由院（系）党总支副书记领导本院学

---

① 国家教育委员会办公厅编：《高等学校领导干部阅读文件选编》，高等教育出版社1990年版，第202页。

生工作办公室及辅导员开展工作。

这一阶段，高校学生工作以学生事务管理为主。20世纪90年代以来，随着高等教育逐步迈入"大众化"阶段，大学生在心理、学习、生活、就业等方面存在各种问题，各高校成立了独立（或不独立）于学生工作部的心理咨询中心、勤工助学中心、就业指导中心，为学生提供咨询和辅导，解决学生在现实生活中遇到的实际困难。于是"学生工作"逐渐被"学生事务管理"取代。此时，学生管理已从狭义的管理"学生"，扩展到管理"学生"和管理"学生的相关事务"。但是随着具体事务的增多，学生事务管理中的思想政治工作也有所放松。

（二）高校学生工作中存在的问题

随着我国高等教育的发展，高校学生工作理念不断创新，内容不断丰富，职能不断扩展，工作方式不断更新，工作思路不断变换，工作取得了长足的进步。从中华人民共和国成立到现在，高校学生工作理念经历了"灌输型政治教育——以教育为主，以管理为辅——教育管理与服务相结合"的变迁历程。在科学发展观的指导下，学生工作者也随之提出"以生为本"的学生工作理念。从"以生为本"的视角来审视，目前高校学生工作仍然存在诸多问题。

1. 高校学生工作者的官僚化

深受官本位思想的影响，高校学生工作者将行政权力看得至高无上，官僚化气息浓厚，工作目标是错位的——对上级负责，不对学生负责。有些高校学生工作者还是喜欢用传统的"管制、控制、压制"的方法对待学生，随意向学生发号施令，运用行政权力对事关学生切身利益的评奖、贷款等事务进行主宰和控制。这种管理方式使学生产生逆反心理，造成紧张的师生关系，尤其是大学生与辅导员的关系不融洽。辅导员往往处于领导者和管理者的位置，大学生往往处于被领导、被管理的位置，大学生喜欢追求自由和个性，对管理自然是拒斥的。在一个辅导员管理几百甚至上千学生的情况下，辅导员一般只与学生会干部、班干部接触较多，而与一般学生不可能有较多接触，不能很好地了解学生、关心学生，从而疏远了与学生的关系。有些辅导员在搞亲疏远近，在评奖评优时对学生会干部、班干部予以特别照顾，这影响了他们在学生心目中的形象，以致一些学生敌视辅导员。辅导员做得好可以成为学生最亲近和爱戴的人，做得不好就成为学生最憎恶和厌烦的人。

2. 高校学生工作忽视学生发展需要

当前的高校学生工作力求通过各种规章制度管住学生、管好学生，对学生进行规范控制与奖惩激励。学生在学校管理中几乎没有发言权，更不可能参与学校管理。童静菊在其博士论文《生本理念下高校学生工作体系研究》中，做了关于高校学生工作的问卷调查。关于教师调查问卷的数据显示：在当前高校学生工作的目标取向方面，32%的调查对象认为更多地是以社会（政治）为中心，37%的认为是以学校和教师中心，31%的认为是以学生为中心；在管理学生、服务学生和发展学生方面，59%的调查对象认为学校主要精力是在管理学生；在学校做出有关学生工作重大决策时是否吸收学生方面，51%的学校偶尔会吸收学生参加，13%的学校根本没有考虑到需要学生的参加。关于学生调查问卷的数据显示：在学校对学生的重视程度方面，55%的学生认为重视程度一般，8%的认为不重视；在辅导员是否关心学生方面，46%的学生认为得到辅导员关心的程度一般，24%的认为根本没有得到辅导员的关注；学校在管理学生、服务学生和发展学生方面，55%的学生认为学校的主要精力放在管理学生上，70%和23%的学生选择了希望学校的学生工作侧重于全面发展学生和优质服务学生。[①]

3. 高校学生工作体制的行政化

大学存在着两类机构：学术机构和行政机构。本来，行政机构只是辅助学术机构完成培育人的各项目标，但是，长期以来我国高等学校行政系统形成了庞大的科层组织，行政权力超越学术权力。"中国大学的行政系统已成为游离于教育目标之外，甚至是悬浮于教育系统之上的一个独立体系。"[②] 学生工作部门属于行政机构，其工作理念、内容、目标都被行政化了。在计划经济体制下形成的党政分管思想仍然影响着学生管理体制，按照党政分开的原则，学生管理体系划分成两大系统：学生管理和思想教育，负责指挥学生管理系统的是主管学生工作的副校长，负责指挥思想教

---

① 参见童静菊《生本理念下高校学生工作体系研究》，华中科技大学2008年博士学位论文，第71页。

② 盛云、段志锦：《1999—2009大学生特点十年变迁与学生工作问题研究》，东北财经大学出版社2009年版，第232页。

育系统的是主管学生思想工作的副书记。庞大的学生管理系统看似职责明确、机构健全，但在实际工作中，往往会出现职责不清的状况。例如，辅导员既要受学生工作部（处）、校团委等校级职能部门的领导，又要受院（系）党总支、行政的领导，当校级职能部门的工作与院（系）发生冲突时，他们便无所适从。在学校—院（系）—班级的分级管理体制中，处在中层的院（系）或者失去工作活力沦为一个上传下达的机构，或者越俎代庖，包办本该由上级部门或大学生自身来完成的工作。

现在，虽然提出"以生为本"的学生工作理念，但是，要落到实处，要做的工作还很多。高校学生工作任重道远，尚需努力。

三、服务系统：服务与育人的分离

高校服务系统包括许多部门，本书主要分析后勤服务系统的育人状况，因为，长期以来，后勤服务系统的育人功能一直被忽视。

（一）后勤服务系统的演进

在计划经济体制下建立的高校后勤管理部门，属于高校行政管理机构。当时高校后勤管理部门一般称为总务处，后勤部门的工作人员都是高校的正式员工，是"单位人"，他们的工作是为教师和学生提供餐饮、住宿、通讯、交通、维修等服务。计划经济体制下的后勤部门具有二元性特点：市场属性与行政属性并存。后勤部门开办的食堂、兴建的宿舍、购买的各类设备等都来源于市场，因此后勤部门提供的饮食、住宿、资产管理、通讯、交通、水电等属于服务工作，应该属于第三产业，需要用一定的货币交换，后勤部门出售这种服务，消费者（学生、教师、各院系等）购买这种服务。同时，后勤部门又具有浓厚的行政化色彩，后勤部门的发展和运行必须符合高校的行政管理规定。后勤部门没有独立的人事权和财务权，在人、财、物的管理和使用上要服从学校的统一安排和调配。后勤部门的员工也归人事部门管理，员工是高度稳定的，一部分后勤岗位是为解决干部、教师家属设置的，有些是父子相传的，员工之间除了业缘关系外，还有血缘、亲缘关系。学校可以通过制定一系列规章制度或通过会议决议对物资和服务的使用进行调配、减免等处置。例如，根据不同的身份（行政级别、业务级别）享受不同的服务，缴纳不同的服务费用。因此，传统后勤部门提供的服务不能完全按照市场经济的等价交换原则进行，它带有一定的福利色彩。

由于后勤部门的行政属性和福利色彩的存在，产权关系不明确，难以引进竞争机制，无法进行精确的成本—收益计算，致使后勤部门的成本意识淡漠，只管投入不管产出，后勤部门管理的财产、物资要么闲置，要么被寻租，后勤部门难以实现自我发展和盈利，反而需要学校拿出一批经费进行补贴。由于后勤部门的人事权属于学校人事处统一管理，实现固定工资制，缺乏竞争压力，导致后勤部门的创新意识和服务意识淡薄，后勤部门提供的服务不能满足教职员工和学生的需求，各种问题日益突出。尤其是在 20 世纪 90 年代后期对高校进行调整与合并，高校招生规模不断扩大，学生人数大幅增加，传统后勤管理服务与日益发展的高等教育事业的矛盾逐渐凸显，传统后勤部门迫切需要进行社会化改革，实现跨越式发展以适应社会主义市场经济和高等教育大众化的需求。

1999 年 11 月，以全国高校后勤社会化改革工作会议的召开为标志，全国高校拉开了后勤社会化改革的大幕。高校后勤社会化改革的目的就是实现"三服务、两育人"（始终坚持为高校的教学、科研、师生服务的方向，力争实现管理育人、服务育人），使具有准"公共产品"性质的后勤服务既能适应市场经济的规则，又能服务高校的教学和科研工作。高校后勤社会化改革通过政企分离、管干分离，实现后勤服务社会化和市场化，通过提高服务意识和服务水平，增强竞争力。

（二）后勤服务系统中存在服务与育人的矛盾

1. 后勤服务系统以盈利为目的的价值取向与高校以育人为目的的价值取向的矛盾

高校后勤社会化改革有力地保障了高等教育大众化的发展，但是，高校后勤社会化改革以盈利为目的的价值取向与高校以育人为目的的价值取向之间产生了矛盾。目前，多数高校后勤服务系统引入了市场竞争机制，已经按市场化、企业化运作，其中原材料的采购、劳动用工等已经与市场接轨，自主经营、自负盈亏，因此，其价值取向主要以盈利为目的。虽然许多高校通过开展"优质服务月""优质服务年""创建文明窗口"等活动不断提高服务质量，但其服务内容和形式更多地带有商业化和功利性的特点，是为了追求利益的最大化，没有充分体现"服务育人"的宗旨，没有把育人贯穿于服务的全过程。有些高校后勤服务部门错误地认为高校后勤社会化改革就是让后勤完全走向市场，完全按照市场经济的等价交换原则办事，后勤服务部门与育人可以相脱离，因此，他们擅自提高饭菜价格，使得学生对学校意见很大，使得学生与学校的关系紧张，甚至出现群体性事件，成为不稳定因素的原因。有些高校后勤部门的职工错误地认为进入后勤实体就不再具备干部身份，从而放松对自我的要求，不注意自身的言行对学生的影响，从而影响了高校德育工作的开展。

2. 后勤服务系统员工整体素质偏低与高校德育需求高素质员工的矛盾

后勤系统工作量大且面广，比较烦琐，柴米油盐，方方面面都要考虑。后勤系统职工如果没有任劳任怨的品质，时间久了就会对工作产生厌倦心理。后勤管理水平、服务质量、保障能力的提高，确实需要一批懂后勤工作特性，又肯在后勤管理服务工作中贡献的管理人员。但是后勤系统的人事制度限制着它的发展，后勤人事制度实行"老人老办法，新人新办法"，新《中华人民共和国劳动合同法》的实施要求"新人""老人"同工同酬同福利，势必使后勤服务成本大幅度上涨。后勤人员事业编制冻结，"老人"拥有事业编制但缺乏管理经验和创新思想，"新人"不给事业编制，致使后勤引进的管理人员的待遇跟不上社会经济发展水平，想要长期留住比较优秀的员工也很困难，长久下去，后勤队伍素质越来越偏低，结构越来越不合理。后勤管理人才匮乏，后勤队伍相对来说都处于一种文化偏低、年龄偏大、整体素质不高的状态，这一定程度上影响了后勤为学校教学、科研、师生生活服务的水平和质量，更谈不上管理育人、服务育人目标的实现。

第三节 高校德育系统内部各要素的割裂

要素是组成系统的、彼此可以相互独立的单元，系统内部各要素不是孤立的，而是按照一定的方式相联结的。研究一个系统就要研究系统各要素之间的动态结构，如冯·贝塔朗菲所说："研究孤立的部分和过程是必要的，但是还必须解决一个有决定意义的问题：把孤立的部分和过程统一起来的、由部分间动态相互作用引起的、使部分在整体内的行为不同于在孤立研究时的行为的组织和秩序问题。"① 高校德育系统各要素之间按照一定的方式相联结形成动态稳定的非平衡结构，高校德育系统的功能发挥程度，主要取决于这些要素的有机结合程度。本节主要分析主体与客体、社会价值与个体价值、知识内容与价值内容三组要素在高校德育实践中的结合状况。

一、高校德育主体与客体的割裂

高校德育主体与客体的割裂表现为教育主体处于中心地位，教育者对受教育者实施单向灌输。高校德育主体与客体的割裂导致大学生的主体性得不到发展，其内在价值的发展被忽视。主客二元论思维方式导致高校德育主体与客体的割裂。

（一）高校德育主体与客体割裂的表现

1. 教育主体在高校德育中处于中心地位

教育者在教育中处于中心地位的思想古已有之。《礼记·学记》中说："凡学之道，严师为难。师严然后道尊，道尊然后民知敬学。"古人把"师"和"道"联系起来，把"师"看作"道"的传播者，只有尊师重道才能使老百姓重视学习。教育者被定位为"传道授业解惑"的主体，处于主动、神圣的地位，其意志是不可违背的；受教育者被定位为道的接受者和被解惑的客体，处于被动、依附的状态，必须无条件接受教育者传授的"道"。古代传统"师道尊严式"教育的根本目的是为了实施统治阶级的道德教化和思想控制，以维护统治阶级的长治久安。在西方，以赫尔巴特为代表的教育家提出，教师中心、课堂中心、书本中心的"三中心"说，"在教育的其他任何职能中，学生是直接在教师的心目中，作为教师必须在他身上工作的人。学生对教师必须保持一种被动的状态"②。这种观点强调教育者的主体地位和能动作用，把受教育者看成消极被动的加工

---

① ［美］冯·贝塔朗菲：《一般系统论——基础、发展和应用》，林康义、魏宏森译，清华大学出版社 1987 年版，第 29 页。

② 张焕庭主编：《西方资产阶级教育论著选》，人民教育出版社 1979 年版，第 294 页。

对象，压制和阻碍了受教育者学习的积极性和主动性。这种纯机械论的教育主客体观把教育者的能动性和受教育者的被动性联系起来，将教育者与受教育者绝对对立起来，没有看到受教育者的活动对教育者的制约和影响，教育者不考虑受教育者的身心发展规律而进行教育活动。长期以来，高校德育也遵循"以教师为中心、以课堂为中心、以教材为中心"的模式，强调"师道尊严"，教师扮演"传道""授业""解惑"的角色，向学生灌输国家主流意识形态，教师的旨意不容改变，教师高高在上，拥有绝对的权威。大学生处于被动服从的地位，主要任务是认真听讲，记好笔记，把教师传授的内容储存在大脑里，考出好成绩。

2. 教育者对受教育者的单向灌输

传统教育观认为，教师是"教育者"，其职责就是"教"；学生则是"受教育者"，其任务就是"学"。传统教育观的前提预设是教育者总比受教育者拥有更多的知识，教育者总比受教育者具有更多经验，教育者总比受教育者更高明。因此，"被视为且自视为教育者的教师容易滋生出一种'高位'意识、'强者'架势及'权威'面孔，被视为且自视为受教育者的学生则容易产生出'低位'感觉、'弱者'状态及'随从'神情"①。在传统教育观的影响下，高校德育方法以单向灌输为主，教育者与受教育者之间的互动过程实际上是教育者单方面向受教育者传输、灌输知识的过程。在此过程中，教育者按照对受教育者的先行预设来准备讲授内容，教育者不关注受教育者的信息反馈，不顾受教育者当下的真实处境，忽视受教育者的内在动力，使受教育者完全处于被动、服从、接受的位置。单向灌输的教育方法必然造成"我说你听""我打你通"的强制性状态，容易招致受教育者逆反心理和对抗情绪。

（二）教育主体与教育客体割裂的弊端

1. 大学生内在价值的发展被忽视

高校德育的目标有两个：一个是维护社会稳定，促进社会发展；一个是促进大学生的全面自由发展。但是，在实践中，往往强调前者，忽视后者。"教育不再把人作为独立的主体来培养，发展人的内在价值，而是把

---

① 吴康宁：《学生仅仅是"受教育者"吗？——兼谈师生关系观的转换》，载《教育研究》2003年第4期。

人作为工具，发展人的外在价值或工具价值。"① 为了将学生培养为维护社会稳定和发展的工具，教育者就要将国家主流意识形态灌输给受教育者。教育者戴着知识权威的面具对学生"循循善诱"，在他们的眼中，听课最认真、做笔记最认真、最能复述所学知识、最听话的学生就是优秀学生。单向灌输的德育以教材为中心，教育者备课仅备教材，把教材中的知识全部教给学生，学生考试及格，就算完成任务。这样，复杂的德育活动就被简化为经济、政治、道德等知识的学习活动。学生收获的仅仅是外在知识（直接表现为思想政治理论课考试分数很高），精神世界却得不到丰富，思想道德素质也难以得到提升。

2. 大学生的主体性得不到发展

单向的主客体关系，是二元对立的"我它"关系，是一种不平等的关系。在高校德育中，教育者与大学生处于主体与客体的不平等关系中，大学生的主体地位悄然丧失。教育者把大学生看作客观的存在于"我"之外的实体，将其视为被认识、被塑造的对象物，用调节主体与客体之间关系的技术性规则来代替调节主体与主体之间关系的伦理性规则，教育者与大学生之间的教育关系变成冷冰冰的、毫无生气的人与物的关系。"在把人当作客体的教育中，人本身不再是目的，而是达到某种按照技术规则判定是最优化结果的手段之一。"② 在传统德育中，大学生只是作为达到德育最优化结果（即各项德育指标）的一种工具而存在，德育被异化为一种训练和控制，如福柯所说的"规训"，规训的目的是通过教育塑造符合某种意识形态而没有自己思想的个体，从而用某种公共思想束缚个体思想。教育者将大学生当作客体而不是一个完整的"人"来对待，把人的身体、心理、情感、意志、行动等"肢解"开，将学生看作"美德袋"，将思想道德知识不断地往"美德袋"里填充，并且认为填充得越多越好。这种德育是一种"占有式"德育，其发挥的功能就是规范人的行为，结果就是消解大学生的主体性，以自主、自尊、个性自由为特征的独立人格被压抑。

---

① 冯建军：《当代主体教育论》，江苏教育出版社2004年版，第67页。
② 项贤明：《泛教育论》，山西教育出版社2004年版，第23页。

（三）高校德育主体与客体割裂的原因：主客二元论思维与机械决定论思维

主客体关系是近代科学发展的产物。启蒙运动以来，科学得到了飞速发展，为人们提供了确定可靠的知识。人们在反思这些科学知识时，提出一些问题，如科学知识的基础在哪里？对客观事物的认识是如何获得的？这些问题科学本身无法回答，解决认识的基础和可能性问题成为近代哲学的任务，认识论研究成为近代哲学的中心。法国哲学家笛卡尔认为，要追求知识的可靠性就必须为知识找到一个确定的基础，如果没有确定的基础，我们将陷入无穷的怀疑之中而无法自拔。笛卡尔通过怀疑原则，提出他的哲学第一原理——"我思故我在"，找到了一个确定的基点——"我"或主体。人们把自己确立为一个知识出发点的主体，把自我之外的一切设定为客体，从此，主体被囚禁在"自我"之中，在思维方式上表现为主客二元对立的对象性思维。"我"是唯一的主体，客观事物和他人均是作为客体而成为"我"的对象。主体永远是单数的，"主体的桂冠无论是戴在这个'我'的头上还是戴在那个'我'的头上，主体都无法走出'自我'这个城堡，它只能像莱布尼茨的'单子'一样在不同的'我'之间孤独地游荡"①。笛卡尔"我思"的主体观决定了在同一教育实践中，只有一个主体，无法把教育活动中的人与人的关系同人与教学中介的关系分开。"如果教师 A 是主体，那么教师 B、学生 A、学生 B 就和教材、教学设备一样都是教育客体；如果学生 A 是主体，那么教师 A、教师 B、学生 B 又都同教材、教学设备一样是教育客体了。"② 二元论思维把教育者视为单一的主体，把教育者与受教育者分别看作独立存在的、相互无涉的实体。"主体—客体"两极对立的德育模式的主要缺陷在于："它撇开了实践主体与主体之间的物质交往关系或社会联系，使实践中的主体、结构和关系单一化，将实践活动自觉不自觉地视为没有'主体—主体'关系介入的片面的'主体—客体'相互作用过程。"③

学生主体地位的丧失与机械决定论的思维方式也有关系。机械决定论

---

① 项贤明：《泛教育论》，山西教育出版社 2004 年版，第 3-4 页。
② 项贤明：《泛教育论》，山西教育出版社 2004 年版，第 4 页。
③ 任平：《马克思主义交往实践观与主体性问题》，载《哲学研究》1991 年第 10 期。

的自然观把一切自然现象都归结为力学现象，把一切运动都归结为机械运动，用力学原理来诠释整个自然过程，它坚信自然具有机械的确定性、固有的秩序、决定性、必然性和单一因果关联等特性。在机械决定论自然观基础上形成的机械决定论思维方式，坚信人的发展过程与自然一样受某种不变的秩序支配，人具有可控性和可塑性。可塑性泛指物或人可被塑造的可能性。对于学生来说，就是指继续"被"培养改造的可能性及上升空间，这种可塑性并不是学生的自我塑造，而是被当作客体所获得的可改造性。由于教师在年龄、知识和人生阅历等方面的优势，被先行设定为主体，学生只能是处于被动地位的客体，师生处于对象性关系的系统中，这种系统得以确立的前提是教师和学生对等级秩序的服从。教师是这种关系结构中秩序的建立者，学生是这种关系结构中秩序的服从者，只要这种等级关系的秩序存在，教师总能统治学生、改造学生，学生的自主发展被转换成了物的可改变性。

二、高校德育价值的割裂

德育价值可以采取多维化的划分标准和方法，按价值主体划分可以分为社会价值和个体价值。德育的社会价值是指它与社会的关系，即在社会发展中所起的作用，德育的个体价值是指它与个体的关系，即在个体成长和发展中所起的作用。德育社会价值与个人价值的关系，是一个长期争论的两难推论问题，这两个方面应该是相互依赖、缺一不可的，但传统德育却将二者割裂开来，强调社会价值，忽视个人价值。

（一）高校德育价值割裂的表现

在中国社会转型期间，德育如同其他事物一样充满了许多悖论式的生态，德育价值取向出现了片面强调社会价值、忽略个体价值的规训式德育和片面强调个体价值、忽略社会价值的单子式德育。

1. 规训式德育：片面强调社会价值

中华人民共和国成立后，我们更多地重视德育的阶级本质，特别是它对国家、政党和社会的作用，将个人放置于集体的掩盖下，强调集体主义教育。对集体主义的话语诠释不是建立在马克思所说的"真实的集体"（即"自由人联合体"）之上，而是建立在传统中国社会整体主义的价值基点之上。在中国的传统社会，个人的存在依附于以血缘、地缘为纽带形成的群体（这种群体是个人存在的主要形式），群体大于个人，个人是一种有待于被群体融化的异己力量，群体意识宰制个人意识，个人意识淹没于群体意识中。人们习惯于从关系（血缘关系、业缘关系）中体认一切，个人只是所属关系的派生物，只是群体的一分子，而不是一个独立的个体，个人的命运与群体的命运息息相关。在个人被群体淹没的社会中，个人为了自身需要而建立的社会联系成为与个人对立的异化物，群体、社会成为凌驾于个人之上的实体。

尽管在中华人民共和国成立初期，我们将几乎一切传统思想作为封建糟粕加以批判和摧毁，但一直倡导"政治社会人"的培养，整体主义的价值观念没有受到丝毫损毁，反而发展到极致，个人利益完全被整体利益遮蔽了。例如，社会主义改造完成后强调"一大二公三纯""毫不利己，专门利人""大公无私""无私奉献"等。淹没个人利益的德育激发了人们建设社会主义的热情，涌现出一大批先进人物，如铁人王进喜、雷锋等。但是，这样的德育因缺乏现实的实然平台的有力支撑，缺乏坚实的物质基础，带有明显的"乌托邦"色彩。规训式德育往往从社会的视角审视大学生的发展，用社会规范来约束大学生的思想行为，以社会为主导去建构学生的精神世界。规训式德育只重视德育的工具性价值——社会价值，却忽略德育的目的性价值——个体价值。规训式德育脱离大学生的生活实际，难以激发学生强烈的情感共鸣，难以获得学生的认同，更难以外化为行为践履。改革开放后，对个体的关注日益浮出水面，但由于受传统文化和计划经济的影响，高校德育还不同程度地存在着规训德育的影子。规训式德育存在某种程度上的视域性盲点，关注人的精神世界和灵魂生活是否与社会要求相一致，忽视解决个体权力和利益保障等现实层面的问题，将具有独立性和自由个性的个体排除在视域之外。

中国社会处于传统、现代、后现代交织的场景中，各种矛盾和问题交织在一起，高校德育自然在充满悖论式的状态中向前发展。"一方面是规训式德育的传统模式还在高校继续上演，日益成为阻碍德育转型的一个绊脚石；另一方面在传统德育向现代德育转型的过程中，出现了与规训德育迥然不同的新变种即单子式德育。"①

2. 单子式德育：片面强调个体价值

以个人本位为特征的个人主义强调，只有个人具有实体性，社会只是一个虚构体，只有个人利益才是唯一真实的利益，以整体存在为特征的社会利益是虚幻的。个人主义视野中的个人是彼此分离的、孤立的、单子式的存在，人与人之间的关系是一种单向的目的——手段关系，自我与他人、与社会是彼此分离的。改革开放后，随着市场经济体制的推进，人们从单一的意识形态束缚中解脱出来，社会进入呼唤个性和张扬自我的新时期，个体的权利和自由被人们热情地拥抱，一些人甚至形成以自我为中心的个人主义思想。20世纪90年代教育领域掀起了一场关于人的教育的革命，人的主体性存在凸显了，"主体性教育""对话教育"等话语如雨后春笋般冒出来。这些理念影响了高校德育，学者们开始提出主体性德育的理念，虽然主体性德育有利于革除规训式德育的弊端，但它的过度扩张可能走向另一个极端——单子式德育。单子式德育将大学生作为一个封闭的、孤立的、切实的，从高校德育系统中离析出来，使其上升为唯一的主体，将周边所有事物加以客体化。"主体性德育一旦将分析的主体性推上神龛之后，便赋予其至上的权力，在呼唤主体性的同时，将主体性神圣化，而德育系统的其他因素、连同教育者的主体性一起，都会毫不吝惜地客体化。这种过分关注于主体性的德育已经不再是纯粹的德育，而是一种为主体性的德育，其核心已经转向主体性而从根本上忽视了德育本身的社会价值。"②

（二）高校德育价值割裂的弊端

1. 高校德育片面强调社会价值的弊端表现

第一，忽视大学生的个性发展。规训式德育存在过分理想化的"假大空"现象，提倡"毫不利己，专门利人""大公无私""无私奉献"的精神，以少数先进分子和优秀人物的崇高境界来要求所有大学生，把政治上号召和提倡的东西等同于规定和必须遵守的东西来要求所有学生。规训

---

① 刘卓红、钟明华等：《开放德育论：大学生思想政治教育继承借鉴与批判创新研究》，人民出版社2008年版，第153页。

② 蓝江：《主体性德育的哲学悖论》，载《理论学刊》2005年第8期。

式德育没有遵循德育自身的规律,没有充分考虑到大学生的身心发展状况,用政治目标挤压了其他目标,忽视了学生的个性自由发展。"人的个性自由发展主要是指个体实现其主体性的自由发展的过程中,能够按照自身所固有的内在本性的要求去支配自身的发展而不是被动地从属于某种外在的强制,使自身的发展脱离和压抑自己的内在本性。"① 规训式德育往往导致"个人他治",在社会环境的结构性和德育的强化性的双重宰制下,大学生主体意识生成的文化土壤缺失,他们几乎没有自主与个性可言,甚至对自己的人生道路也不能自主选择。正像学者金生鈜所说:"个人对自己生活道路何去何从的问题的决断是建立在外在的强制性的权威的影响基础上的,而不是自己思考之后选择的主张。……个人受制于或者相信外在的控制、误导、诱使、压制、强迫……个人认命和屈服外在的强制和奴役,个人处在缺乏自由的生存状态中。"②

第二,忽视大学生的自教自律。规训式德育强调外铄培养,将政治社会化的任务放在首位,甚至将其看成唯一任务,用社会规范来约束大学生思想意识的形成,约束大学生的行为活动。规训式德育是以社会为主导去建构大学生精神意义世界的一种占有式教育,重视政治理论说教式的显性教育,忽视隐性教育和自我教育,单一性和简单化的德育方式使大学生感到厌倦。规训式德育无法调动大学生的积极性、自主性,无法激发他们的创造性,相反却消解了他们的主体性,难以使他们的精神世界得到提升,难以对他们的思想行为产生实际影响。规训式德育强调他教他律,忽视大学生的自教自律,因而是不完整的教育。叶圣陶说过"教育的目的就是为了不教育","不教育"其实是自我教育。自我教育是衡量教育是否有效的一个标志,是德育最终落实的归宿。自我教育就是通过反省、反思、自我约束、自我控制、自我改造等途径,提高自身思想道德水平、理性思考水平,增强把握正确政治方向和人生发展方向的能力。大学生已是知识丰富、思想敏锐、视野开阔、人格独立的青年,对他们进行思想政治教育,不能采取简单、生硬、灌输的方式,而应该理解和把握他们的合理需求,发挥他们自我约束、自我控制、自我修养、自我选择的自主性,让他们在自我教育中走向完善。

---

① 万光侠等:《思想政治教育的人学基础》,人民出版社2006年版,第226页。
② 金生鈜:《规训与教化》,教育科学出版社2004年版,第71页。

2. 高校德育片面强调个体价值的弊端表现

第一，导向性缺失。在高校德育实践中，部分教育者不愿意面对德育的意识形态性，以不左不右的"中性化"态度阐释教育内容，尽量使自己保持"价值中立"。于是，"凡是带有激进色彩的内容，都以中性的态度或模式表达出来。……思想理论教育则转换为心理健康教育、个性发展教育"①。"中性化"的德育只教授普遍性的、一般性的知识，完全排除社会主流价值观的内容，在必须讲带有价值倾向的东西时，也只是叙述，不做任何评价和引导，以避免陷入政治纠纷。这种过分夸大价值相对性的教育极易走向以极端个人主义、相对主义为基础的放任主义。在价值无涉的德育中，大学生不仅不能得到引导，反而更感疑惑。价值无涉的德育，消解了自身特殊的意识形态性，不能引导大学生树立正确的价值观。

第二，超越性缺失。在张扬个性和呼唤自由的时代，大学生过度重视个体权利和物质利益的实现，结果导致在张扬个性、追求物质的同时使自身异化为经济动物。在物质主义、消费主义和技术至上的时代潮流中，一些大学生只沉湎于专业技术的学习，仅仅为找一份能赚钱的好工作而学习。这样，即使专业技能再高明，也不过是为了追求物质享受的经济动物而已。他们只有现实的打算与计较而缺乏对精神成人的内在追求，甘愿让自己的精神需求庸俗化，他们掩盖了自身作为人的存在的多向度需要，人生的全部意义被淹没在对物的片面追求中，人性为技术与物质所吞没，成为"有知识没文化"的单面人。一些大学生过分以自我为中心，经常以"这是我的生活，请不要干涉""这是我的选择，请不要侵犯"等言辞来反驳教育者的引导，沉迷于自己营造的生活方式中而不能自拔，而现行高校德育对这些以自我为中心的行为没有什么有效的应对措施，向后退缩到底线伦理教育——法制教育，只要求学生不要犯法就行。高校德育成为一种没有超越性的低度教育，"以淡忘德育的理想应然状态作为代价，一味地迁就大学生的自身德育需求现状，导致德育缺乏必要的乌托邦感召"②。单子式德育使德育应有的超越本性丧失，放弃让学生真正懂得"为何而

---

① 李合亮：《解析与建构：当代中国思想政治教育的哲学反思》，人民出版社2010年版，第36页。

② 刘卓红、钟明华等：《开放德育论：大学生思想政治教育继承借鉴与批判创新研究》，人民出版社2008年版，第153页。

生"的职责,放弃让学生从人生意义、生存价值等根本问题上去正确认识和改变自己的职责,无法达到培养完整的、全面发展的人的目的。

(三) 德育价值割裂的原因:个人与社会对立的二元论思维

高校德育具有双重价值维度,即要兼顾社会发展与大学生个体发展。目前,没有人否认高校德育的双重价值维度,而是在如何把握高校德育双重价值维度的关系——个人价值与社会价值上存在争论。"提出并阐述思想政治教育的个人价值及其与社会价值的关系,是关系到人们对思想政治教育的地位和作用的全面理解,关系到思想政治教育的实际效果的重要问题。"[1] 规训式德育过多地强调社会价值,关注德育对党、国家和社会的价值,较少关注德育对大学生个人成长和发展的价值。单子式德育则过分地强调个人价值和个人利益,为大学生提供了个性化生存空间,却忽视对社会主导价值的认同与遵守,使德育走向以极端个人主义、相对主义为基础的放任主义。社会价值与个人价值的割裂是个人与社会相对立的二元论思维的结果。

个人与社会对立的二元论思维往往把个人与社会看作固定的、僵化的、对立的范畴,从两个相反的角度认识个人与社会之间的关系。

一种是社会本位论,完全否认个人的作用,抽象地强调社会的存在,要求人们完全放弃一切个人的欲望,服从社会对个人的压迫和奴役。社会本位论可以追溯到古希腊的柏拉图和我国春秋时期的荀况。柏拉图认为,国家是放大了的个人,教育应该按照国家的需要来造就个人。荀况认为,人性是恶的,如果顺着人之本性的方向发展,必然产生社会暴乱,因此应以"礼"来教化。19世纪下半叶,社会本位论进入到鼎盛时期,主要代表人物有孔德、迪尔凯姆等人,他们认为真正的个人是不存在的,只有人类才是真正的存在,因为个人的发展完全依赖于社会,个人身心发展的各个方面都靠社会提供营养,人的一切都从社会得来。因此,社会才是真正的目的,个人不过是实现社会目的的工具,社会价值高于个人价值。

一种是个人本位论,将个人看作历史的起点,片面地强调个人的作用,主张脱离社会的个人自由和个人发展,反对社会对个人的任何限制和约束。个人本位论可以追溯到古希腊的智者派,智者派认为原子的个人就

---

[1] 刘建军、曹一建:《思想理论教育原理新探》,高等教育出版社2006年版,第75页。

是一切，肯定自主个人的重要性，强调自主个人拥有至高无上的权利，不给国家和社会留有余地。因此，智者派认为教育的目的是为了满足个人谋生的功利性需要，而不是谋求国家利益与社会发展。18 世纪到 19 世纪是个人本位论的全盛时期，主要代表人物有卢梭、裴斯泰洛奇、福禄贝尔等人，他们认为，个人价值高于社会价值，教育首先要满足个人发展的需要。在他们看来，个人是天然合理的，因此，教育如果有利于个人发展就一定有利于社会发展；社会往往束缚和限制个人发展，因此，仅仅有利于社会发展的教育往往对个人发展不利甚至有害。

个人与社会是对立统一的辩证关系，不存在何者更重要、何者更优先、何者更合理的问题，同样，无法评判个人本位论与社会本位论"谁正确、谁错误"的问题，二者具有同等的合理性与局限性。人是社会的人，社会由人组成，"人不是抽象的蛰居于世界之外的存在物。人就是人的世界，就是国家，社会"①。离开社会谈人不对，离开人谈社会也不对。因此，高校德育片面强调社会价值或者片面强调个人价值都难以使社会与个人得到协同发展，难以同时实现其应有的社会价值与个人价值。

三、高校德育内容的割裂：知识遮蔽价值

高校德育的具体内容难以罗列，但从整体上可以将其划分为知识教育与价值教育两个层面。长期以来，高校德育没有将知识教育与价值教育有机结合起来，出现知识教育遮蔽价值教育的知性化现象。

（一）知识遮蔽价值的表现

1. 高等教育的知识化

世界上任何国家的教育都有两个宏大的目标：促进人类道德的完善和知识的发展。由于受社会需要和科学发展水平的限制，传统社会的教育从总体上说，与科学的联系比较松散。无论是中国还是西方的古代教育都侧重于人类道德的完善。但是，随着科学的发展和工业化大生产的推进，自然科学取代人文科学在学校教育中占据了主导地位，学校教育目标逐渐偏

---

① 中共中央马克思恩格斯列宁斯大林著作编译局：《马克思恩格斯选集》第 1 卷，人民出版社 1995 年版，第 1 页。

向知识的发展，教育日益注重对学生谋生技能的培养，教育内容日益以自然科学和实用技术为主，包括道德教育在内的人文科学成为一种点缀和装饰品。近代教育哲学家夸美纽斯、赫尔巴特、斯宾塞等人认为，教育的重心应是"求真"，即教育学生如何认识和把握世界。夸美纽斯在《大教学论》中立下了"把一切知识教给一切人"的"泛智"宏愿，并强调"必须把一个人在人生的旅途中所当具备的全部知识的种子播种到他身上"①。在科学和理性主宰世界的图景中，近代教育片面地强调"求真"，导致教育越来越知性化，越来越远离情感、意志等价值问题，造成知识与价值的分裂，也致使德育越来越式微，并且使其以科学化、知性化的方式出场。

2. 高校德育的知性化

高校德育的知性化，主要表现在德育的课程化、德育课程的知识化、德育课程教学的灌输化等方面。

第一，德育的课程化。德育自古以来在教育中处于重要地位。我国西周时期产生了"六艺"教育，即礼、乐、射、御、书、数。孔子提出智、仁、勇教育。古希腊亚里士多德将人性发展分为身体、情感和理性三个阶段，相应地需要体育、德育、智育。工业革命和资本主义兴起后，为适应社会需要的变化，教育家系统地提出德智体美劳"五育"。马克思、恩格斯从人的个性发展出发提出教育与生产劳动相结合，深入阐述德智体美劳"全面发展"的教育思想。古今中外都高度重视思想道德教育，但是，对德育是否需要设置专门课程存在不同的看法。有学者对此做了总结，认为东方国家倾向于开设专门的德育课程，西方国家倾向于否定专门的德育课程。② 理论争论虽然继续存在，但是近年来，世界各国都十分重视德育的课程化问题，并根据各自的情况制定了课程建设的具体方案。美国的德育课程主要包括宗教类课程和公民教育类课程，英国主要包括宗教必修课程和道德选修课程，日本主要包括道德教育课程和公民教育课程。在我国，中共中央《关于进一步加强和改进大学生思想政治教育的意见》指出，高等学校思想政治理论课是大学生思想政治教育的主渠道。思想政治理论课是大学生的必修课，是帮助大学生树立正确的世界观、人生观、价值观的重要途径。德育的课程化本身并无过错，但是德育的课程化产生了两个

---

① [捷]夸美纽斯：《大教学论》，傅任敢译，人民教育出版社1984年版，第224页。
② 参见高德胜《知性德育及其超越》，教育科学出版社2003年版，第24页。

不良后果：①使专业课程和学校教育活动放下德育这一"沉重的心理包袱"，专心致志地从事自己的"事业"。②在科学知识教育的强大压力下，德育必须遵循新的游戏规则，即必须按照知识教育的方法进行，实现德育的知性化，才能"拥有事实性范畴的合法性地位"①，否则就会有生存之虞。

第二，德育课程的知识化。高校思想政治教育理论课课程的目标都包含了知识目标与价值目标，但是在实际操作中却只强调知识目标，而忽视价值目标。《马克思主义基本原理概论》课程的目标是：围绕什么是马克思主义，为什么要始终坚持马克思主义，怎样坚持和发展马克思主义这一主题，以马克思主义世界观和方法论为重点，以人类社会发展的基本规律为主线，全面阐述马克思主义的基本原理，通过教学让学生了解马克思主义的立场、观点和方法，从整体上把握马克思主义基本原理。了解人类社会发展的规律、资本主义的本质和发展规律以及社会主义的本质和发展规律，树立为共产主义社会而奋斗的远大理想和坚定信念。《中国近现代史纲要》课程的目标是：帮助学生系统地掌握中国近代以来中国人民抵御外来侵略、争取民族独立、推翻反动统治、实现人民解放的历史，帮助学生了解国史、国情，深刻领会历史和人民是怎样选择了马克思主义、选择了中国共产党，选择了社会主义道路，从而增强建设中国特色社会主义的自觉性。这些课程的目标都包含了知识与价值两个层面，但是在实际教学中，有些教师往往照本宣科地灌输教材内容，把教学内容局限于教材的范围之内，把理论当成现成结论，将教材内容解说为绝对真理；有些教师讲解理论时不联系大学生的生活、思想实际，把理论当成枯燥的条文以原理加实例的方法来讲解，回避理论自身的难点和疑点，重视学生识记力的发挥，限制学生的独立思考，将思想政治理论课变成了说教。这种局限于教材条条框框、满足于讲清楚几个基本观点的从理论到理论的思想政治理论课教学是苍白无力的知识教育。

第三，德育课程教学的灌输化。德育课程知识化与灌输式教育方式之间存在着直接联系，德育课程知识化最简便易行的方式就是灌输。知识化的德育课程将丰富的思想、政治、道德等德性缩水为逻辑严密的知识体

---

① 刘卓红、钟明华等：《开放德育论：大学生思想政治教育继承借鉴与批判创新研究》，人民出版社2008年版，第188–189页。

系，斩断了思想、政治、道德与生活的真实联系，将思想、政治、道德等视为与大学生生活无关的客观知识对象。由于这些在人类生活实践中早已形成的客观知识无法与大学生的当下生活发生有意义的联系，他们不可能产生学习的热情，教师因此只能运用自己占有教师头衔的优越地位和主导课堂教学的权力，将空乏的概念和理论灌输给学生，通过考试、学分等手段强制性地要求学生学习。

（二）知识遮蔽价值的弊端

高校德育的知性化对于提高大学生的思想道德和政治认知、思想道德和政治判断能力起着一定的进步作用，但它忽视学生的情感世界，脱离学生生活实际的局限性日益暴露。

1. 高校德育的知性化忽视大学生的情感世界

思想道德素质由认知、情感、意志和行为等诸多要素构成，而高校德育的知性化将思想道德素质窄化为认知素质，只重视认知这一理性要素，在很大程度上忽视了情感等非理性要素。高校德育的知性化教学习惯于冷冰冰的概念解读和机械式的逻辑推理，忽视概念和理论与现实生活的联系与运用，缺少对生活的复杂性的诗意体验和对大学生内心情感的关注，从而难以提高大学生的心智水平。高校德育的知性化教学注重考察概念的记忆与复述，忽视考查学生对理论的理解和认同，"往往使德育成为一种知识记忆和应付考试的教学而缺乏价值认同与思想形成的作用"[①]。高校德育要引导大学生树立正确的世界观、人生观和价值观，不是上课、完成作业、考试、拿学分这么简单，而是一件很有难度、很复杂的事情。

2. 高校德育的知性化容易脱离大学生的生活实践

高校德育的知性化只能教会学生大量的概念知识，疏远了学生丰富的生活世界，不能教会学生如何做人、如何思想，日益脱离历史条件和当下实践，实践功能不断被降低，最终被"空壳化"。正如约翰·杜威所言："如果我们所达到的一种陈述在一切可能变异的个别条件之下，对一切可能的经验者和观察者都是适用的，那么我们所达到的这种陈述也就离开任

---

① 郑永廷、江传月等：《主导德育论：大学生思想政治教育一元主导与多样发展研究》，人民出版社2008年版，第242页。

何具体经验都是最远的了。"① 在传统的德育实践中，甚至连信仰教育也被不合理地知性化、理性化了。人的生命活动的表征，既要借助知识的工具性价值，更要达成人的自成目的，确立起人应有的情感、意志、伦理道德、信念、信仰等精神性价值。

3. 高校德育的知性化容易导致知行脱节

认知与行为之间不是简单的线性关系，而是受多种因素影响的非线性关系，认知与行为之间存在诸多中间环节。科尔伯格道德认知——发展学说的基本看法是，道德认知的发展是道德行为的必要条件，但又认为道德行为与道德认知相互平行的现象并不意味着道德判断只是道德认知水平在道德问题上的简单应用。道德行为不仅需要道德认知，而且需要社会性的刺激，这种社会性的刺激来源于学生生活世界中的价值冲突。科尔伯格建构的道德判断与道德行为关系模型指出，道义选择、责任判断、非道德技能（智慧、注意、意志等非知性因素）等都是二者之间的中间环节。关于知与行的关系，古今中外的道德哲学都做过细致入微的考察，不论主张先行后知还是主张先知后行，最终都主张知行统一。有学者详细分析了知与行的八种关系，即知善之当行而行、知善之当行而不行、知不善之不当行而不行、知不善之不当行而行、不知善之当行而行、不知善之当行而不行、不知不善之不当行而行、不知不善之不当行而不行。② 高校德育的知性化片面强调知识教育，没有充分考虑知行的复杂关系，忽视实践教学和社会实践的作用，致使大学生在现实生活中往往出现知行不一的现象。

（三）知识遮蔽价值的原因：科学主义思维方式

科学主义思维"根据数学结构来阐释自然，把现实同一切内在的目的分割开来，从而把真与善、科学与伦理分割开来"③。科学主义思维方式根据数学原则和形式逻辑来阐释一切事物，专注于寻找最有效的征服事物的工具和手段，放弃了主观价值尺度，不关心人的生存问题，不为人类指明行动的方向。知识与价值的分离与科学主义思维方式不无关系，与科

---

① [美]约翰·杜威：《确定性的寻求——关于知行关系的研究》，傅统先译，上海人民出版社2005年版，第168页。
② 参见欧阳教《德育原理》，文景出版社1988年版，第204页。
③ [美]马尔库塞：《现代文明与人的困境——马尔库塞文选》，李小兵译，上海三联书店1989年版，第124页。

学主义思维方式对教育的片面理解和对人的片面理解是分不开的。

1. 科学主义思维方式中的教育

科学主义产生的主要推动力来自于科学所取得的巨大成就。随着近代科学的诞生和发展，人类活动的领域不断扩展，科学和技术的联姻极大地提高了生产力，创造了巨大的物质财富，正如马克思所说："资本主义在它不到一百年的时间里所生产的东西比过去一切时代的总和还要多。"科学技术在满足人们物质欲望的同时，全方位地改变着人们的生存样态和人的思维方式，"现代人的大脑神经和五官感觉都已发生功能性变化，如更适宜合乎逻辑的思维和鲜明快捷的节奏"①。随着科学技术取得的巨大成就，越来越多的人坚信，科学可以回答一切问题，技术可以解决一切问题，科学技术不但可以保证物质财富的无限增长，而且可以促进人类道德的进步和精神的提升，科学成为人们的精神支柱和心灵存放地。

在科学主义的强大压力之下，一种学科要在学校教育中占有一席之地，必须遵循新的游戏规则——使自己科学化。19世纪末20世纪初，随着宗教与科学、民主与专制的激战，新旧德育发生了激战，新德育运用实证方法使自己科学化。正如学者所言，这一时期，西方学校德育发生了重要变化，大多数国家取消公立学校中的宗教课程，把德育放到各科教学中，强调学校德育的科学化。② 在科学主义思维方式的影响下，人们认为只有知识才是人生唯一可以信赖的，一切值得追求的东西都可以被知识化，包括道德、德性、人格等。当时，科技教育在西方各国大行其道，各种教育实验和实证研究大量涌现，其中影响较大的是英国学者麦考莱等人关于文化环境和权威者对儿童道德价值理解的影响研究，耶鲁大学的哈特肖恩和马克·梅运用实证方法对人格和人格教育的研究，这些研究在推进德育的科学化中功不可没。德育在追求科学化的过程中具备了科学教育所要求的特征——思维性、推理性，但是，德育在对科学化、形式化的过分迷恋中却遗忘了本源性的东西——真实的道德生活，导致德育与生活脱节。现代学校德育在很大程度上已被科技教育收编，一方面表现在科技挤压和排斥着道德，科技教育将道德教育看成缺乏科学性的、无效的教育；另一方面表现在许多道德教育理论家和道德教育实践者为增强道德教育的

---

① 杨金华：《技术性思维与现代人的生存境遇》，载《科学·经济·社会》2007年第4期。
② 参见冯增俊《当代西方学校道德教育》，广东教育出版1993年版，第11页。

"科学性"，主动模仿科技教育的原理、模式构建自己的理论体系和实践模式。①

在我国，自五四运动以来，科学和民主就被标榜为拯救中华民族的两大法宝。20 世纪 20 年代，以张君劢为代表的"玄学派"和以丁文江为代表的"科学派"展开论战（史称"科玄论战"），这场论战是揭开"科学主义与德育相遇的序幕"②。"玄学派"对科学主义的"科学万能"思想倾向提出批评，他们认为科学与人生观是根本不同的，感情、信仰等人生问题是科学不能解决的。"科学派"强调科学方法的万能，他们认为，科学在控制情感和建立信仰中具有决定性作用，人生问题是科学可以解决的。"科玄论战"把科学与人生观、价值观的关系呈现在国人面前，点燃了国人探究科学与人生观、价值观的思想火花。"如果说'科玄论战'是揭开科学主义与德育相遇的序幕，那么，从 20 世纪 70 年代末至今，就是两者相遇渐趋高潮的时期。"③ 经济是科学技术借以证明自身力量的最佳载体，改革开放后，中国经济的突飞猛进充分证明了科技的力量，科技发展成了社会进步的代名词，人们对科学技术顶礼膜拜。加之，"文化大革命"后，既往的乌托邦理想被彻底打破，新的理想信仰又没有建立起来，科学技术就填补了意识形态的空白，成为评价事物的标准。因此，"作为意识形态建设的重要手段的德育，也无可避免地要与科学主义再度相遇"④。

2. 科学主义思维方式中的"人"

"心理学看待人的眼光的变化作为中间变量又强化了科学主义对教育和德育的影响，加剧了现代德育知性化的过程。"⑤ 在科学主义思维方式的影响下，心理学看待"人"的方式发生了改变。19 世纪之前，心理学还是思辨的精神哲学的一个分支。19 世纪中叶，经验主义和联想主义哲

---

① 参见高德胜《知性德育及其超越》，教育科学出版社 2003 年版，第 66 页。
② 刘卓红、钟明华等：《开放德育论：大学生思想政治教育继承借鉴与批判创新研究》，人民出版社 2008 年版，第 186 页。
③ 刘卓红、钟明华等：《开放德育论：大学生思想政治教育继承借鉴与批判创新研究》，人民出版社 2008 年版，第 186 页。
④ 刘卓红、钟明华等：《开放德育论：大学生思想政治教育继承借鉴与批判创新研究》，人民出版社 2008 年版，第 186 页。
⑤ 高德胜：《知性德育及其超越》，教育科学出版社 2003 年版，第 61 页。

学将研究兴趣集中在知识的来源和经验的构成等问题上，开始要求用精密的科学方法研究人性，这为心理学成为独立的科学开辟了道路。心理学家冯特1879年在莱比锡大学创建了世界上第一个心理学实验室，标志着心理学脱离哲学开始了自己的"科学之路"。从此，心理学逐渐成为一门关于"人"的科学，它将人当作一个对象（object）而不是主体（subject）加以研究，采用生物学、物理学的实验方法对人的感觉、知觉、情感、意志、性格等心理现象加以研究，忘却了对人生价值和终极意义的关切。心理学的研究对象是人，必然要面对"人是什么"的问题，必然要对人性做出假设。对这些问题，心理学家采用还原论方法，将人的心理分解为许多元素并找出最终的决定因素，他们认为最终决定人的心理的因素是理性、认知。这样，人的情感、道德等被排斥在人之外，人变成了理性的、抽象的存在。心理学"对道德人格的排斥必然加重现代教育对道德教育的排斥，其对人的理性界定，也必然影响现代教育对人性的认识和认识人性的方法，更直接影响着道德教育理论的构建和道德教育实践的运行"[①]。心理学对人的"科学"理解，影响着高校德育，使高校德育偏重知识教育，忽视价值教育。

---

① 高德胜：《知性德育及其超越》，教育科学出版社2003年版，第61页。

第三章　高校德育思维方式发展的社会背景

伴随着改革开放步伐的加快，经济市场化、政治民主化、文化多元化、信息社会化也得以发展，前现代、现代和后现代的东西，先进的和落后的东西，高尚的和颓废的东西，主流的和非主流的东西都交织在同一时空中，这些因素以综合的方式影响着大学生的思想行为。马克思主义认为，环境决定人，人反作用于环境。社会环境中的任何风吹草动都会牵动大学生敏感的"神经"，他们善于接受新事物，能够快速获取各种社会信息，这些社会信息对大学生思想行为的影响既有积极的一面，也有消极的一面。这对高校德育既带来发展机遇，更带来严峻挑战。社会环境发展速度之快、变化之复杂，越来越具有不确定性和不可控性，原来简单的泛政治化德育、知性德育、灌输德育难以适应目前复杂的社会环境。因此，高校德育思维方式必须不断发展以适应社会环境的变化。

第一节　经济市场化及其对高校德育思维方式的影响

恩格斯曾说："一切社会变迁和政治变革的终极原因，不应当到人们的头脑中，到人们对永恒的真理和正义的日益增进的认识中去寻找，而应当到生产方式和交换方式的变更中去寻找；不应当到有关时代的哲学中去寻找，而应当到有关时代的经济中去寻找。"[①] 大学生思想行为的变化最终可以到经济市场化中寻找到原因，高校德育思维方式发展的终极原因首先要到中国现时代的经济方式中去寻找。

---

① 中共中央马克思恩格斯列宁斯大林著作编译局：《马克思恩格斯选集》第3卷，人民出版社1995年版，第741页。

一、经济市场化及主要特征

(一) 经济市场化的本质

经济市场化的"化"是指一个动态的变化过程，随着市场的发展，市场"化"的程度越来越高。学术界并没有对经济市场化的内涵形成统一的认识，主要包括产品与要素的市场化、市场制度的规范化、政府与市场分权的规范化、市场环境的法治化等。中国的经济市场化，是指由原来计划经济体制逐步转向市场经济体制，社会主义市场经济体制不断深化的过程。

(二) 经济市场化的主要特征

1. 竞争

在自然界和人类社会，竞争无处不在。市场经济更加剧了竞争，它是以竞争为法则建立起来的。在经济活动中，竞争特指商品生产者为争取有利的产销条件而进行的相互角逐。在市场经济社会，竞争超越经济活动，波及政治、文化、科技、教育等一切领域，竞争已成为现代国家、民族、群体和个人都无法逃避的必然选择。竞争的开放性意味着人类活动领域的扩大，竞争的全球性导致物质资源在全球范围内流动和展开，竞争的自由性导致物质资源和各种利益关系多样和多变。竞争带来的开放、流动、多样的社会环境，为个体的自由选择和自主发展提供了机遇。与此同时，竞争中的不确定因素也对个体的发展带来难以避免的风险。自发竞争往往容易导致竞争主体急功近利，注重局部利益、眼前利益，忽视全局利益、长远利益，使竞争主体走向片面发展。恶性竞争往往容易导致竞争主体走向畸形发展，甚至败坏社会风气，引起社会思想混乱与信仰危机，危害他人的健康成长。例如，官场中的钱权交易、学场中的钱学交易、市场中的坑蒙拐骗等。

2. 开放

改革开放之前的中国社会是以自然经济为主的农业社会，人们生活的范围狭小，与外界交往非常有限。社会主义市场经济体制的建立与完善使我国经济由封闭走向开放，人们的活动范围由血缘、姻缘、地缘扩展到业缘，并且突破国界走向世界。正如马克思所说："过去那种地方的和民族的自给自足和闭关自守状态，被各民族的各方面的互相往来和各方面的互相依赖所代替了。"① 在社会主义市场经济中，资本的本性依然是使自身不断增殖。这决定了它"既要克服民族界限和民族偏见，又要克服把自然神化的现象，克服流传下来的、在一定界限内闭关自守地满足于现有需要和重复旧生活方式的状况。资本破坏这一切并使之不断革命化，摧毁一切阻碍发展生产力、扩大需要、使生产多样化、利用和交换自然力量和精神力量的限制"②。

3. 等价交换

市场经济通过等价交换原则，满足交换主体的需求，可以使整个社会资源配置实现自组织化。所谓等价交换，是指市场经济活动中交易双方以相等的商品价值量进行的商品交换。通过等价交换，交易双方都可以实现自身的利益。等价交换是人类经济活动中必须遵守的一条重要原则，它蕴含着的实质内容就是实现自身利益。我国要发展社会主义市场经济，就必须遵循价值规律的等价交换原则，讲究经济效益。在经济市场化的过程中，有人将等价交换原则绝对化，视其为衡量一切活动是否值得的准绳。等价交换原则被泛化，发生了畸变，本来只在经济领域发挥作用的等价交换原则成为社会生活中普遍奉行的一条行为准则，其结果是思想、道德、权力、身体、人格、名誉等非商品也被卷入等价交换关系中，腐蚀人们的心灵，扭曲人们的价值观念。

二、经济市场化对大学生思想行为的影响

随着经济市场化的推进，大学生思想行为发生了很大的变化，逐渐从注重精神需求的满足转向关注物质需求的满足，从重视集体价值转向关注个体价值，从依附性发展转向自主性发展。

---

① 中共中央马克思恩格斯列宁斯大林著作编译局：《马克思恩格斯选集》第1卷，人民出版社1995年版，第276页。

② 中共中央马克思恩格斯列宁斯大林著作编译局：《马克思恩格斯全集》第46卷（上），人民出版社1979年版，第393页。

（一）从重视理想追求转向关注物质需求

在计划经济时代，大学生拥有"我不入地狱谁入地狱""舍我其谁"的英雄主义气概和对国家民族发展的忧患意识，他们怀揣着为振兴中华而读书的远大抱负，满怀激情地步入校门。他们的思想轴心是"以社会为中心""国家利益高于一切""精神第一，物质第二"，毕业后，他们服从国家分配，到祖国需要的地方奉献自己的青春，以饱满的热情投入到建设社会主义的实践中。

随着社会主义市场经济体制的建立和逐步完善，市场的趋利性和人性的自私性在思想道德领域日渐扩张，大学生的价值取向更加务实和功利。在市场经济中，由于受利益的驱动，竞争往往陷于有形的、具体的、眼前的、可量化因素的比较，经济因素、业务因素等有形因素、可量化因素显示出价值优位，精神因素、政治因素、道德因素等无形因素、不可量化因素则被忽视甚至漠视，结果导致物质价值取代精神价值、科技价值替代人文价值，于是，"催生了'物本信仰'（金钱本位）、'科本信仰'（科技本位）、'宗教信仰'（神灵本位）的发生与扩展，这对大学生产生了不容忽视的影响"[①]。大学生也越来越注重获取眼前的有形的物质利益，他们不再用崇高的价值目标来规划人生道路，而是根据就业市场进行职业规划。在职业发展规划上更多考虑自我价值的实现，更多关注和思考个人事业的成功、健康的生活和幸福的家庭，而缺乏立大业、做大事、成大家的气魄和激情。有些学生对国内国际大事不关心，对时事政治不感兴趣，对一些突出的社会问题和现象不了解，对复杂的社会和政治现象缺乏辨别力，理想信念不够坚定，缺失对马克思主义的信仰。

市场经济社会生产的琳琅满目的商品，刺激着大学生的消费欲望，一些大学生在追逐物质消费的过程中，逐渐放弃了对精神的诉求。在物质主义和消费主义的双重夹击下，物质需要似乎成了唯一的需要，物质需要的片面发展导致大学生的精神需要萎缩、精神生活贫瘠，他们遗忘、遮蔽了具有终极意义的东西。在消费主义价值观的影响下，大学生的关注点更多集中在生活、娱乐层面，回避沉重而艰难的形而上话题，他们正从思想先

---

① 郑永廷、张彦：《德育发展研究——面向21世纪中国高校德育探索》，人民出版社2006年版，第120页。

锋转变为时尚先锋。在琳琅满目的物质世界面前，一些大学生沉沦于感官满足中，寻找"过把瘾就死"和"今朝有酒今朝醉"的即时享受，不再去追问生命的终极价值和意义，将生活的意义简单理解为找一份好工作或建立一个幸福的家庭等。一些大学生信奉"告别理性、躲避崇高"的口号，将生活目标物质化，用物质力量将人性应有的深度和厚度削平，使理想信念空虚化。

（二）从重视集体价值转向关注个体价值

在计划经济时代，中国社会倡导集体主义精神，即一切从集体出发，集体利益高于个人利益。社会主义改造完成后强调的"一大二公三纯""毫不利己，专门利人""大公无私""无私奉献"等，使集体主义精神发展到极致，个人利益完全被集体利益遮蔽。在集体主义精神的鼓舞下，大学生积极投身到社会主义现代化建设中，不考虑个人得失，甘愿去国家最需要的地方做"一颗螺丝钉"以实现自身的社会价值。

随着社会主义市场经济的不断发展，我国社会经济成分、组织形式、就业方式、利益关系和分配方式日益多样化，经济生活的变化必然引起思想观念的变化，人们思想活动的独立性、选择性、多变性、差异性日益增强，社会意识日益多样化。大学生思想行为的多样化发展状况，往往伴随着自发性、分散性、个体性趋向，在局部与全局、个体与社会、眼前与长远利益发生矛盾时，往往只考虑自身利益，无视政治、道德、法规的存在，忽视国家和集体的长远利益。在市场经济环境中，金钱几乎成为衡量一切的标准，对"重义轻利"和集体主义的传统价值观产生了极大冲击，一些大学生往往将个人利益置于集体利益之上。"如果缺乏必要的社会规范和道德约束，单纯的经济利益驱动和效益最大化追求，也会导致整个社会的实利主义风气和个人利己主义冲动，因之所谓'经济人'的说法就不仅仅是一种经济学考量的'出发点'，而且也可能演化成某种人类社会的普遍事实，从而使人类社会生活单极化，人自身也异化为真正的'单面人'。"[①]

---

① 万俊人：《现代性的伦理话语》，黑龙江人民出版社2002年版，第286页。

(三) 从依附性发展转向自主性发展

在计划经济时代，个人在政治、经济以至人身、人格上都没有自己的独立性，都要依附于"单位"或"人民公社"。改革开放之前，中国社会是一种身份社会，人的发展受到"身份"的限制。"身份"是特指改革开放前"单位人"形式下的"身份"及其依赖关系。"单位人"是中国现代化进程中所特有的身份关系，从经济的角度表示经济资源的占有和分配方式，从政治的角度表示社会的一种控制方式，从文化的角度表示"个人的存在只有通过单位这一社会组织纽结才会获得自身的具体规定性，它标识个人对于单位（社会）的依附性"[1]。个人通过依附于单位进而依附于国家，个人处在依附链条的最底层，没有独立性、自主性。在这种社会背景中，大学生同样要依附于学校、依附于老师，只有服从学校的安排，听从老师的教导，才可能在毕业分配时被分配到较好的工作单位。

市场经济体制的建立与运行需要以独立利益主体的存在为前提，也就是说市场经济体制的基础是独立的市场主体。改革开放后，中国社会资源的配置方式逐步由计划配置为主导转变为以市场配置为主导，在这种情况下，外资、合资、民营、个体经济迅速发展，各种民间组织如雨后春笋般不断冒出来，大量社会成员从原单位体制结构中分离出来，非单位体制结构逐渐形成，人与人之间相互依附的全能性的"单位"逐步瓦解。既有的单位人逐渐变为社会人，市场成为人们获取资源的重要渠道，人们通过市场的等价交换成为"平等"的"自由人"，按照市场规律自主自觉地发展。生活在市场经济环境中的大学生获得了自主性发展的空间，他们找工作不再依附于老师，而是按照市场对人才的各种需求，不断发展自我、完善自我，凭借自身能力成为优胜者，找到好工作。在市场经济中，大学生不再依赖于外在力量，独立自主地支配自己的学习和生活，他们作为真正的独立主体对自身发展做出决定，其自主性发展能力不断得到提高。

三、经济市场化背景下高校德育思维方式的发展

在市场经济的发展过程中，大学校园从封闭走向开放，在内外条件的

---

[1] 高兆明、李萍等：《现代化进程中的伦理秩序研究》，人民出版社 2007 年版，第 141 页。

双重挤压下，大学生的价值取向越来越多样化，思想更加复杂，呈现矛盾多元状态。高校德育的简单性思维方式已不适应经济市场化中大学生思想行为的发展变化，高校德育思维方式亟须向前发展，应由过去非此即彼的片面思维向亦此亦彼的辩证思维发展。具体表现为高校德育从片面强调政治功能走向兼顾政治功能和经济功能，从片面强调集体利益走向兼顾集体利益与个人利益，从片面重视理想性内容走向兼顾理想性与现实性内容。

（一）高校德育从片面强调政治功能走向兼顾政治功能和经济功能

改革开放前，经济、政治和文化三大领域合一，三大领域的中心是政治领域，政治领域中"以阶级斗争为纲"的指导思想贯穿于经济活动和文化活动中。政治领域统帅经济领域和文化领域，政治领域具有"万能性"和"强制性"特点。高校德育具有明显的政治化倾向，德育目标设置单一、缺乏层次、脱离实际、凭空拔高，德育内容选择完全服从国家意识形态和政治形势的需要，德育被简化为单一的政治教育。改革开放后，虽然抛弃"以阶级斗争为纲"的指导思想，高校德育却依然主要发挥维护社会稳定的政治功能，忽略发挥其应有的经济功能。

随着社会主义市场经济体制的确立，单一的利益格局不复存在，利益多元化成为不可阻挡的社会发展趋势，大学生的主体意识、竞争意识、效率意识日益增强，这与传统德育重政治功能、轻经济功能的片面功能观产生了矛盾。在市场经济中，大学生必须具备一定的经济生活能力，通过合法渠道并选择合理手段实现自己的利益需求，但传统的高校德育一味地抑制学生的物质需求，没有面向市场经济，难以培养出适应市场经济发展的人才。高校德育在保证首要功能——政治功能实现的同时，还要兼顾其经济功能的发挥。高校德育的经济功能是指通过提高大学生的思想道德素质来实现推动社会经济发展和满足大学生合理物质需求的作用。从宏观上看，高校德育要为经济发展提供方向性保证。高校德育帮助大学生在思想、行为上自觉排除妨碍经济社会发展的干扰因素，帮助大学生正确认识社会主义本质，自觉维护中国特色社会主义制度，保证我国经济发展不偏离社会主义的政治方向。从微观上看，高校德育要肯定大学生合理的物质利益需求，帮助大学生树立正确的主体意识、竞争意识、创新意识，引导大学生形成应有的经济道德，规范大学生在校期间和毕业后的经济行为。

（二）高校德育从片面强调集体利益走向兼顾集体利益与个人利益

计划经济体制时代的利益格局相对单一，个人利益与集体利益、国家利益高度一致，集体主义价值观成为国家主导价值观。在高度集中的计划经济体制下，高校德育片面强调集体利益，重视培养学生的集体主义精神，有其合理性，因为集体主义价值观与纯公有形态的经济基础是完全一致的。但是，人们对集体主义价值观做了形而上学的理解，即将集体神圣化、绝对化，一切唯"集体"至上。理论上虽然承认个人的正当利益，实践上却片面强调集体权利，忽视个人权利，过分强调个人对集体的义务，忽视集体对个人权利的保障，没有真正做到权利与义务的统一。这种展现道德先进性的集体主义价值观，只能作为对先进人物和积极分子的道德要求，不能作为对所有大学生的道德要求。这种展现道德先进性的集体主义价值观，与大学生的现实生活没有太多联系。因此，学生认为，它带有"假、大、空"的乌托邦色彩。

在社会主义市场经济体制建立的过程中，个体从狭隘的血缘关系、地缘关系、宗法等级关系中走出来，摆脱固定身份的束缚，从无我意识逐步走向自我意识的觉醒与张扬，但是，自我意识的无限膨胀，容易使自己脱离作为共在的客观环境，脱离传统的共同体，走向另一个极端——无视他者的唯我意识。唯我意识的膨胀，导致个体从自我本位出发追求私人利益，强烈诉求自身权利的实现，相对淡漠对社会秩序的诉求，结果频现社会失范和失序的现象，甚至造成唯利是图的混乱局面。在经济市场化的社会背景中，作为利益主体的大学生也非常重视自身正当合理利益的实现，这对片面强调集体利益的高校德育带来了挑战。高校德育既不能片面强调集体利益，也不能忽视集体利益；既不能过分强调个人利益，也不能忽视个人利益。高校德育要以"新"集体主义价值观教育大学生，"新"集体主义价值观强调首先要满足个人正当合理的利益，在满足个人正当合理利益的同时要兼顾集体利益和国家利益。高校德育要帮助大学生认识并实现个人的合理利益，并且使他们自觉将自发性、个体性、分散性的个人利益整合到具有自觉性、全局性、长远性的整体利益中。因为，社会主义市场经济体制就是要以市场为主导配置资源，以更合理、更高效的经济运行机制完善和发展社会主义制度，而不是改变社会主义制度。"集体主义价值取向是当代中国市场经济的社会主义属性在文化价值观上的必然表现和内在要求。"①

（三）高校德育从片面重视理想性内容走向兼顾理想性与现实性内容

传统德育无视大学生丰富多样的道德生活方式，将诸如"大公无私""毫不利己，专门利人""勇于献身"等崇高的共产主义道德作为对所有大学生的道德要求。重理想性教育、轻现实性教育的传统德育难以与现实社会发展衔接，教育内容因而变得抽象、单调，大学生难以从内心认同教育内容，结果出现德育与现实生活的"两张皮"现象。

在社会主义市场经济体制中，经济利益多元化决定了大学生思想观念的多样性，这要求高校德育内容再也不能将少数先进分子才能达到的共产主义道德作为主要内容，必须具有现实性和针对性。大学生总是生活在具体的社会环境中，社会主义市场经济改革中出现的诸如腐败、教育、医疗、住房等各种社会问题必然会通过多种渠道影响大学生，这些社会问题反映在大学生的头脑中就是各种思想问题。因此，高校德育应对各种现实社会问题进行分析解剖，帮助大学生运用正确观点、方法去认识现实社会问题，进而解决大学生的思想问题。

高校德育要对大学生加强维护个人合法权益与承担社会责任相统一的教育。社会主义市场经济是民主经济，在充分发挥个体作用的基础上建立起来，其运作前提就是尊重个人合法权益。社会主义市场经济在市场价格的调控下使无数具有自发行为的个体组织成一个统一的市场整体，个体对于社会负有遵纪守法、合法经营等责任和义务。市场经济中个人合法权益的核心是经济自由权，经济自由权的实现必须建立在尊重他人自由以保证整个集体自由的基础上。因此，在社会主义市场经济中，既要教育大学生维护个人合法权益，又要教育大学生承担社会责任，使个人发展与社会发展相统一。

高校德育要对大学生加强诚信教育，帮助大学生树立诚信观念。社会主义市场经济体制已经建立起来，但是良好的社会评价机制还没有确立起

---

① 李立锋：《全球化背景与市场体制下的当代集体主义价值》，载《社会主义研究》2005年第1期。

来。在实际生活中,"金钱"往往成为人们衡量一个人社会存在价值的唯一标准,这种不健康的评价标准已悄然影响着大学生,使他们在学习做事中往往急功近利,不讲信用。近年来,大学生故意拖欠学费、考试抄袭、"枪手"替考、简历注水、草率毁约、隐瞒家庭情况骗取助学贷款、更名换姓逃避还贷等不诚信现象屡见不鲜。因此,高校德育要通过开展诚信主题教育活动,帮助大学生形成"诚信为荣、失信可耻"的观念,使他们在为人处事中坚持诚信原则。

第二节 政治民主化及其对高校德育思维方式的影响

马克思主义理论认为,从归根到底的意义上说,经济基础决定上层建筑,经济基础的变化迟早要引起上层建筑的变化。改革开放后,随着社会主义经济体制改革的深入,相应地进行了政治体制改革,我国的政治体制逐渐由计划经济时代的高度集权的专制政治走向民主政治。党的十七大报告明确提出,"人民民主是社会主义的生命。发展社会主义民主政治是我们党始终不渝的奋斗目标",政治民主化是发展社会主义的根本要求。

一、政治民主化及主要特征

(一)政治民主化的内涵

政治民主化是指从传统社会向现代社会转型的过程中,从少数人统治向多数人统治的发展过程,特别是指从人治向法治、从专制向民主的转变过程。

中国社会在由计划经济向市场经济过渡的过程中,社会利益结构由利益单元的整体化向利益单元的个体化转变,个人利益逐渐被社会所承认。独立利益主体的生成为民主运作和发展提供了必不可少的政治土壤,推动着政治民主化进程。"市场经济越发展,人们之间的利益边界就越明晰,人们就越要为维护自身利益而积极参与社会政治生活。同时,市场经济所造成的个人之间的横向流动和交往的发展,打破了原有的纵向僵化秩序,使得社会成员在纵向的上下流通机制得以形成，这也为个人参与政治提供了可能性空间。"① 市场经济中的独立个体为追求自身经济利益，必然要求一定的政治权利，要求打破计划经济时代高度集权的政治模式，建立民有、民治、民享的民主政治模式。随着社会主义市场经济体制的深化改革，中国的政治民主化不断被赋予新的更丰富的内涵。

（二）政治民主化的主要特征

1. 自由与平等的统一

自由与平等都是人类本性的要求，也是民主政治的核心原则。自由与平等的关系一直是政治哲学探讨的主要问题，也是民主政治实践中要解决的问题。

在西方，古希腊罗马时期就播种了自由、平等的文化基因，经过文艺复兴和启蒙运动，自由平等成为人们反对专制与压迫、追求个人独立的重要价值追求，随着西方近代民主政治的建立，自由平等成为西方政治文化的核心价值诉求。在西方近代思想家那里，自由与平等是人的"天赋权利"。在原始状态下，人人天然享有自由与平等的权利，进入社会状态，国家和政府要保障每个人的自由与平等权利。关于自由与平等的关系，现代西方思想界的自由主义与社群主义各执一端。自由主义试图从自由推出平等，偏爱自由甚于平等，自由价值优先于平等价值。社群主义试图从平等推出自由，偏爱平等甚于自由，平等价值优先于自由价值。自由主义与社群主义彼此在批判对方的基础上修补自己的理论，这说明自由主义与社群主义各自都带有"深刻的片面性"，必须突破自由主义与社群主义的框架，在马克思主义唯物史观指导下，进行历史地梳理和深入地剖析，寻找自由与平等和谐的理论依据和途径。自由、平等在形式上表现为整个人类的普遍理想，在内容上受到一定社会和时代经济、政治、文化等多种因素的制约，总是具体的、历史的、有差异的。在形式上、理论上，自由与平等是完全统一的，在内容上、实践上，自由与平等之间总存在一定的张力。"如果说自由与平等在规则平等、机会平等的前提下没有不可调和的矛盾，那么，在追求经济平等和实质平等的过程中，二者的冲突和矛盾却

---

① 万光侠：《市场经济与人的存在方式》，中国人民公安大学出版社2002年版，第69页。

是不可避免的。"①

自由与平等是辩证统一的，自由是平等的目标，平等是自由的前提。自由意味着"平等的自由"，平等意味着"自由的平等"。我国建设社会主义民主政治，推进政治民主化就要限制任何政治特权和社会特权，保障每个公民（不论其个体差异如何）在社会政治生活中享有平等的政治权利。公民政治权利的平等主要是指在法律面前人人拥有平等的机会和资格参与政治活动，具体表现为在政治活动中一人一票原则的平等。推进政治民主化就要保证每个公民自由地参与政治活动，自由地行使自己的政治权利。当然，公民的政治自由不是无限制的，它必须以不违反法律法规、不妨碍公共利益、不侵犯他人权利为限度。

2. 民主与法治的统一

民主与法治犹如一枚硬币的两面，是对立统一的。民主与法治的统一是人类政治文明进步的集中体现。

"民主"一词由 Demos（人民）和 Kratia（统治、政府、权力）两个词根组成，意思是"人民的权利""人民的统治""多数人的统治"。这里不能把"人民"和"多数人"简单地、抽象地理解为"所有人"和"所有人"中的"多数人"。古希腊的雅典民主制是最早的民主制度，是奴隶制民主制，只有奴隶主和自由民才享有公民权利，奴隶、妇女、外邦人没有任何公民权利。民主最核心的内容是政治权利和政治自由。民主在实质上是指人民通过自由参与行使当家做主的权利，民主在形式上表现为公权力如何产生、如何行使、如何监督以及如何限制其被滥用的制度。因此，民主是与国家联系在一起的。马克思主义认为，民主的本质是一种国家制度。封建社会，民主制度被中断，因为民主与封建社会的专制完全相悖。在资本主义社会，从民主原则的提出到民主政治制度的建立和完善已经经历了数百年的发展历史，公民的信仰、言论、集会、结社自由权以及公民的平等权和参政权等民主权利在形式、制度上基本得到保证。发达资本主义国家已经建立了一系列比较规范的保障公民基本权利的民主法律制度，建立了比较完备的防止公共权力被滥用的民主法律制度。在我国，中国共产党历来以实现和发展人民民主为己任，党的十七大报告指出："人民当家做主是社会主义民主政治的本质和核心。要健全民主制度，丰富民

---

① 倪愫襄：《论自由与平等的和谐》，载《福建论坛：人文社会科学版》2006年第1期。

主形式，拓宽民主渠道，依法实行民主选举、民主决策、民主管理、民主监督，保障人民的知情权、参与权、表达权、监督权。"民主制度就其基本内容看，包括民主原则、民主政治制度和民主权利规定三个方面。

民主是保证公民政治权利必不可少的制度安排，然而民主又是要靠法治保障的，在没有法治制约的情况下，其缺陷就会充分暴露。首先，"在缺乏适当的法治和理念的制衡的条件下，民主可能导致多数人暴政"①。最典型的例子就是"文化大革命"中的大民主。其次，"由于交易成本和外部性的存在，社会中的很多人可能放弃投票权利，从而使国家被少数利益集团所操纵"②。公民投票要付出收集信息、投票时间和交通等成本，因此许多人放弃投票权利，使少数利益集团操控了国家权力。最后，"由于社会中利益及理念的分散性，民主可能导致一个国家的不可治理性"③。社会中过于分散的个体或集团利益，使得社会难以达成多数人可接受的妥协方案，从而使社会停滞不前。一方面，健全的法制可以限制公权力的滥用；另一方面，健全的法制可以保障公民的权利和自由。健全的法制意味着每个人都要将自己置于法治的管辖之下，当一个人的权利受到侵害时，通过国家权力惩罚施害者。没有法治，个人的权利就会遭到践踏，个人无自由可言，法治是对个人权利和自由的保障。正如俞可平所说："从根本上来说，民主与法治是一枚硬币的两面，互为条件，不可分离，它们共同构成现代政治文明的基础。民主的根本意义是主权在民，或人民当家做主。宪法和法律对人民民主权利的保障，是民主政治的基本前提，没有这个前提，就谈不上民主……但法治的实质意义，是宪法和法律成为公共生活的最高权威。任何个人和任何组织都必须在宪法和法律的范围内活动，必须服从法律的权威，在法律面前人人平等。这样的一种法治，只有在民主政治条件下才能真正实行。因此，法治的真谛是民主。"④

二、政治民主化对大学生思想行为的影响

随着政治民主化进程的加快，大学生将自由、民主、平等作为自身的

---

① 姚洋：《中国道路的世界意义》，北京大学出版社2010年版，第152页。
② 姚洋：《中国道路的世界意义》，北京大学出版社2010年版，第152-153页。
③ 姚洋：《中国道路的世界意义》，北京大学出版社2010年版，第153页。
④ 闫健编：《让民主造福中国——俞可平访谈录》前言，中央编译出版社2009年，第2页。

价值诉求，他们的政治参与意识、自我权利意识不断增强，但又存在参与理性不够、社会责任意识弱化的问题。

（一）政治参与意识增强，但参与理性不够

随着社会主义民主政治的推进，我国的政治文明程度越来越高，社会公众的民主意识不断增强，积极参与各种政治活动，实现自己"当家做主"的权利，表达自己的利益诉求。我国社会公众参与意识不断增强，因为参与的途径越来越多，民主的形式越来越丰富，"参与式民主"已成为我国人民行使"当家做主"权利的一种有效手段和途径。"参与式民主"不是指民主选举或表决，而是用其他参与方式。比如，通过媒体来表达自己的某些要求、通过信访部门争取自己的某些权利、参加听证会等来表达自己的利益诉求。在当前我国社会主义民主政治中，"参与式民主"的主要内容是："公民个人或社会群体反映自己的政治要求，对政府或者执政党工作提出批评建议，对权力机构及其领导者行为的问责监督等。"[①] 在民主参与渠道、参与形式日益多样的今天，大学生也通过各种渠道积极地参与到政治活动中，参与到宏观层面的国家政治管理、中观层面的学校管理、微观层面的班级管理和社团管理等活动中。统计结果显示，"在现实政治参与途径方面，有43.81%的调查对象选择参加学生会、班委会、一些学会及其他学生社团，以积极参与学校事务并寻求一种组织归属感；另有56.19%的调查对象则选择利用网络进行政治参与。如果把参与BBS论坛、百度校园贴吧、建立网络社团（如同学录、校友录、QQ群等）看成大学生网络政治参与的主要方式的话，那么，当代大学生几乎都不同程度地参与过网络政治、加入了某种甚至多个网络社团或组织，并且通过跟帖、写博客等方式发表过政治意见。当然，有90%以上的大学生更愿意同时选择以上多种途径"[②]。随着互联网技术的发展，大学生更多地通过网络参与政治活动，尤其是通过微博参与政治活动。自2010年以来，每年在全国"两会"召开之前，许多代表都会在微博中征求提案，大学生网民积极回帖，参与提案的讨论。调查显示，66.5%的大学生

---

① 宋惠昌：《"参与式民主"：中国式民主的一种实现形式》，http：//opinion.people.com.cn/GB/16318826.html，2011年11月21日。

② 房正宏：《大学生网络政治参与：现状分析与探讨》，载《中国青年研究》2011年第3期。

网民通过微博参与网络政治讨论，还有两成多的大学生网民通过博客/个人空间、新闻网站和门户网站参与网络政治。①

大学生参与政治活动的原因无非两类：一是功利性原因，通过参与政治达到一定的功利性目标，如锻炼自己、解决问题、改善社交、表达诉求、伸张正义等。二是情绪化原因，通过参与政治满足某种情绪的需要，如获得归属感、满足好奇心、发泄情绪、打发时间等。大学生很多时候是由于情绪化原因参与政治活动，尤其是网络政治活动，"大学生对于政治参与表现出从众、跟风和娱乐化的倾向。'发泄情绪、打发时间，凑热闹'竟然成为三成大学生参与网络政治的原因"②。这说明，大学生参与政治的理性程度不够，他们主要通过微博和聊天工具、社交媒体获取信息，而不是通过新闻网站、门户网站获取信息，他们获取的信息五花八门，良莠不齐，各种极端观点一旦被贴上"正义"的标签就容易绑架理性、客观的言论，大学生的思辨能力被侵蚀，他们通过参与网络"对骂"发泄情绪，形成不利于社会稳定的强大舆论压力。

（二）自我权利意识觉醒，但社会责任意识弱化

2012年9月14日中国首部《社会管理蓝皮书——中国社会管理创新报告》发布，报告指出，当前中国社会管理面临五大挑战，其中之一是公众权利意识强与社会责任意识弱并存。现代社会是一个以公民权利为本的社会，近年来，随着经济社会的不断发展和民主法制观念的不断普及，我国公民维护自身权利的意识不断加强。然而现实生活中，一部分人只注重享受权利，不注重履行自己的责任和义务，由此导致公众权利意识强与社会责任意识弱并存。③

随着政治民主化进程的加快，公民的各项权利逐渐得到社会承认并被法律化，公民的权利意识觉醒，他们意识到自己是社会的主人，不再满足于仅仅享有法权上的主人地位，而且要实践"主人"权利。越来越多的公民认为，政府和法律应该保护自己的合法权益，他们懂得拿起法律武器

---

① 参见王洪波《当代大学生网络政治参与的实证研究》，载《北大青年研究》2012年第2期。
② 王洪波：《当代大学生网络政治参与的实证研究》，载《北大青年研究》2012年第2期。
③ 参见《社会管理蓝皮书——中国社会管理创新报告》，http：//news.sina.com.cn/c/2012-09-14/224525176688.shtml，2012年9月14日。

捍卫自身利益。20世纪90年代以来，中国的大部分群体性事件都是以维权为基本目的。例如，失地维权、拆迁维权、医疗维权、教育维权等。在此社会环境中成长的大学生权利意识也开始觉醒，具体体现在五个方面：①大学生的权利主体意识觉醒，即大学生意识到自己作为公民享有《宪法》规定的公民权利，作为受教育者享有《中华人民共和国教育法》和《普通高等学校学生管理规定》所赋予的受教育者权利，作为高等教育服务的消费者享有消费者权利；②大学生的权利认知意识加强，即大学生对自己应该享有或实际享有的权利有较清楚的认识；③大学生的权利实现意识觉醒，即大学生在学习和生活中主动将自己应该享有的法定权利转化为现实权利；④大学生的权利救济意识增强，即当权利被侵犯时，大学生会积极主动地寻求有效补救途径，例如找学校领导、辅导员、教师维权，找学生会、团组织等学生社团维权，甚至通过司法部门维权，大学生已经习惯通过多种渠道来维护自己的合法权利；⑤大学生的权利要求意识觉醒，即大学生向政府或学校提出新权利请求。

　　社会主义民主政治的发展为大学生自我权利的实现提供了制度保障，但他们在追求自我权利实现的同时，不知不觉地以自我为中心，追求个人功利价值，如在勤工助学、志愿服务、西部支教等活动中，首先考虑是否有利于个人发展。如果有利于个人发展，就积极参加；反之，则消极逃避。许多大学生接受了西方个人主义思想中的个人权利观念，认为个人拥有追求自我利益的权利，片面宣扬"自我价值""自我选择""自我设计""自我实现"等，却没有接受西方的社会责任等观念，忽略对他人利益和社会整体利益应该承担的责任。大学生社会责任感缺失的问题突出表现为"兴趣不浓、热情不高、勇气不足"的"三不"现象。"兴趣不浓"，即一些大学生漫无目的地生活学习，对上课、实验、体育、社会实践等都没有浓厚的兴趣，对自己的生活学习和未来都不负责任，当然谈不上对社会负责任。"热情不高"，即一些大学生持有"事不关己，高高挂起"的态度，对国内国际大事充耳不闻。"勇气不足"，即一些大学生在做了一些体现社会责任的事，受到别人的嘲笑之后，觉得自己的行为没有意义，从此不再自觉履行社会责任。[①]

---

　　① 参见湖南师范大学《关于大学生社会责任感状况调查》，http://www.hnsdjck.cn/2010/0116/174.html，2010年1月16日。

三、政治民主化背景下高校德育思维方式的发展

随着政治民主化的发展和深化,大学生的权利意识和参与意识增强,高校德育的简单性思维方式已不适应大学生思想行为的变化,高校德育思维方式亟须向前发展,应由过去的线性思维向非线性思维发展,具体表现为从专制教育转向民主教育,从单一灌输转向多向渗透。

(一)从专制教育转向民主教育

在封建专制统治时代,小农生产生活方式、宗法等级制度和专制王权结合,阻碍市场经济的形成和民主政治的发展,扼杀了一切可以催生公民身份的幼芽,如民主、自由、平等,国民被"驯服"为身份卑微、没有权利、依附家族和国家的"臣民"。"臣民"是被动顺从封建专制统治的工具和手段。因此,古代德育的根本目的和功能就是通过"忠君"与"孝亲"等道德规范的单向灌输,强化人的等级意识、奴性意识,维护与巩固封建专制统治。在等级森严的封建社会,自然形成了教育者与受教育者之间的等级关系。教育者是长者、尊者,是"传道授业解惑"的主体,处于主动、神圣的地位,其意志是不可违背的;受教育者是幼者、卑者,是"道"的接受者,处于被动、依附的状态,要无条件接受教育者传授的"道"。传统社会整体取向的专制教化模式,对中华人民共和国成立初期的高校德育产生了深远影响,形成了革命教化的德育模式。高校德育的革命教化模式也强调"师道尊严",教育者的主要任务是将国家意识形态灌输给学生,达到"统一思想"的目的,学生只需将教育者传授的内容储存在大脑里,不允许有任何异议。

传统的专制德育模式,与当时的社会环境相适应,有利于维护社会制度和加强社会整合,有其可取和借鉴之处。但是,如今中国正在建设社会主义政治文明,民主与平等观念深入人心,大学生的民主意识与平等意识日益增强,他们不喜欢人云亦云,不愿意直接接受教育者传授的知识,而喜欢质疑权威、批判社会,展示自我个性,表达自我主张。传统的专制德育模式无法满足大学生对民主权利的诉求。因此,要把民主的原则应用于德育实践中,实施民主教育。民主教育是19世纪末20世纪初杜威第一次真正提出来的。杜威将"民主"引入教育领域,并使民主教育发展为世

界教育改革的主流,而今,世界各地各级各类教育都在努力推进民主教育。在杜威那里,民主的内涵很丰富,首先,民主是一种生活态度,"是一种联合生活的方式,是一种共同交流经验的方式"①。其次,民主是一种方法,是一种以同意为基础的方法,是一种参与的方法,民主的发展是用协商和同意的方法来代替用强力使多数人屈从于少数人的方法。

高校德育要实施民主教育,就是要以民主平等作为根本原则,使教育者与受教育者在宽松融洽、自由和谐的环境中互相合作、共同探究、互相启发、共同成长。高校德育只有打破传统的以教材、教师、课堂为中心,教育者专制包办的僵化教育模式,采取民主教育方式,在教育者与受教育者之间建立起民主平等的关系,才能真正使大学生主动参与到教育活动的全过程,真正使大学生成为教育主体。心理内化是提高教育质量的关键,高校德育只有采取民主教育的方式,为大学生创造一个宽松和谐的学习环境,他们才会拥有一个积极主动、自觉自愿的学习心境,自觉将外部的教育内容内化为自身素质。

(二) 从单一灌输转向多向渗透

单一灌输是一种德育方式,它在计划经济时代发挥了管理人的积极作用,但是在政治民主化时代,单一灌输方式不能满足大学生对民主权利和自我发展的需求,高校德育应采取多向渗透的教育方式。

1. "灌输"理论与灌输方式的区别

列宁的"灌输"理论是一种原则,是德育必须遵循的基本原则。列宁在《怎么办?》一书中明确提出,思想政治教育的"灌输"原则,"工人本来也不可能有社会民主主义意识,这种意识只能从外面灌输进去,各国的历史都证明:工人阶级单靠自己本身的力量,只能形成工联主义的意识"②。列宁强调"灌输"原则,并不是要把社会主义意识硬塞进工人的头脑中,而只是形象地说明社会主义意识不能在工人头脑中自发产生,社会主义意识是"从外部"进入到工人头脑中的,无产阶级政党必须积极

---

① 吕达、刘立德、邹海燕主编:《杜威教育文集》第2卷,人民教育出版社2008年版,第87页。

② 中共中央马克思恩格斯列宁斯大林著作编译局:《列宁选集》第1卷,人民出版社1995年版,第317页。

主动地宣传、教育和引导，使工人成为有觉悟的、自觉的战士。列宁不是将"灌输"看作一种偏狭的具体方法，而是将"灌输"作为马克思主义政治教育的基本原则，形象地说明无产阶级政党对待社会主义意识传播的原则和态度。历史上任何统治阶级为了维护自己的统治地位，都需要将本阶级的政治目标、道德规范、法律思想以及哲学观念等灌输到人民群众的头脑中，并竭力使之转化为人们的共同信念。当今高校德育仍然需要遵循"灌输"原则，因为先进的理论不可能在大学生头脑中自发产生，必须用先进的科学理论对社会上的有害思想文化分析批判，引导大学生认同先进思想和科学理论，提高大学生对不良思想文化的鉴别和选择能力，增强大学生抵御不良思想文化干扰的能力。

灌输方式是一种教育方式，不利于学生民主权利的实现。长期以来，我们对列宁的"灌输"理论做了片面理解，把"灌输"看成一种具体方法甚至是唯一方法，形成以单向灌输为主的德育方法。高校德育中的单向灌输表现为，教育内容从教育者流向大学生，教育者不重视大学生的信息反馈。这种忽视大学生内在动力的单向灌输教育，无异于强迫盲人去观看万物，无异于强迫不思饮水的马匹饮水。教育者按照对大学生的先行预设来准备讲授内容，不顾他们当下的真实处境，使他们完全处于被动、服从、接受的位置，师生关系演化为一种毫无生气、冷漠乃至对立的冷冰冰的人与物的关系。单向灌输的德育容易造成"知识专制"，教师因占有教师的头衔就享有不容置疑的权威地位，教师总是戴着知识权威的面具对学生"循循善诱"，在教师的眼中，听课最认真、做笔记最认真、最能复述所学知识、最听话的学生就是优秀学生。单向灌输的德育以教材为中心，教育者备课仅备教材，把教材中的知识全部教给学生，学生考试及格，就算完成任务。学生收获的仅仅是知识，其精神世界没有得以丰富，德性没有得到提升。单向灌输的教育方式必然造成"我说你听""我打你通"的强制性状态，容易使大学生产生逆反心理和对抗情绪。

3. 从单一灌输转向多向渗透

中华人民共和国成立后，为尽快赶上发达国家，实现现代化，必须在资源配置体制上创新，于是建立了高度集中的计划经济体制，实现了整个社会生活的高度组织化。计划经济时代，"生产什么，生产多少"的计划权力掌握在国家手中，国家可以借助权力垄断几乎所有的资源，国家将布匹、食盐、食糖、燃煤等一切与人们生活密切相关的物资都列入定量供应的行列，发行各种票证，如粮票、布票、煤票、肉票等，因此，有人把那时的经济称为"票证经济"①。人们并不是通过自由交换获得各种票证，而是要从国家那里"领取"。国家控制着所有的社会资源，有效防止了独立于国家组织体系力量的出现，人们只能在国家组织体系——"人民公社"和"单位"中才能获得生产生活资料，人们的生活道路和生活方式不是自己选择的而是被安排的，这样，人们就对国家产生了依赖情结和归属意识。因此，高校德育通过单一灌输的简单方式就能够使大学生认同国家高度统一的意识形态。

  计划经济时代形成的单一灌输式德育是一种工具性德育，它依靠统一管理、强制规范来约束人，而不是发展人、提升人。随着政治民主化进程的不断推进，人们开始摆脱意识形态的压制而获得一定的精神自由，精神的自主性和独立性日益受到重视，"随着社会政治文化世俗化和理性化趋势的进一步发展，人们逐渐扬弃了对主流意识形态带有乌托邦色彩的崇拜，转而根据自身经常性的利益、政党对社会需求的满足程度来评价和选择政治"②。单一灌输式德育显然与人的精神自由相悖，与人的民主权利发展相悖。在民主政治社会，人的发展途径是在民主参与中追求民主权利。大学生作为最富朝气与活力的群体，他们具有强烈的权利意识和参与愿望，广泛参与到社会管理、学校管理和班级管理中，享有前所未有的丰富权利、自由发展空间、自主选择范围，他们不满德育的单一途径和强制灌输，对多向渗透的德育提出了强烈诉求。大学生更愿意通过网络获取政治信息，利用网络表达政治诉求，高校德育要渗透到网络中，通过网络了解他们的思想动态，引导他们理性争取自身权利，引导他们认同主流意识形态的合法性和合理性，引导他们找到个人权利和社会责任的平衡点，使他们获得真正的发展。

---

① 焦连志：《论中国计划经济年代的"票证社会"》，载《求实》2009年第11期。
② 路爱林：《社会转型期主流意识形态建构的路径选择》，载《求实》2009年第7期。

第三节 文化多样化及其对高校德育思维方式的影响

文化是一个民族的灵魂与血脉,不同国家与民族独特的文化和传统,是其赖以生存、延续的条件。文化多样化符合人类社会发展的规律,自古以来,人类社会就存在着不同的民族和文化。文化是在特定的地理环境下,特定群体的内心精神世界的积淀,不同地理环境中的民族都有自己特定的生存和处事方式,从而形成了各自独特的民族文化,这些各自相异的民族文化使世界显得绚丽多彩。20世纪末以来,随着经济全球化、网络信息化步伐的加快,文化多样化的问题浮现于历史的光亮之中,越来越受到世人的重视。在21世纪的今天,文化多样共存不仅是客观存在的现实,而且是历史发展的趋势,是未来文化存在发展的态势。

一、文化多样化及主要特征

20世纪90年代以来,全球化、市场化、信息网络化的相互作用极大地推动了我国社会发展的步伐,同时受到各种文化的冲击,尤其是西方强势文化的渗透,我国社会呈现出多样文化共存的局面。

(一) 文化多样化的涵义

文化多样化是指在一个国家内部不同民族、不同区域各具特色的地方文化并存且相互传承,也指世界范围内不同国家的各具特色的文化共存于一个国家内部。本书所讨论的文化多样化是指在坚持中国特色社会主义主导文化的前提下,不同民族、不同区域、不同国家文化并存、交融和共同发展的状态。

(二) 文化多样化的特征

1. 冲突与融合并存

文化冲突是文化多样化的根本要求和重要体现。没有任何一种文化是在没有冲突的"和谐"环境中发展自己的,文化冲突是文化发展的必然方式。20世纪90年代以来，在经济全球化浪潮的推动下，不同形态的文化以加速度进行着跨时间和跨空间的碰撞和交流；在经济、政治、体育、教育、音乐等全领域发生碰撞和交流；在物质文化、制度文化和观念文化等各层次发生碰撞和交流；在碰撞与交流的过程中，不同形态的文化不可避免地产生各种冲突，尤其是本土文化与外来文化的冲突加剧。原来在不同历史时期、不同地域存在的民族文化被全球化进程挤压在同一个平面上，民族文化不得不面对新的竞争对手，迎接新的挑战，尤其是发展中国家和经济落后国家的民族文化面临着更大的挑战。民族文化在外来文化的冲击下，往往面临两难困境：如果固守民族文化，在纯洁文化的基础上确保民族特色，则担心民族文化的发展跟不上时代的步伐；如果听任民族文化与外来文化交融，则担心难以保持民族文化的主导性，担心民族文化"民族性"的失落，甚至担心民族灭亡。①

　　文化融合是与文化冲突相对而言的，文化融合是指人类文化发展过程中作为对立统一体的不同文化中"统一"的一面，也就是说，不同文化形态在相互冲突中实现的统一。在经济全球化时代，不同文化之间在频繁的碰撞与交流中，形成了你中有我，我中有你，相互交融的局面，互补与融合为不同文化的发展提供了更为广阔的空间。在不同文化碰撞与交流中，文化融合的问题浮现出来，文化融合成为文化多样化发展的一种重要形式。经济全球化使任何一个国家再也找不到纯而又纯的本民族文化，任何民族的文化都会受到外来文化的影响。任何文化都既是民族的，又是世界的。正如马克思所指出的："各民族的精神产品成了公共的财产。民族的片面性和局限性日益成为不可能，于是由许多种民族的和地方的文学形成了一种世界的文学。"② 我国正在建设的中国特色社会主义文化既不是单纯的中国传统文化的承袭，也不是单纯马克思主义的中国化，更不是单纯的外来文化的简单移植，而是传统文化与现代文化、本土文化与外来文化、精英文化与大众文化等多种文化形态的交融互摄，是多种文化形态在新时代的融合。

---

　　① 参见郑永廷、江传月等《主导德育论：大学生思想政治教育一元主导与多样发展研究》，人民出版社2008年版，第25页。
　　② 中共中央马克思恩格斯列宁斯大林著作编译局：《马克思恩格斯选集》第1卷，人民出版社1995年版，第276页。

2. 主导与多样同在

在全球化时代，任何一个开放国家的文化生态都是主导文化与多样文化同在，以主导文化整合多样文化。要使多样文化和谐共处，必须承认多样文化存在的合理性并给予尊重，承认多样文化之间的差异，求同存异，互惠共赢，共同发展。多样文化同时存在于同一时空中，并不等于多样文化处于同等地位，多样文化中必然有主次、强弱之分。社会文化越是多样化，就越需要有主心骨，越需要用主导文化整合多样化的思想文化。主导文化并不排斥多样文化的存在，相反它只有存在于多样文化中才能获得生命力。任何事物都是矛盾的，都有与之相对立的他物存在，如果自身的对立面被消灭，自身也会走向消亡。同样，任何一种主导文化要保持健康发展，必须允许非主导的多样文化存在，非主导文化可以丰富和发展主导文化，使主导文化与时俱进。

在当代中国，多样文化形态交织在一起，有主旋律文化、精英文化、大众文化、流行文化、另类文化、民族文化、消费文化、西方文化、中国传统文化等，这些文化有些是主流文化，有些是非主流文化，有些是反主流文化，有些是马克思主义的，有些是非马克思主义的，有些是反马克思主义的。在这种情况下，要引导非主流文化使其与主流文化在方向上保持一致，要引导非马克思主义文化使其与马克思主义文化互补发展，要遏制反主流文化和反马克思主义文化的发展，用中国特色社会主义文化引领、统摄、整合多样文化，实现社会思想文化的有序发展。在现阶段，中国要建构和谐的社会文化秩序，使多样文化有序发展，为构建社会主义和谐社会提供思想保证，就要运用"和而不同"的道理处理多样文化，就应该在承认"不同"，即承认文化多样化的前提下，努力寻求中外文化之间的"交汇点"，使其能够共生和谐地发展。在多样文化共存的格局中，中国文化要显示出自身独特的魅力，就必须与外来文化碰撞、交流和交融，就必须与时俱进创造出更加辉煌的中国特色社会主义新文化。

二、文化多样化对大学生思想行为的影响

社会的包容、发展和新媒体的渗透、影响，提醒我们要重视文化多样化对大学生思想行为的影响。文化多样化不仅给大学生提供更多的价值选择机会，同时一些负面东西也在冲击着大学生的价值追求。

（一）文化多样化既给大学生提供更多文化选择空间，又给大学生带来价值选择的困惑

1. 文化多样化给大学生提供了更多的文化选择空间

在同质单一文化的计划经济时代，大学生可以吸纳的文化资源非常匮乏，往往是教育者教什么，就不加鉴别地接受什么。在经济全球化时代，异彩纷呈的多样文化呈现在大学生面前，他们有了更多的文化选择空间和文化选择权利。传统文化中爱国意识、忧患意识、责任意识、慎独意识等体现民族风骨气度的精华部分，与官本位的等级观念、唯书唯上的教条观念、因循守旧的思维方式、不讲公德的生活陋习等糟粕部分，可以同时成为大学生的选择对象。西方文化中自由、民主、平等的人道价值观念，与西方文化对个体权利的过度张扬，可以同时成为大学生的选择对象。体现人文诉求的精英文化与突出市场逻辑的大众文化可以同时成为大学生的选择对象。大学生拥有对不同文化进行比较和取舍的权利，他们已由被动的文化接受者转变为主动的文化选择者。大学生主要根据自己的固有观念、兴趣、需求决定选择哪种文化，他们总是喜欢选取与自己固有观念一致的信息，选取与自身需要、兴趣一致的信息，回避与自己固有观念相悖或不需要、不感兴趣的信息。大学生也会考虑社会发展对人才的需求来选择文化。这些异质多样的文化有些是互补的，有些是相互抵触的，大学生要能够选取到兼顾自己个性发展和社会发展的有益文化，尤其是要鉴别出与主流文化相抵触的反主流文化，这成为大学生价值选择的难题。

2. 文化多样化使大学生面临价值选择的困惑

文化多样化造成价值标准的多样化，进而模糊大学生的价值认知。如果大学生没有正确的价值认知，就不能形成正确的价值判断，不能做出正确的价值选择，最终可能做出错误的行为。阿尔温·托夫勒说："有时候，选择不但不能使人摆脱某种束缚，反而使人感到事情更复杂、更棘手、更昂贵，以至于走向反面，成了无法选择的选择。一句话，有朝一日，选择将是超选择的选择，自由将成为太自由的不自由。"[①] 庄子在《逍遥游》中讲到"朝菌不知晦朔，蟪蛄不知春秋"，其寓意就是原本只

---

① [美]阿尔温·托夫勒：《未来的震荡》，任小明译，四川人民出版社1985年版，第313页。

能生活在夏季的东西，突然让它经历春夏秋冬，它怎么能够承受与适应呢。文化多样化带给大学生的正是这种无法承受之变，文化多样化在给大学生带来了解各地风土人情、接触各种思想观念、吸收各种主义学说机会的同时，又使他们面临更多选择和自主抉择带来的困惑。大学生对各种文化的判断、鉴别能力有限，在面临价值选择的时候，往往缺少理性精神，时常跟着感觉和潮流走。在文化多样化背景下，有人开始对集体主义进行批判与解构，他们将利己主义、个人本位主义乃至极端个人主义宣扬为"先进文化"，这对涉世不深的大学生的价值选择产生了极大的冲击。据调查，当问到"人生的最高价值是实现社会价值还是实现自身价值？"时，40.13%的学生认为人生的最高价值是实现社会价值，52.47%的学生认为人生的最高价值是实现自身价值，其余的学生认为说不清楚。① 可见，多样文化的选择使大学生陷入迷茫和困惑。

（二）文化多样化既开阔大学生的文化视野，又弱化大学生对主导文化的认同

1. 在异彩纷呈的多样文化环境中，不同文化之间的碰撞、冲突乃至融合，有利于拓展大学生的文化视野

在传统文化与现代文化、本土文化与外来文化、精英文化与大众文化的碰撞与交流中，大学生可以充分吸收各种各样的新质文化，将其融合在一起，创造出新的文化形态。在多样文化背景下，大学生完全可以基于自身精神需求，在社会主义核心价值观引导下，吸收和借鉴丰富的文化养料，开拓自己的文化视野，使自身与时代、与世界同步发展。在学习和汲取不同形态的优秀文化中，大学生逐渐养成一种国际文化视野，拥有世界胸怀和关心全人类的情怀。

2. 文化多样化弱化大学生对主流意识形态的认同

文化的背后承载着意识形态，文化多样化意味着意识形态的多样化。随着全球化进程的加深和大众传媒的迅猛发展，各种文化、思想和观念在全球范围内传播，可以轻易跨越国界的信息流威胁着民族国家的文化认同。尤其是西方发达国家以其先进的科学技术，通过网络等新媒体大量传

---

① 参见张红霞《论文化多样化对当代大学生的影响》，载《当代世界与社会主义》2011年第4期。

播、输出文化产品，把自身的价值观和意识形态渗透到其他国家。新自由主义、新保守主义、后现代主义等思潮对我国意识形态的渗透是相当隐蔽的，它表面上淡化政治、避谈政治，实际上是通过渗透到我国民众的生活方式中来达成其目的，即使意识形态相对淡薄的纯粹娱乐性节目也在有意无意地倡导西方的生活方式。这种"非政治化"的渗透比军事打击、经济政治制裁更能麻痹人并使人放松警惕。西方国家推行文化霸权主义和文化殖民主义，大力宣扬"马克思主义过时论""意识形态终结论""中国威胁论""中国失败论"等消解中国主导文化的言论。如何认识这些反主流文化的本质，如何鉴别、批判反主流文化，对广大大学生来说是比较困难的。一些大学生只看到西方文化亮丽的一面，没有看到西方文化黯然的一面，盲目崇拜西方文化，怀疑马克思主义理论的科学性，对中国共产党表现出不信任的情绪，对中国特色社会主义前途丧失信心。当前中国正处于社会转型期，价值多元、思想活跃，许多黑白颠倒、价值混乱的言行便会利用各种传播渠道乘虚而入，而价值观处于成形期的大学生容易在这种环境中迷失方向。

（三）文化多样化既丰富大学生的精神生活，又冲击着大学生的理想信念

1. 文化多样化可以丰富大学生的精神文化生活

随着信息技术的快速发展，文化传播速度加快、内容增多、形式碎片化，文化越来越呈现出多样、多变、多元的特征，大学生可以更加自由地选择自己喜欢的文化内容。大学生不仅是文化的接受者，也是文化传播的参与者与文化发展的创造者，他们在接受丰富的文化资源的同时，也在创造着新的文化资源，这能提高他们的文化素质，激励他们全面发展。在异彩纷呈的多样文化环境中，大学生可以在社会主义核心价值观引导下，根据自身的精神需求，自主选择各种优秀的、有益的文化，自主建构自身的精神文化世界，丰富自身的精神文化生活。

2. 文化多样化对大学生的理想信念造成一定冲击

随着中国特色社会主义市场经济的推进，突出市场规律的消费主义文化和大众文化在一定程度上冲击着大学生对崇高理想信念的追求。大众文化尤其是大众流行文化的传播是一个"世俗化的过程"，"蔓延着一种物

质主义和享乐主义的倾向"①，大学生中出现炫耀消费的现象。一些大众传媒以引导和刺激消费为名，鼓动、宣传和倡导极端个人主义、物质至上的价值观，唤起大学生潜意识里的非理性需求和欲望，使他们不顾自身经济实力和家庭经济情况进行炫耀、攀比、超前消费。与消费主义相伴随的享乐主义和唯利主义，对"重义轻利"和集体主义的传统价值观产生了极大的冲击，进而消解了社会主义主流意识形态所倡导的对理想信念的追求。消费主义文化追求的是世俗的幸福和快乐，其特有的消费娱乐元素起着消解大学生理想信念的作用。虽然各种各样崇高的理想信念教育仍然影响着他们，但很多东西不被他们认同，他们讳谈崇高、躲避崇高甚至告别崇高。他们的理想信念褪去了"崇高"的色彩，更加理性、现实和世俗。在消费主义文化的影响下，大学生对生活意义的理解越来越简单化（找一份好工作，建立一个幸福的家庭），生活目标趋向物质化，理想信念趋向世俗化。

三、文化多样化背景下高校德育思维方式的发展

过去封闭单一的文化环境已经不复存在，高校德育的文化环境变得越来越多样。在多样文化背景下，高校德育要解决"如何使大学生既汲取多样文化的营养，又认同中国特色社会主义主导文化"的问题，为此，高校德育思维方式应由封闭性思维方式向开放性思维方式发展，主要表现为德育目标应从统一思想转变为价值共识，德育方式应从强制接受转变为比较认同。

（一）高校德育目标的发展：由统一思想发展为价值共识

在计划经济时代，中国的文化环境是比较封闭的，"以阶级斗争为中心"的指导思想使国家排斥马克思主义之外的一切文化形态，甚至把中国传统文化也作为革命对象，高校德育的文化内涵被剥离。在"政治挂帅"的年代，一切服从政治，一切服务政治，就连人的尊严、人的生命都要让位给政治。在这种背景下，高校德育的目标就是使大学生的思想与

---

① 步德胜、李勇：《大众流行文化的嬗变对"80后"大学生的影响》，载《中国青年研究》2009年第1期。

党中央，尤其是与毛泽东保持高度一致，彻底消灭"另类"思想。在相对简单、封闭的社会环境里，国家可以利用高压手段保证价值观念的统整性、一元性、权威性，高校德育也能轻而易举地通过灌输方式将大学生的思想统一起来。

现代社会是文化多样的社会，多样文化的背后隐藏着多样价值，每个人在尊重他人同等权利的条件下都可以追求自我的生活方式和行为方式，不能要求民众的思想完全统一，社会要达至和谐发展，必须要在制度价值和核心价值上达成共识。制度价值共识是一种底线价值共识，是社会发展的立足点和出发点。没有基本的制度价值共识，社会就不可能达到基本的秩序和基本的稳定。正如道格拉斯·C.诺斯所说："制度是一系列被制定出来的规则、守法程序和行为的道德伦理规范，它旨在约束追求主体福利或效用最大化利益的个人行为。"① 制度本身不只是规则体系，在其背后隐藏着的是一种特殊的价值追求，体现着人的伦理关系、价值关系及其评判尺度。社会制度要体现基本价值诉求——公正，即对社会资源进行合理配置，正确处理各种利益关系，才能使各种社会主体在实现自我利益的同时自觉遵从社会制度，认同社会制度。核心价值共识是目标层的共识，是社会发展的价值保障。每个国家都有维护自己经济基础的核心价值观念，都要求其社会成员认同核心价值。当前，我国为解决社会转型过程中出现的价值迷失现象，提出必须用社会主义核心价值体系引领社会思潮。

高校德育是一种精神实践活动，大学生是具有能动性的主体，在接受德育的过程中，要对德育内容加以改造、发展。尤其在文化多样化的背景下，在张扬个性的时代，高校德育"使大学生思想统一起来"的目标已成为过去式。随着信息技术的快速发展，文化传播速度加快、内容增多、形式碎片化，文化越来越呈现出多样、多变、多元的特征，大学生可以更加自由地选择自己喜欢的文化内容，客观上要求高校德育通过一定方式和手段进行新的文化整合，"在容纳多种文化因子的基础上确立共同的思想信仰和价值观念，使一定群体成员在保持各自立场、看法的前提下，树立群体成员对组织的基本思想与价值认同，以增强社会的凝聚力"②。高校

---

① [美]道格拉斯·C.诺斯：《经济史中的结构与变迁》，陈郁、罗华平等译，上海人民出版社1994年版，第225-226页。
② 朱志刚：《论思想政治教育的文化整合功能》，载《理论学刊》2007年第11期。

德育要在尊重文化多样化的前提下，包容和整合大学生的文化追求，在尊重大学生的文化追求中增强他们对中国特色社会主义文化的认同感，在包容大学生的文化追求中使他们的价值共识点汇聚在中国特色社会主义文化上。高校德育要使大学生达成对社会主义核心价值体系的共识，就应该在尊重他们价值取向的基础上，通过平等对话和交流，引导他们对制度价值和核心价值达成共识。价值共识达成的基础条件是相似的，"它们最终都会指向经济发展、利益的满足、生活质量提升、价值取向确立、确认人们自己的政治权利、尊重每个人的价值观、展开平等对话和交往"①。

（二）高校德育方式的发展：由强制接受发展为比较认同

中华人民共和国成立后，由于受"左"的错误思潮的影响，一切带有"封建色彩"的传统文化和带有"腐朽色彩"的资产阶级文化都遭到无情批判，反映无产阶级革命的红色政治文化一统天下。与此同时，中国社会形成了一种支配个人和社会生活诸领域的统一的"整全性"价值（以政治价值为中心），这种"整全性"价值渗透到社会生活各领域，通过"政治控制——强制服从"的整合模式约束着所有社会成员的生活。② 在计划经济时代，个人的一切生活资源都要从国家那里获取，国家具有至高无上的地位，从伟大领袖到普通百姓无不为国家的生存发展而日夜奔波，国家利益被强调到极致，国家被异化为统治工具，个体的生命和价值则在"螺丝钉精神"的无产阶级道德教化中被消解。高校德育是在无产阶级革命文化一统天下的环境中进行的，除了红色政治文化外，几乎没有文化选择的权利和机会。因此，大学生极容易接受教育者灌输的红色政治文化。

改革开放后，高校德育是在文化多样化的背景中展开的，外在力量"强制"大学生接受某种文化的历史已结束，大学生通过分析比较选择自己所需的文化。文化是大学生的精神家园，他们自己选择的文化并不一定都有利于其全面发展，不一定都有利于其正确价值观的形成。因此，高校德育要用先进文化引领各种文化思潮，先进文化所具有的导向功能、激励功能、价值认同功能、情感陶冶功能等，可以帮助大学生不断超越自然境界和功利境界，走向道德境界乃至天地境界。先进文化的形式不断发展变

---

① 陈仕平：《对达成社会价值共识路径的反思》，载《华中科技大学学报》2009 年第 1 期。
② 参见王䇲《价值观教育的合法性》，北京师范大学出版社 2009 年版，第 40 页。

化，先进文化的内容不断丰富充实。因此，不能只靠教育者将先进文化传授给大学生，而要靠大学生自己鉴别文化的先进与否。高校德育不可能只通过简单的灌输就能使大学生认同中国特色社会主义先进文化，必须通过对复杂多样文化的鉴别、比较，使大学生真正明白先进文化为何先进、先进在何处，从而认同中国特色社会主义先进文化。

在文化多样化背景下，大学生需要学习、借鉴西方文化、传统文化、大众文化、网络文化等，但是在这个过程中，坚持什么、反对什么、倡导什么、抵制什么、该做什么、怎么去做，这对广大学生来说，是有困难的。因为学生对历史了解不多，社会经验不足，对各种文化现象的本质认识不透彻，一些大学生往往因为好奇而不加分析鉴别地全盘接受或反对传统文化、西方文化、大众文化、网络文化，不加分析鉴别地抵制中国特色社会主义文化。这种亲近与疏离、认同与排斥的简单认识，会威胁到中国特色社会主义文化的安全。在张扬个性的时代，大学生要求打破单一文化强权平整的同质文化格局，张扬自己的个性文化，形成不同个性文化同时并存的多元文化交往格局。大学生极易固守自己的文化个性，往往以狭隘的心态对待自己不喜欢、不需要的文化，缺乏丰富多样文化的滋养，导致大学生精神生活的贫瘠和空虚。因此，大学生的文化鉴别和选择能力亟须提高。传统高校德育的强制接受方式难以提高大学生文化鉴别和选择能力，高校德育必须采取对话、交流、探究的方式，使大学生在比较各种文化的优劣之后认同中国特色社会主义文化的主导地位。主导认同与多样比较是相辅相成的，主导认同是以比较助认同，多样比较是以认同助比较。有所比较，对主导文化的认同才更自觉；有所认同，比较才有了坚实的基础。

在全球化过程中，东西方文化已由"线性接触"变为"非线性的多维碰撞与交融"，西方文化对大学生的渗透也是非线性多维的，尤其是开放的新媒体环境，向大学生展现了多样化的生活图景和文化样式。传统的围追堵截的教育方式，要么只讲马克思主义理论，不讲西方社会思潮，要么只讲西方社会思潮的弊端，不分析西方社会思潮中的合理之处，这种在封闭环境里修复、构造自己文化的教育方式，已不能满足大学生精神文化发展的需求。高校德育的单一文化环境已不复存在，悄然进入多样文化交流碰撞的文化环境中，传统的封闭性思维方式应该发展为开放性思维方式，即在坚持民族文化自觉的前提下，对影响大学生的思想潮流加以分析鉴别，通过多样化文化的涨落达到新的有序。

第四节　社会信息化及其对高校德育思维方式的影响

以计算机技术、空间技术、生命科学等为标志的新技术革命将人类带入信息化时代，信息成为行动的基本因素和社会发展的重要资源，缺乏信息，社会将无法运行。

一、社会信息化的含义及特征

（一）社会信息化的含义

社会信息化有广义与狭义之分。从广义上讲，社会信息化与社会工业化相对应，在社会工业化时代，物质和能源资源是社会最重要的资源，在社会信息化时代，信息资源是社会最基础的资源。"我们身处的信息社会同过去的工业社会有根本性的差别。在工业社会，最重要的资源是能源，最基本的工具是起重机、卡车等，……信息社会的首要资源是信息，信息是一种极为特殊的资源。"① 从狭义上讲，社会信息化是指在社会各个领域采用现代信息技术充分利用和开发信息资源，在各个领域里实现全面信息化的过程。社会信息化的实现需要具备一些条件：主体条件——信息人的大量产生；理论条件——信息科学的发展；技术条件——信息技术的发展；经济条件——社会生产力的提高；社会条件——各行各业对信息的普遍需求。

（二）社会信息化的特征

1. 信息传播源的散点化

在传统社会，人们主要是通过亲戚邻里、朋友聊天、报纸杂志、收音机、电视机、家用电话等方式来获取、发布与交流信息，信息传播源数量

---

① [美] 嘉格伦：《网络教育——21世纪的教育革命》，万小器、程文浩译，高等教育出版社2000年版，第8页。

非常有限。如今,随着计算机与互联网等现代信息技术的飞速发展,人们开始通过互联网来获取、发布和交流信息,互联网传播信息的特点是松散、自由。人们在互联网上可以不拘一格、畅所欲言,只要不违反法律法规和伦理道德,怎么说、说什么完全由信息发布者自己决定。目前流行的微博,以140字的"语录体"传播信息,其快捷性、现场感超过所有媒体,微博不是以层层传递的方式传播信息,而是以网状扩散的方式传播信息,每个使用微博的人都可以成为独立的信息发布者。在微博的社会化网络中,人人都是一个"自媒体",人人都是信息源,每一个用户每一次轻轻点击"转发"就可以迅速传播信息。

2. 异质信息增多

社会信息化时代,报纸杂志、广播电视、网络资讯、手机短信、博客、微博等各种媒介空前兴盛,"制造"和传播了海量信息,人们真正体验到了信息爆炸的感觉。尤其是以网络信息为代表的现代媒体传递的信息范围广泛,内容涉及政治、经济、文化、军事、外交、娱乐、广告等社会生活的各个方面,且不受时间、空间的限制和约束。但是,网络媒体所蕴含的海量信息中,泥沙俱下,鱼龙混杂,大量垃圾信息淹没了真正有价值的信息,许多无效失真的信息与有效真实的信息混杂在一起,夺人眼球、俘获人心的虚假信息与关注社会事件的真实信息混杂在一起,混淆视听,干扰思想。

3. 虚拟生活的常态化

在社会信息化时代,现实社会与虚拟社会并存,人们既在现实社会中生活,又在虚拟社会中生活,现实生活与虚拟生活相伴成为普遍的生活方式。在现实生活中,人与人之间虽说人格平等,但仍存在着财富、权力、身份等造成的等级关系。在虚拟生活中,每个人的年龄、性别、职业、身份等都被虚拟化为数字符号,统一称为平等的符号化网民。在虚拟生活中,虚拟主体之间的交流是平等的,如果感到对方有霸权意识,可以立刻与对方"断交"。在虚拟生活中,虚拟主体被赋予了同等的权利,他们可以平等地享有获取信息、参与讨论、发表观点、交流交友、休闲娱乐等权利,没有人可以垄断、独占网络资源。虚拟生活的去中心性、平等性,使得虚拟主体可以作为"主体"来"主宰自己的命运"。正如尼葛洛庞帝所说,"在数字化生存的情况下,我就是'我',不是人口统计学中的一个

'子集'""真正的个人化时代已经来临了"①。虚拟主体可以不用顾及别人的看法,完全不必以"他者"建构自我,而是以"自我"建构自我,按照理想塑造自己的形象,将自己的个体性和自我性展现在虚拟空间。虚拟主体的虚拟生存活动完全可以从"自我"意愿出发,根据"自我"的需要和兴趣,以"自我"为圆点收集、发布信息,"我的空间我做主",个体的自由维度凸显。

二、社会信息化对大学生思想行为的影响

社会信息化是一柄双刃剑,既可以丰富大学生的精神生活,又容易使大学生缺失人文素养;既方便大学生获取所需信息;又容易使大学生"沉迷"信息,既有利于促进大学生的个性发展,又容易使大学生淡化责任意识。

(一)社会信息化既丰富大学生的精神生活,又易使大学生缺失人文素养

1. 社会信息化有利于丰富大学生的精神生活

人的生活分为物质生活和精神生活,全面发展的人必须有丰富的精神生活。网络以其思想表达的自由性、资源共享的平等性、信息结构的非中心性等特点,降低了大学生休闲娱乐、学习专业知识、关注社会热点问题、交往交友、阅读文学作品、欣赏艺术品等活动的成本,丰富了大学生的生活内容与生存体验。在网络中,大学生可以超越现实的性别、血缘、地缘、财富、地位等各种因素造成的不平等关系,超越现实的社会角色,不必顾虑世俗利害冲突,可以随时随地交流情感、探讨问题,在交流情感中感悟人生,在探讨问题中深化认识。大学生既是信息的接受者,又是信息的制造者、传播者,在平等交流中共享知识和思想,增强自身的参与意识,提高自身的参与能力,摆脱对权威的盲从,在交流与探讨中提高自己追求真善美的能力。

---

① [美] 尼葛洛庞帝:《数字化生存》,胡泳、范海燕译,海南出版社1997年版,第192 – 193页。

2. 社会信息化容易使大学生忽视人文素养的提升

人文素养是指一个人称其为人和发展为人才所必须具备的内在品质，包括人文知识、人文思想、人文方法、人文精神等要素，其中，人文精神是核心。人文精神在宏观上体现在民族精神和时代精神中，在微观上体现在个人的气质与价值取向上。发展人的人文素养就是要"学会做人"，做一个有良知、有智慧、有修养的人。在社会信息化时代，信息与知识以指数级的速度增长，信息与知识的传播与交流速度也大大加快，与此同时，对信息与知识的占有、更新、创造的竞争也在全社会展开。在市场经济时代，信息与知识是重要的资源，大学生学习、运用、创造知识以及搜集、加工、整合信息的压力不断加大。在信息与知识压力增大的情况下，有些高校不断开设新的专业课程，忙于应付令人眼花缭乱的新知识，将人文教育置于脑后。随着科技、社会综合化发展趋势的增强，大学生除了要掌握所学专业知识外，还要掌握相关专业知识，他们整日忙于专业学习、忙于考各种证书，专注于信息与知识的获取和占有，忽视了精神文化生活。一些大学生持有科技决定论思想，他们把科技知识作为衡量社会进步和人的发展的唯一尺度，轻视人文知识和人文思想等，致使自己成为高科技低人文的"单面人"，人文精神逐步萎缩。

（二）社会信息化方便大学生获取所需信息，却易使大学生"沉迷"信息

1. 社会信息化有利于大学生搜集和获取所需信息

在网络信息化时代，人们足不出户就可知天下事，网络也成为大学生获取信息的重要渠道之一。互联网遵循开放的信息共享原则，只要网民遵守一定的规则和协议，就可以不受时空限制地分享信息。网络技术的开放品性决定了网民只要进入网络，就可以在海量信息中"遨游"，就可以进入人类智慧的海洋。网站、图书馆、各种学术数据库、网络课程等信息资源的开放和共享，极大促进了信息的传播和制造，每个网民既是信息的接收者又是信息的传播者和制造者。社会信息化将世界各国、各地区、各部门、各企业、各个人的信息链接起来，使人类文明成果发生交流、冲突、融合，大学生可以了解异域的风俗习惯、风土人情、经济制度、政治理念等，可以学习、借鉴其中的优秀成果，可以接触新事物、新思想，可以接触校园外的广阔世界，可以获取各种有用信息发展自身。大学生既是网络的直接受益者，又是在网络中最容易被信息异化的人群。

2. 社会信息化使一些大学生被信息控制，发生信息异化

"信息异化是指信息在生产和传播过程中，产生了与主体的人相对立的东西，导致了信息生产与信息消费之间的矛盾，使主体丧失了控制信息的能力和原有的内涵，并为信息所奴役、支配。"[①] 在社会信息化时代，大学生一方面对信息过度依赖，一方面又对信息产生焦虑和迷惑。一些大学生对手机产生了极大的依赖感，课堂上课堂下都忙着用手机浏览网页、阅读电子书、发微博、QQ聊天。他们始终处于真实自我与虚拟自我、现实社会与虚拟社会的交织与矛盾状态，对网络信息的分辨力不强，不能正确分辨和选择纷繁复杂的信息，被信息主导和牵引。一些大学生沉溺网络成为"网虫"，他们认为，信息就是知识、信息就是财富、信息就是权力、信息就是资本。无限夸大信息的价值和功用，日夜兼程地在网络上查找信息，盲目地、贪恋地、狂热地搜集各种信息，他们因过分依赖信息、盲目崇拜信息而丧失主体性，被信息牵着鼻子走。过分依赖信息和盲目崇拜信息使大学生产生"信息饥渴症"，他们总担心自己掌握的信息不够多，执着而疲劳地忙于网络新技术的学习和使用，整天下载资料，废寝忘食地查看资料，但是不愿意深入思考，最后搞得筋疲力尽，但收效甚微。大学生的人生观和价值观尚未定型，价值判断标准尚不明确，在鱼目混珠的海量信息面前，缺乏选择、辨别信息的能力，甚至不知道自己真正需要什么样的信息，满足于庸俗肤浅信息带来的感官刺激，不愿意深入阅读经典著作，从而产生迷茫、困惑情绪。

（三）社会信息化促进大学生的个性发展，却易淡化大学生的责任意识

1. 社会信息化有利于促进大学生的个性发展

人的全面发展集中体现为人的个性的充分自由发展，人的个性充分自由发展不仅需要社会物质条件、政治条件和文化条件，还需要时空条件。网络技术的发展可以提高学习效率，使大学生自由支配的时间增多，他们可以参与、组织丰富多彩的文化活动，发展自己的兴趣爱好，为个人全面

[①] 霍福广、刘社欣等：《信息德育论：大学生信息素养与思想政治教育信息化研究》，人民出版社2008年版，第81页。

自由发展奠定基础。人的个性充分自由发展就体现为人的兴趣爱好等潜能的充分开发，个人兴趣爱好等潜能的充分开发离不开一定的群体。网络空间丰富多样的个性化群体可以满足大学生个性发展的需求，网络可以给具有相似爱好、兴趣的人提供不受时空限制的聚集机会，并形成富有意义的个人关系。随着网络技术的日臻完善，个性化越来越凸显，不断满足不同个体个性发展的需要，这正是互联网吸引网民的魅力所在。网络的自由性为大学生追求个性提供了宽松的环境，在互联网上，大学生可以"随心所欲"地在各种论坛、博客、播客、微博中高谈阔论，就自己感兴趣的话题用个性化的语言发表看法，挖掘自己的新思想并展现在网络上。

2. 社会信息化使一些大学生的社会责任淡化

网络的基本元素是"比特"，由此造就了一个数字化的、非物质性的空间。网络从人们所能认知的一切过程中抽取信息，信息被抽取出来后就可以被任意存储、加工、整合，网络以符号化的信息展现世界。物质性的身体无法进入非物质性的网络空间，人要进入网络空间，必须经过符号化加工切断与身体的联系，使人成为不承载笨重身体的信息符号，因此，身体在网络中退隐了。"与身体退隐相联系的是身份的退隐。"[①] 人的真实社会身份（如性别、年龄、职业、籍贯、学历等）退隐，人只需要利用符号化的网络身份进入网络空间，而且可以随时重塑自己的网络身份，一会儿是朝气蓬勃的青年，一会儿是历尽沧桑的老年，一会儿是英俊潇洒的男人，一会儿是温柔体贴的女人，一会儿是满腹经纶的学者，一会儿是面朝黄土的农民……谁知道我是谁呢？以虚拟的网络身份进行的网络交往是戴着面具的交往，身体和真实社会身份隐退的网络交往充斥着肆无忌惮、出言不逊的各种谩骂。对自我认同尚未定型的大学生来说，尤其是对那些沉溺于虚拟交往的大学生来说，他们往往混淆虚拟与现实而将在虚拟交往中养成的谩骂习惯带到现实世界中，腐蚀着他们的道德责任感。

三、社会信息化背景下高校德育思维方式的发展

社会信息化给大学生思想行为带来的双重影响，要求高校德育趋利避害，消除社会信息化对大学生思想行为的负面作用，为此，高校德育思维

---

① 高德胜：《道德教育的时代遭遇》，教育科学出版社2008年版，第53页。

方式应由平面思维向立体思维发展，主要表现为从学校教育向社会教育拓展，从现实空间向网络空间拓展，从以"教"为主的封闭教育向以"学"为主的开放教育拓展，从传授知识向学会选择拓展。

（一）从学校教育向社会教育拓展

传统高校德育以学校教育为主，学校教育的内容具有系统性、全面性、层次性等特征，教育者通过宣讲、面对面谈心等方式对大学生集中地、持续地、高强度地传播包含特定内容的信息来影响大学生的思想观念。学校教育有其独特的优势，在大学生成长中发挥着不可替代的作用，有助于引导大学生正确认识社会环境中的消极因素，使其尽量免受消极因素的不良影响，使自身发展与社会发展的方向一致，使其行为活动符合社会发展的要求。

在社会信息化时代，学校教育对大学生的影响力逐渐下降，而社会环境的影响力逐渐上升。"据专家估计，20世纪50年代，青年思想品德的形成，学校和社会因素各占一半，到20世纪90年代的时候，社会影响已经大大超过了学校教育的影响力。"[①] 社会影响大于学校教育的原因是：一方面，各种社会思潮和社会风气对大学生造成前所未有的冲击。大学是学生步入社会前的最后准备阶段，大学生即将步入社会，他们势必把更多注意力投向社会。在信息公开化、社会化的时代，大学生极易从各种媒体接触到五花八门的消息，可以经常听到各种不实的传言，这些消息和传言甚至超过了高校德育所传递的信息。另一方面，学校教育自身存在着一定的局限性。学校教育长期只进行抽象的理论探讨，脱离社会实际和大学生的生活实际，没有很好地面向现实，更没有着眼未来。在来自社会的挑战面前，学校教育的局限性日益暴露，客观上要求高校德育必须改变只面向抽象理论探讨的"象牙塔"的教育方式，要面向世界、面向社会，及时跟踪大学生的思想变化轨迹，提高教育的社会化程度，有效解决大学生的各种思想困惑，引导他们做出正确的价值选择。

学校教育与社会教育两者的有机结合，是当前和今后高校德育发展的必然趋势。一方面，学校教育不能降低目标，但要使教育内容贴近学生生

---

① 张耀灿、高长舒、王体正主编：《高校灵魂工程——新世纪高校思想政治教育前瞻性研究》，武汉大学出版社2002年版，第74页。

活实际，指导学生深入社会，进行调查研究，认识社会的本质。高校德育要积极地组织各种实践活动，让学生广泛接触社会，全面感受生活，加深对德育内容的理解程度，对社会形成全面的看法和结论。另一方面，社会各方面要开发一切可以利用的教育资源，对大学生进行社会教育。例如，利用历史文物、革命文物、展览馆、博物馆、科技馆等进行历史教育、革命教育、国情教育等。学校教育与社会教育明确各自的责任，发挥各自的优势，形成齐抓共管的有效机制，才能发挥育人的合力作用。

（二）从现实空间向网络空间拓展

在现实空间进行的、面对面的传统德育，可以通过教育者的言传身教来感染、激励大学生，了解大学生的思想动态，及时开展有针对性的教育。但是，在社会信息化时代，大学生通过网络获取信息、表达自己的思想观点，网络的匿名性导致教育者难以知道究竟是谁的观点，难以有针对性地开展教育工作。大学生通过网络及时了解社会现实，关注社会热点、焦点和难点问题，关注各种社会思潮和学术前沿等，网络中的海量信息对他们的思想观念产生复杂的影响，教育者很难准确把握大学生受到哪些信息的影响，教育难以有针对性。这说明仅仅通过现实空间的德育已远远不够，客观上要求高校德育必须向网络空间拓展，加强校园网的建设，净化网络空间，建立网络道德规范，完善网络法律法规，弘扬社会主旋律。

"网络是开放的结构，能无限扩展，只要能够在网络中沟通，亦即只要能够分享相同的沟通符码（如价值或执行的目标），就能整合入新的节点。一个以网络为基础的社会结构是具有高度活力的开放系统，能够创新而不至于威胁其平衡。"[1] 大学生通过电子邮件、各种论坛、聊天室、博客、微博等更加即时和便捷地获取和交流信息，在获取和交流信息的过程中，他们就在接受无形的教育。"在信息社会中，只有主动的参与者，没有了过去意义上的受动者。"[2] 目前，微博的开放性、快捷性、现场感超过所有媒体，大多数学生都使用微博关注自己感兴趣的话题，并加入到该

---

[1] [美] 曼纽尔·卡斯特：《网络社会的崛起》，夏铸九、王志弘等译，社会科学文献出版社2003年版，第570页。

[2] 霍福广、刘社欣等：《信息德育论：大学生信息素养与思想政治教育信息化研究》，人民出版社2008年版，第37页。

话题的讨论中"围观"。他们在"围观"中，接触到的各种信息，有积极健康、格调高雅的信息，也有各种落后腐朽的思想，甚至反社会主义、反马克思主义的消极思想等。大学生的价值观尚未定型，而且正处于叛逆期，因此，微博中越带有挑战性、反叛性的信息，越有可能被大学生追捧。微博以网状扩散的方式传播信息，是多源、多点、多向的，信息传播更难以控制。在这种情况下，高校德育工作者要及时主动利用微博等网络交往手段，与大学生进行自由、平等的交流，引导大学生分辨真伪是非，抛弃无用甚至有害的信息，充分利用有价值的信息。

（三）从以"教"为主的封闭教育向以"学"为主的开放教育拓展

社会信息化时代，教育者与受教育者之间的"教师教书、学生接受，教师主考、学生应试"的关系模式逐渐被改变，信息、知识更新速度加快，教师不再是信息和知识传播的唯一媒介，网络已成为知识传播的重要媒介，因此，需要学习者自主地学习。在社会信息化时代，高校德育要提高大学生的主体性，应该从以"教"为主的封闭教育向为以"学"为主的开放教育拓展。

在社会信息化时代，最重要的资源是信息，对信息的占有和使用成为决定个体社会位置的重要条件。在传统社会，教育者有稳定、可靠的信息来源，掌握着教育对象不曾了解的信息，相对处于信息的优势地位，教育者容易影响和改变教育对象的思想和行为。社会信息化使高校德育处于完全开放的社会环境中，大学生甚至比教育者占有更多的信息，教育者的信息优势至少是部分丧失了。大学生在接受高校德育之前，已经通过网络、手机等新媒体获取海量信息，对某些问题已经形成先入为主的看法，教育者的正面教育可能与他们已有的看法相矛盾，他们难以认同教育者传递的信息。传统的宣传、灌输等教育方式将逐渐失去生存空间，为适应信息社会的发展要求，高校德育工作者必须与学生进行平等交流、和谐对话，德育工作者与学生之间不是"教"与"被教"的关系，而是协作与伙伴的关系，共同学习、共同探索、共同进步。

传统高校德育以教师、教材、教学为中心，教师讲解大量的思想政治和道德知识，有利于大学生对基本知识的掌握，但是难以突破教科书的局限，不利于提高大学生的自主学习能力。在社会信息化时代，大学生可以在互联网上漫游，他们在任何时间和任何地方都可以学习，通过网络交流手段，获得图文并茂、声像并显的电子教材、多媒体软件、网络课程等形式多样的学习资源，他们自主选择学习内容，整合各种学习资源，学习的主体性充分体现出来。传统高校德育以"教"为主的封闭教育难以满足大学生对新知识、新信息的需求，高校德育必须采取以"学"为主的开放教育，充分发挥大学生学习的主体性，提高大学生的自主学习能力，加强大学生在学习过程中的反思和体验，将学习内容内化为自身素质。高校德育应通过构建网络教育平台，通过数字多媒体手段和信息网络为大学生提供多种学习环境、学习内容、学习方式，让大学生在网络中自由选择德育内容，使大学生摆脱时空限制，自由安排学习时间、地点，满足学生个性化学习的需求，促进大学生个性和谐发展。

（四）从传授知识向学会选择拓展

在工业时代，知识更新和变化的速度较慢，教育有事先预设的培养模式和先前形成的知识结构，教育的首要目标是培养合格的适应现有社会结构的劳动者。而在社会信息化时代，知识以指数级的规模不断更新，教育仅仅靠传授知识已经无法满足学生发展的需要，要让学生学会认知，学会选择，学会创造，提高学生的信息素质。

信息既是知识的源头、学习的资源，也是创新的基础。信息素质是一个人形成综合素质的前提和基础，是社会信息化时代个体所必备的基本素质。信息素质是终身学习的基础，是新世纪复合型"3C"（创业、创造、创新）人才不可或缺的。大学生信息素质结构主要包括信息意识、信息知识、信息技能、信息道德等要素，目前，大学生信息素质亟须提高，尤其是信息道德素养的提高更为迫切。在社会信息化时代，网络交流具有匿名性、隐蔽性等特点，缺乏直接的舆论监督和社会压力，诸多不良现象和信息犯罪案件（如侵犯知识产权、侵犯他人隐私、网络暴力、制造和传播病毒等）不断出现并呈上升趋势，这些不道德甚至违法现象在大学生中同样不可避免。高校德育要培育大学生的信息道德素质，主要包括："信息交流与传递目标应与社会整体目标协调一致；信息活动中所应承担的相应的社会责任和义务；培养遵守有关信息活动的道德规范和法律法规的自觉性；坚决抵制各种淫秽、迷信、谣言、欺诈和其他虚假信息；尊重他人的知识产权；尊重个人隐私；培养信息良知和尊重基本人权；在信息活动中坚持公正、平等、真实原则；正当使用与合理发展信息技术；正确处理信息创造、信息传播、信息使用三类主体之间的关系等。"①

信息不等于知识，信息需要加工才能成为知识，这就要求学生学会认知，通过学习活动将信息加工成为有因果联系的知识，并赋予它实际意义。"电子媒介所理解的知识是'信息化的知识'，主要是对社会世界各种事态和状况的形象描述。"② 网络建构的知识主要是关于社会世界的信息，它的长处在于描述世界，而不是揭示世界。网络提供的信息之间没有因果、递进关系，不会因为你没有了解昨天的信息就不能了解今天的信息，任何时候，只要你进入网络，就可以立刻进入其建构的知识世界。网络建构的知识世界是没有中心的，所有信息都可以成为入口；网络建构的知识世界是没有等级的，所有信息都在一个平面。信息化知识的更替速度超乎想象，它的生命如昙花般快速陨落，它不是为了新知识的发展奠基，而是为了在昙花一现的生命周期里获得关注。因此，人们不采用理性的逻辑方式表现它，而是想方设法让它显得"触目惊心"，产生暂时的轰动效应。信息化知识改变了知识的存在形态，因此，也改变了一些大学生现有的知识观念。他们把这种非连续的、不需要理性思考的知识当作"真知"，对高校德育传授的连贯的、有逻辑性的知识产生抵触情绪。"在印刷时代，在实证性知识观的指导下，学校教育推崇客观和理性，鼓励严肃、有序和逻辑性的思维。这一获得知识的教育模式受到了电子媒介的知识观的冲击和更改。"③ 因此，高校德育要让大学生学会正确地获取、选择、组织、传递、评价和创造信息，提高大学生的信息素养能力。网络信息所负载的内容都有价值倾向，需要人们做出判断和选择，高校德育要培养大学生自己做主、自己负责、自己管理的能力，让大学生成为具有道德意识的道德主体。

---

① 徐涌金主编：《大学生素质教育教程》，中国标准出版社 2008 年版，第 299 页。
② 高德胜：《道德教育的时代遭遇》，教育科学出版社 2008 年版，第 49 页。
③ 高德胜：《道德教育的时代遭遇》，教育科学出版社 2008 年版，第 50 页。

第四章 高校德育思维方式发展的主体诉求

大学生主体意识的增强在客观上要求高校德育从他育为主的方式向自育为主的方式发展,大学生对全面发展的需求客观上要求高校德育由应试德育向素质德育发展。大学生思想道德素质是知情意行的综合,高校德育传统的知性教育只注重知识教育,忽略了情感陶冶、意志锻炼、行为实践,容易导致大学生知行脱节,客观上呼唤实践德育的实施。

第一节 大学生主体意识增强的诉求

随着社会主义市场经济和政治文明的发展,大学生的主体意识不断增强,高校传统的他育方式不能充分发挥大学生的主体意识,客观上要求高校德育思维方式向前发展,从他育为主的方式向自育为主的方式发展。

一、主体意识

(一) 主体

近代西方哲学认识论首先要将主体和客体区分开来,主体是在和客体的相互作用和相互比较中得到规定的,从人的角度来理解主体,也就是说,只有人才能成为主体。意识是在与存在的相互作用和相互比较中得到规定的。存在有两种形式,即对象存在和自我存在。因此,主体意识就是人的对象意识与自我意识的统一,就是说人既要做外物的主人,也要做自己的主人,拥有掌握自己命运的意识。虽然学界对主体意识的界定有所不同,但是都包含这样的意思:有主体意识的人能够意识到自己作为主体而存在、活动，能够以主体的方式对待自己的存在和活动，力求自由自觉地表现和发挥自己的内在本质力量。

（二）主体意识的特性

主体意识内涵丰富，其特性主要表现为自主性、能动性和创造性。

1. 自主性

自主性是对依赖性的扬弃，是主体意识实现的源头和原动力。自主性是主体按自己意愿行事的动机、能力或特性，包括自由表达意志、独立做出决定、自行推进行动进程等。人的活动有两种基本状态：自主活动状态和非自主活动状态，自主性是自身特性与社会特性的统一。自身特性方面有主体性、主动性、上进心、判断力、独创性、自信心等，社会特性方面有自我控制、自律性、责任感等。这些特性融会在自主性态度和自主性行为之中，构成一个人的统一的品格特点。人在实践活动中，有时处于自主状态，有时处于非自主状态。在自主状态下，人能够将主观目的与客观实际统一起来。在非自主状态下，人或者完全受外力控制，或者受自然、社会、自身的种种限制，无法按照自己的意志活动，不能实现自己的目的。缺乏自主性，人将无权决定自己的价值，无法展望自己的未来，无法拒绝处于"非我"的存在状态，无法对自我和社会负责。自主性的前提条件是独立，没有独立性就没有自主性可言。伊·谢·科恩指出："自主有两个尺度。第一个尺度描述个体的客观状况、生活环境，是指相对于外部强迫、外部控制的独立、自由、自决和自主支配生活的权利和可能。第二个尺度是对主观现实而言，是指能够合理地运用自己的选择权利，有明确目标，坚忍不拔和有进取心。自主的人能够认识并且善于确定自己的目标，不仅能够成功地控制自己的环境，而且能够控制自己的冲动。"①

2. 能动性

自觉性是相对于自发性而言的，自觉性是能动性的前提。自觉性是指主体认识到客体的本质和规律并遵循规律而进行实践活动的特性。人的生命活动是有意识的，自觉性使人与动物区别开来，如马克思所说："有意

---

① ［苏］伊·谢·科恩：《自我论》，佟景韩译，生活·读书·新知三联书店1986年版，第407页。

识的生命活动把人同动物的生命活动直接区别开来。"① 恩格斯也说："在社会历史领域内进行活动的，是具有意识的、经过思虑或凭激情行动的、追求某种目的的人；任何事情的发生都不是没有自觉的意图，没有预期的目的的。"② 有了自觉性，人才能通过实践活动改造客体以满足主体的需要。有了能动性，人才能根据客观事物的特性和人类发展的需要来制订实践活动的目标，在从事具体的实践活动之前，就预定实践活动的方案，预测实践活动的结果，人就获得了真正的自主和自由。正如马克思所说的："最蹩脚的建筑师从一开始就比最灵巧的蜜蜂高明的地方，是他在用蜂蜡建筑蜂房以前，已经在自己头脑中把它建成了。劳动过程结束时得到的结果，在这个过程开始时就已经在劳动者的想象中存在着，即已经观念地存在着。他不仅使自然物发生形式变化，同时他还在自然物中实现自己的目的，这个目的是他所知道的，是作为规律决定着他的活动的方式和方法的，他必须使他的意志服从这个目的。"③

3. 创造性

创造性是主体意识的最充分体现，是人作为主体的一种特有存在形式。创造性是指个体产生新奇独特的、有社会价值的思想或产品的能力。新奇独特意味着能别出心裁地做出前人未曾做过的事，有社会价值意味着创造的思想或产品具有道德价值、审美价值或实用价值。"创造是新的内容或形式、新的结构或功能的生成，是在人与世界关系中主体本质力量非重复性地外在化、对象化、客体化的过程，同时也是外部世界、对象、客体内在化、观念化、主体化的过程。"④ 从根本上说，人类是创造性的存在物，每一个人都有创造性潜能。创造性充分展示了人的本质力量，人类依靠自己的创造性活动，使自己从动物界中分离出来，谱写着人类的历史。创造性是推动人类文明和社会进步的强劲力量，可以说，人类文明史就是一步创造史。从类人猿到现代人，人类不仅仅是在适应环境，更是在

---

① 中共中央马克思恩格斯列宁斯大林著作编译局：《马克思恩格斯全集》第42卷，人民出版社1979年版，第96页。
② 中共中央马克思恩格斯列宁斯大林著作编译局：《马克思恩格斯选集》第4卷，人民出版社1995年版，第247页。
③ 中共中央马克思恩格斯列宁斯大林著作编译局：《马克思恩格斯选集》第2卷，人民出版社1995年版，第178页。
④ 郭湛：《主体性哲学》，云南人民出版社2002年版，第162页。

创造环境。现有的一切美好事物都是创造性所结的果实，离开创造性，就没有今天所拥有的一切。

二、大学生主体意识增强的表现

大学生主体意识是指大学生在认识和实践活动中对于自身的主体地位、主体能力和主体价值的自觉意识，是大学生自主性、能动性和创造性的观念表现。社会主义市场经济和民主政治的发展和完善，为大学生主体意识的发展创造了条件。"90后"大学生比"60后""70后""80后"大学生具有更强的主体意识，主要表现为自主意识凸显、能动意识觉醒、创新意识强烈。

（一）自主意识凸显

自主意识是指主体能够自主地行使自己的权利，在思想上表现为自我意识，在行为上表现为自尊、自信，具有自我控制、独立判断的能力。"90后"大学生是在社会主义市场经济确立和完善的过程中成长起来的，大部分都是独生子女，物质生活优裕，享受到父辈们无微不至的照顾。因此，在教育者眼中，"90后"大学生依赖性强，缺乏独立意识和生活能力。但是，有关调查显示，大部分"90后"大学生独立性较强。在回答"你的高考志愿是如何做出的"问题时，有72.8%的学生综合各方信息自己做出选择，有22.2%的学生按照亲属、老师、朋友的建议进行选择。在回答"开始独立的大学生生活，你适应吗？"问题时，19.7%选择"非常适应"，39.1%选择"比较适应"，32.9%选择"基本适应"。[1]"90后"大学生没有经历过大规模的政治运动，不再惧怕权威，不一味地顺从长辈，不循规蹈矩，崇尚自我和独立。他们的生活逻辑是"我就是我"，人生目标主要是个体的自由与发展，其行为总是表现得很"酷"。他们认为"酷"不是简单的追随与模仿，而是挑战、勇气、能力，代表了卓尔不群的特性，代表了个性的张扬。他们努力展现绚烂多姿的自我，从发型设计、服装款式到自我形象和文化品位都在求新、求异，这充分体现了他们

---

[1] 参见张晓京《"90后"大学新生思想行为能力特点的调查研究》，载《思想理论教育导刊》2009年第9期。

对个性的重视和自我价值实现的渴求。没有自主性，个性就会成为一个空壳。

（二）能动意识觉醒

能动意识是指主体自觉对客观环境发出的信息进行分析、选择、判断、整合，在思想上表现为较高的竞争意识、参与意识、成就意识，在行为上表现为兴趣广泛、爱好多样，以及较强的适应能力。

在日趋激烈的社会竞争中，大学生的竞争意识日益增强。许多大学生认为，在社会中生存和发展主要依靠的是个人能力和自我奋斗，而不是家庭背景和社会关系。在以就业为导向的成长路径下，大学生一进入大学校门，就开始进行职业生涯规划，完善知识结构，提高科学文化素质，明确奋斗目标，从而实现自我价值和人生目标。

进入大学，大学生最关注的就是自身的成长成才，他们积极参与到有利于自身成长成才的各种活动和工作中。参与社团活动是学生获取知识、提高能力、适应社会发展需要的有效途径。社团活动是大学生活不可缺少的一部分，调查显示，七成学生参加社团活动。[①] 高校学生社团可谓五花八门，种类繁多，如学生会、团委、戏剧社、民乐社、手工社、诗社、书画协会、吉他协会、舞蹈团、爱拍电影、电子爱好者协会、计算机协会、羽毛球协会、足球协会、定向越野协会、青年志愿者协会等。大学生根据自己的兴趣选择自己喜欢的社团，在参加社团活动的过程中提高自身的综合素质。通过学生社团活动，充分调动了大学生的主动性和参与意识。另外，大学生为维护自身权益，积极监督学校的教学管理服务工作，针对学校教学管理服务工作中的问题提出建设性的意见。2006年辽宁大学在全国最先成立了工会学生工作委员会，吸收大学生加入工会，以便保障大学生的参与权、表达权、监督权，维护大学生的合法权利和自身利益。工会学生工作委员会委员利用课余时间，深入到大学生中间和学校工作第一线，征求意见，调查研究，针对贫困大学生资助、大学生创业就业、校园周边环境建设、学校教学改革与管理、生态和谐校园建设等与大学生密切

---

① 参见姚晓丹、雷柯《中国7成大学生参与社团 快餐文化受欢迎》，http://www.gd.chinanews.com/2012/2012-01-04/2/172097_2.shtml，2012年1月4日。

相关的问题，提出了许多有益的建议和提案。①

（三）创新意识强烈

创新意识是指主体根据社会进步和个体发展的需要，在实践活动中表现出创造新事物或新思想的动机、意向和愿望。创新意识是人类意识中积极的、富有成果性的表现形式，是创造性活动的出发点和内在动力。创新意识是一种现代意识，是衡量社会进步和民族文明程度的一个重要标志。

创新意识是当代大学生应具备的基本素质，是大学生实现自我价值的客观要求。"90后"大学生敢于质疑权威、挑战权威，在学习中，不再盲目相信书本和教师，开始摆脱教条主义，独立思考所学知识的合理性。大学生思维活跃，具有较强的探索激情，在探索过程中遇到疑难问题敢于标新立异，另辟蹊径。大学生具有较强的创新热情，创新实践意识强烈，很想把自己的思想付诸实践。创新实践活动是大学生将基本理论内化为创新意识，将书本知识转化为创新品质的必要途径。大学生积极参加各种创新实验项目，独立完成整个研究项目，如选题设计、组织实施、分析处理信息、完成总结报告等。创新计划项目的实施，调动了学生学习的主动性、积极性和创造性，激发了学生的创新思维和创新意识，提高了学生的创新实践能力。大学生参加创新实践活动取得一定成就后，可以增强自信，反过来又激发大学生的创新意识。

三、大学生主体意识增强对高校德育的诉求

大学生主体意识的增强要求高校德育转变思维方式，由他育为主的方式转向自育为主的方式，使大学生由被动的受教育者转变为主动的自我教育者，满足大学生自主自觉学习的要求。

（一）高校德育中自我教育的涵义

教育家瓦·阿·苏霍姆林斯基指出："教育这个概念在广义上就是对集体的教育与对个人的教育的统一，而在对个人的教育中，自我教育则是起主导作用的方法之一。""只有能够激发学生去进行自我教育的教育，

---

① 参见田丹《28名学生参加辽大职代会》，载《沈阳日报》2007年11月22日第A03版。

才是真正的教育。"① 自我教育是教育的最高境界，是教育实现培养人的有效手段。自我教育是个体完善知识、提高能力、塑造个性的重要途径。

教育学中对自我教育研究的学术成果非常丰硕，但对自我教育的理解可谓仁者见仁智者见智。但都认为，在自我教育中，教育主体与教育客体都是自我，即主体我与客体我，主体我与客体我是对立统一的。自我教育是主体我对客体我实施的教育，是主体客体化从不自觉到自觉，从他律到自律的过程。自我教育是"主体通过自我意识将自己既作为主体又作为客体，并不断发展这种存在于自我之中的主客体相互关系，在内在相互作用的改造活动中，构建新的主观世界"②。

近年来，思想政治教育学中也开始对自我教育进行理论和实践探索，主要有如下观点：自我教育是"通过反省、反思、自我思想改造等自我修养途径，提高思想道德水平、理性思考水平；通过自我约束、自我控制和自我管理途径，增强自身把握正确方向的能力"③。自我教育是"教育者按照思想政治教育的目标和要求，引导受教育者自觉学习、接受先进的思想理论，自觉联系自己的思想实际，并努力通过自身的思想矛盾运动来实现自身的思想转化和提高的方法"④。高校德育的自我教育是具有自主性的教育，即大学生能够根据社会发展需求和自身发展需要，通过独立思考和理性反思提出思想道德学习的任务，取舍和筛选教育内容，不断认识自我和调节自我，以提高和完善自身思想道德素质而进行的一种教育活动。

（二）大学生主体意识增强对高校德育的诉求：自我教育

学生主体性发展的落脚点是自我教育。自我教育与大学生主体意识的觉醒密切相关，主体意识的觉醒表明他们能自觉地将自身置于外部世界的主导和主动地位，表明他们意识到自己是自身的主人，从而在教育过程中发挥自身的主动性和能动性，使自身素质获得质的飞跃。大学生主体意识

---

① ［苏］瓦·阿·苏霍姆林斯基：《给教师的一百条建议》，周蕖、王义高译，天津人民出版社 1981 年版，第 207 页。
② 鲁洁：《教育：人之自我建构的实践活动》，载《教育研究》1998 年第 9 期。
③ 张耀灿、郑永廷、吴潜涛、骆郁廷等：《现代思想政治教育学》，人民出版社 2006 年版，第 349 页。
④ 苏振芳主编：《思想政治教育学》，社会科学文献出版社 2006 年版，第 247－248 页。

的增强既迫切要求高校德育实施自我教育，又为高校德育实施自我教育提供了必不可少的条件。

1. 大学生主体意识增强要求成为主动的自我教育者

受主客二分思维方式的影响，传统高校德育强调教育者的主体地位和能动作用，把大学生看成消极被动的"受教育者"，这种纯机械论的教育主客体观把教育者的能动性无限拔高，把"受"教育者的被动性无限放大，将教育者与"受教育者"绝对对立起来，教育者不考虑"受教育者"的身心发展规律而进行教育活动，看不到"受教育者"的活动对教育者的制约和影响，压制和阻碍了"受教育者"学习的积极性和主动性。

随着大学生主体意识的增强，他们不再满足于作为被动的"受教育者"而存在，他们要求成为主动的自我教育者。任何一个教育过程都必须充分发挥教育者的主导性和学生的主体性，任何一个完整的德育过程都包括"教"与"学"两个方面。在高校德育中，"教"的主体是教育者，他面对的客体是教育目标、教育内容、教育方法等；"学"的主体是大学生，他面对的客体是教育目标、教育者传授的教育内容、教育者采用的教育方法等。作为"学"的主体，大学生接受的信息是多源多向多样的，有教育者传递的教育信息，有家庭、同辈群体、传统媒体、社团组织等传递的信息，有从网络、手机等新兴媒体中看到的信息，有从现实生活中直接体验得到的信息，有催人奋进的信息，有消极处世的信息，各种信息连环传播、交互感染、交互强化。大学生对教育信息的选择获取不再是简单的直线性方式，不再是被动地接受教育者传授的知识和传递的信息，而是主动地整合来自四面八方的多种信息，根据自己已有的认知图式对教育者传授的内容进行分析、反思、批判后，有选择地接受，重新建构自己的认识图式。大学生在"学"的过程中会通过各种方式，例如质疑、反驳、讨论、探究、辩论，甚至面部表情、情绪情感暗示等方式，与教育者交流沟通，如果教育者能对此做出积极回应，大学生就会积极配合，如果教育者对此置之不理，大学生就会产生抵触情绪和逆反心理。因此，高校德育不能再把大学生当作消极被动的"受教育者"，而应当把他们还原为具有自主性、能动性、创造性的自我教育者。

2. 大学生主体意识增强要求自主自觉学习

传统高校德育把大学生看成消极被动的"受教育者"，把外在的社会要求和社会规范灌输给学生。因此，学生把德育看作一种外在的要求和他律。大学生接受教育的动机来自于外部，他们没有明确的学习目的，处于被动的"要我学"状态中，学习动力不足，学习兴趣不浓，学习自主性和主动性不够，高校德育难以实现提升大学生思想道德素质的目标。

一般来说，个体思想道德素质的提升是一个由认识内化到行动外化的交替过程，他首先将社会的思想道德规范内化为自身的思想道德意识，然后在自己的行为中表现出来。自身的内驱力愈大，主体意识愈强，自主自觉性愈高，内化的强度就越大，外化的效果就越好。高校德育目的和内容能否被大学生认同，既受教育者的影响，但更取决于大学生的认知程度与知行转化程度。"任何理性教育，形象的感染，都是外部的客体，都只有通过主体的心理过程才能起到这样或那样的作用。如果没有主体内心的心理过程的发生，任何教育都等于零。"① 大学生内心心理过程的发生，就是自主自觉学习的过程。他们总是高扬主体性，崇尚个性，强调独立性，具有强烈的叛逆意识和反叛精神，他们抵触灌输式教育，不愿意接受教育者单方面的灌输，希望拥有独立思考的自由，希望自我建构内在的精神世界。他们已不满足于被动消极地学习，而要求自主自觉学习，他们不会无条件地接受教育者传递的思想观念，而是要通过自己的内心体验，经过自己的独立思考、分析、比较后，有选择地接受。大学生在选择自己认同的教育内容后，将这些教育内容转化为自身的思想观念，指导自己的行为，使自己的言行符合社会规范和要求并促使社会发展。

3. 大学生主体意识增强要求发展和完善自我

传统高校德育把社会需求作为教育的唯一出发点，德育的目的就是规范大学生的思想行为，使之遵守社会准则。传统高校德育忽视了促进大学生全面发展的价值，他们把德育看作一项政治任务来敷衍，不会产生接受德育的需要。

近年来，在激烈的就业竞争中，大学生逐渐意识到用人单位普遍欢迎思想道德素质好、品德高尚的毕业生，欢迎事业心强、眼光远大、心胸开阔、具有强烈使命感和社会责任感的毕业生，欢迎具有团队协作精神的毕业生，不欢迎那些集体观念淡漠、自以为是、很难与他人合作的毕业生。大学生逐渐认识到思想道德素质是一个人的素质的灵魂，认识到自身的全

---

① 王礼湛、陈杰、陆树程主编：《思想政治教育学》（第三版），浙江大学出版社1995年版，第264页。

面发展也包括思想道德素质的发展，而且认识到自身思想道德素质与社会要求之间存在着差距，产生了不断发展自我和完善自我的动力，自主地检查自己、反省自己，自觉地纠正自己的缺点，自觉自愿地认同伦理道德规范和政治法律规范。一方面，大学生综合主体方面的信息，正确地认识自我、客观地评价自我、积极地提升自我；另一方面，大学生综合客体方面的信息，在观念中创造性地建构起对客体的认知图式，全面认识和自觉协调人与自然、人与社会、人与人之间的关系，自觉掌握与调控自身心理状态，转变思想，改变行为，使自身的思想行为符合社会发展的要求，提升自我素质。大学生作为"主我"与"客我"的统一体，通过"主我"对"客我"的认识和改造，不断建构新的自我，自由、自为地发展。这客观上产生了自我教育的需求，并为自我教育提供了动力。自我教育是主体自我按照社会要求对客体自我自觉实施的教育过程，其目的不仅仅是自我控制，而是在自我控制的基础上设计自我、发展自我、完善自我。自我教育能够满足大学生认识自我、发展自我、完善自我、实现自我价值的心理需要，符合大学生身心发展的内在规律。

第二节　大学生全面发展的诉求

马克思主义关于人的全面发展理论是大学生全面发展的理论依据。在社会主义和谐社会，大学生全面发展就是要做到知识、能力与素质的和谐发展，身心素质、科学文化素质与思想道德素质的和谐发展，物质需要与精神需要的和谐发展等。高校传统的应试德育无法满足大学生全面发展的需求，大学生全面发展要求高校德育由应试德育走向素质德育。

一、马克思主义关于人的全面发展的思想

马克思没有集中论述人的全面发展，没有明确界定"什么是人的全面发展"，关于人的全面发展的思想散见于他的著作中，在不同的著作中有不同的提法，如"每个人的全面自由发展""每一社会成员的全部才能和力量的全部发展""个人生产力的全面、普遍发展""个性的自由发展"

等，因此，不能抓住某一句话来阐释马克思人的全面发展思想，而要将其有机联系起来从整体上理解，把握其基本观点。马克思主义关于人的全面发展思想包括以下基本观点。

（一）全面发展是人的需求的全面发展

在马克思看来，人的发展就是人的需要的发展，人的发展过程就是在社会实践中不断产生又不断满足人的需要的过程。马克思批判以往的哲学家"习惯于用他们的思维而不是用他们的需要来解释他们的行为"①，马克思以人的需要为基础解释现实的人及其行为、解释人的发展过程。马克思指出，"人类生存的第一个前提，也就是一切历史的第一个前提，这个前提是：人们为了能够'创造历史'，必须能够生活。但是为了生活，首先就需要吃喝住穿以及其他一些东西。因此第一个历史活动就是生产满足这些需要的资料，即生产物质生活本身"。"已经得到满足的第一个需要本身、满足需要的活动和已经获得的为满足需要而用的工具又引起新的需要。"② 人的需要是人的内在的本质的规定性，如马克思所说"他们的需要即他们的本性"③，因此，人类的一切活动首先要满足人的需要。人作为能动的存在物，人的全面发展是由人自身内在需求推动的，是人的内在本性使然。人与动物不同，人满足需要不仅是为了生存，更是为了发展，随着人的需要的不断丰富和发展，人的本质力量也不断得到拓展，人的发展也越来越全面。人的全面发展就是人的需求的全面和谐发展。但是，在私有制社会，私有制造成人的本质的异化，只有扬弃异化，人才能"以一种全面的方式，也就是说，作为一个完整的人，占有自己的全面的本质"④。人的需要是个人健康发展所需要的一切合理的物质、精神以及人的价值实现的需求等。人的需要也是随着实践活动和人的能力提升而不断

---

① 中共中央马克思恩格斯列宁斯大林著作编译局：《马克思恩格斯选集》第4卷，人民出版社1995年版，第381页。
② 中共中央马克思恩格斯列宁斯大林著作编译局：《马克思恩格斯选集》第1卷，人民出版社1995年版，第78－79页。
③ 中共中央马克思恩格斯列宁斯大林著作编译局：《马克思恩格斯全集》第3卷，人民出版社1995年版，第514页。
④ 中共中央马克思恩格斯列宁斯大林著作编译局：《马克思恩格斯全集》第42卷，人民出版社1979年版，第123页。

得到满足的。人的本质在其现实性上是一切社会关系的总和，因此人的需要不能随心所欲，必须体现社会的要求，在社会不断完善和发展的过程中，人的需要才能不断得到发展。

（二）全面发展是人的个性的全面发展

"个性"一词最初来源于拉丁语 Personal，开始是指演员所戴的面具，后来指演员（一个具有特殊性格的人）。简单来说，个性就是个别性，是人与人之间相区别的特质。个性是人的生理、心理、性格、情感、意志、思维、行为等各种特质的综合，主要包括个人倾向性特征、个人心理特征和个人的社会人格特征。个人倾向性特征"包括人的需要、动机、兴趣、理想、信仰、价值观等。它是个性中的动力因素，规定着个人的生活方向和生活目的，规定着个人行为的社会定向，决定着个人行动的倾向性和积极性"[①]。个人心理特征"包括气质、性格和能力等"[②]。个人的社会人格特征是指"个人的道德风貌、习惯、社会形象、社会角色及其他精神状态，反映了个体的社会认可和评价水平，是不同个人之间互相区别的重要标志"[③]。

真正的"全面发展"不是面面俱到和无所不能，真正的"全面发展"所追求的恰恰是个性和卓越，是个性和个人能力的充分发展。马克思说："'特殊的人格'的本质不是人的胡子、血液、抽象的肉体本性，而是人的社会特质。"[④] 个性的本质特征是社会性，因此，社会发展得越充分，个性发展得就越充分。马克思在《政治经济学批判（1857—1858 年）手稿》中指出，在物的统治占主导地位的资本主义社会，资本具有独立性和个性，人的真实的自我被机器、资本异化，活着的人没有独立性和个性，只有取代资本主义"物的统治"的新社会形态才能实现人的自由个性的发展。[⑤] 只有扬弃私有财产，人的一切感觉和特性才能彻底解放，人

---

① 袁贵仁、韩庆祥：《论人的全面发展》，广西人民出版社 2003 年版，第 117 页。
② 袁贵仁、韩庆祥：《论人的全面发展》，广西人民出版社 2003 年版，第 117 页。
③ 袁贵仁、韩庆祥：《论人的全面发展》，广西人民出版社 2003 年版，第 117 页。
④ 中共中央马克思恩格斯列宁斯大林著作编译局：《马克思恩格斯全集》第 1 卷，人民出版社 1956 年版，第 270 页。
⑤ 参见中共中央马克思恩格斯列宁斯大林著作编译局《马克思恩格斯全集》第 46 卷（上），人民出版社 1979 年版，第 104 页。

的个性才能得到充分发挥。

（三）全面发展是人的社会关系的全面发展

"个人的全面性不是想象的或设想的全面性，而是他的现实关系和观念关系的全面性。"① 马克思认为，在人的依赖关系为基础的社会，人的社会关系非常狭隘，在物的依赖关系为基础的社会，形成普遍的社会物质变换关系。社会关系越丰富、越全面，人的需求、能力和个性就发展得越全面，社会关系的普遍性是个人全面发展可能性的基础。要不断地消除社会关系的狭隘性，为人的全面发展提供广阔的自由空间。

随着生产力的不断发展，整个世界的物质交换和精神交流越来越普遍，物质交换和精神交流的手段、内容、对象等越来越复杂、丰富、广泛、多样，人的社会关系越来越丰富，内心世界越来越丰富，生命表现得越来越多样和精彩。社会关系的丰富意味着"人们摆脱了以往个体、分工、地域和民族的狭隘局限性，形成了各方面、领域和层次的社会联系；人们的经济关系、政治关系、法律关系、伦理关系、宗教关系、文化关系等全面生成，由贫乏变得丰富、由封闭变得开放、由片面变得全面，并且得以协调和谐发展"②。

二、大学生全面发展的科学内涵

人的全面发展是一个历史范畴，即是说，随着社会的发展，人的全面发展的内涵也相应发生变化。目前，我国正处于构建社会主义和谐社会的发展阶段，"和谐"被纳入我国社会主义现代化建设的国家战略中，社会和谐发展是中国特色社会主义的基本要求。培养和谐发展的个人是建设和谐社会的前提，也是建设和谐社会的目的。因此，在现阶段，大学生的全面发展内在地包含和谐发展，主要包括知识、能力与素质的和谐发展，各种素质的和谐发展，物质需要与精神需要的和谐发展等。

---

① 中共中央马克思恩格斯列宁斯大林著作编译局：《马克思恩格斯全集》第46卷（下），人民出版社1980年版，第36页。
② 袁贵仁、韩庆祥：《论人的全面发展》，广西人民出版社2003年版，第113页。

（一）大学生全面发展：知识、能力与素质的和谐发展

知识、能力、素质是个体实现社会化和可持续发展的三个基本要素。合理的知识结构、完善的能力结构、优化的素质结构是大学生健康成长、成才、成人与可持续发展的三个基本要素。

1. 知识与素质的关系

知识与素质的联系表现：首先，二者互为条件。生理遗传素质是人学习和获得知识的条件。知识是素质形成的必要条件，一个人只有在掌握了一定的知识后，其素质才可能有所提高。其次，二者相对稳定又发展变化。每一代人都是在新的社会实践中对已有知识进行继承与批判，使知识得以传承并扩展。每个人素质的形成总是遵循一定的规律，以内在的生理心理结构为基础，在环境、教育等外部因素的作用下，经过复杂的内化过程，形成新的生理心理结构，使自身素质不断扩展、深化、提升。

知识与素质的区别表现：首先，二者的表现形式不同。知识可以用语言、文字、图像、音频、视频等符号性工具来表现，知识可以脱离活的人而存在；素质不能用符号性工具来表现，素质同人的生活实践联系在一起，不能脱离活的人而存在。其次，二者发挥作用的范围不同。知识发挥作用的范围有限，特定的知识只能在特定的领域发挥作用。素质发挥作用的范围广泛，素质作为稳定的身心特征，对人的全部活动发挥作用。最后，二者的生成发展机制不同。知识可以通过学习、传授直接获得，素质不能通过学习、传授直接获得，素质的生成发展是内化与外化双向统一的复杂过程。

2. 知识与能力的关系

知识与能力的联系表现：一方面，知识是能力的前提，能力是在学习知识的过程中形成的，无知则无能。另一方面，能力使知识学习事半功倍，能力是掌握知识的内在条件，能力强则掌握知识的速度快。"个体的核心能力即综合智能的强弱，不仅与个体掌握知识的数量有关，也与其知识的结构有关。综合智能是个体在获得知识的过程中发展的。个体综合智能强，不但表明其获得了多层面（感性、理性）、多学科（自然、社会、思维）的较系统的知识，还表明其知识的获得过程是科学的，结构是合

理的，因而更有利于个体高效率地获得更多的知识。"①

知识与能力的区别表现：知识不等于能力，知识多并不代表能力强。要使知识转化为相应的能力，需要合理的知识结构，也需要将知识综合化，重视知识的实用性与整体性，并且必须运用知识解决实际问题。

3. 能力与素质的关系

能力与素质的联系表现：首先，二者的生成发展机制相似，其生成发展都是在认识活动与实践活动中完成的。其次，能力是素质的表现，素质是能力的基础。能力大小是由素质的高低决定的，一般来说，素质高的人在认识活动与实践活动中就会表现出较强的适应力和创造力。素质虽然提供了一个人能力发展的可能性，但必须通过社会实践才能使这种可能性转化为现实性。最后，二者不是一一对应的，在同样的素质基础上可以形成不同的能力，同样的能力也可以在不同的素质基础上形成。

能力与素质的区别表现：素质是潜隐的，是人在其活动过程中非对象化的结晶。能力是外显的，是人在其活动过程中对象化的呈现，能力更容易操作与评价。

综上所述，知识、能力、素质是辩证统一的，知识是能力、素质形成的基础，能力与素质影响掌握知识的速度、深度、广度。知识与能力是构成素质的要素，能力是素质的表现形式，素质是能力的内在依据。素质为个体获取知识和提高能力发挥着持续、有效、核心的主导作用；同时，知识结构、综合能力对增强个体综合素质发挥着积极、有效、协同的促进作用。② 因此，大学生全面发展就要做到知识、能力与素质的和谐发展。

（二）大学生全面发展：各种素质的和谐发展

一个人的素质不是单一的，而是综合的。学者对素质的类型进行了分析探讨，其中"三类六型"划分法最为典型。"三类六型"划分法将素质分为身体素质、心理素质、养成素质三大类以及身体素质、心理素质、政治素质、道德素质、科学素质、文化素质六型。

1. 身心素质的和谐发展

身体素质是人体完成某个动作过程中表现出来的固有能力，主要包括

---

① 徐涌金：《大学生素质教育教程》，中国标准出版社2008年版，第20页。
② 参见徐涌金《大学生素质教育教程》，中国标准出版社2008年版，第20页。

力量、速度、耐力、灵敏及柔韧等机能。身体素质是其他各种素质的载体。没有较好的身体素质,从事学习、工作和活动就没有了依托和保证。没有较好的身体素质,人的活动能力就会受到很大的限制。良好的身体素质是指人的各项生理机能都处于良好的状态,即有健全的体魄。现在的大学生承担的学习任务更繁重,面临的就业压力更沉重,面对的社会环境更复杂,大学生要生存和发展,要肩负起建设中国特色社会主义现代化的重任,就必须有良好的身体素质。但是,当前大学生的身体素质令人担忧。2010年国民体质监测结果显示:19~22岁年龄组坐位体前屈、爆发力、力量、耐力等身体素质指标继续下降。2010年与2005年相比,19~22岁城市男生、乡村男生立定跳远成绩分别平均下降1.29厘米、0.23厘米,1000米跑成绩分别平均下降3.37秒、3.09秒;城市女生、乡村女生立定跳远成绩分别平均下降2.72厘米、0.92厘米,800米跑成绩分别平均下降3.17秒、1.87秒。① 大学生的体质普遍下降,最明显的是耐力素质下降,体育考试的800米测试变成学生恐惧的战场,有许多学生出现晕倒、呕吐等不良反应。毛泽东在青年时代就深刻意识到身体好的重要性,提出"欲文明其精神,必先野蛮其体魄"的著名口号,号召青年做到"三好"(即身体好、学习好、工作好)。现在大学生健康意识非常弱,运动量达不到要求,普遍存在晚睡晚起、饮食不按时、上网成瘾等"恶习",甚至有些学生不顾后果地"透支"身体。

心理素质是在实践活动中通过主体与客体的相互作用,而逐步发展和形成的心理潜能、能量、特点、品质与行为的综合,主要包括认识能力、情绪和情感品质、意志品质、气质和性格等个性品质。"对大学生心理素质的标准要求,应当以保持良好的心理状态,具有较强的自我心理调控能力和较好的心理适应能力为目标。"② 当社会和外界环境发生变化,尤其遇到不利环境时,具有良好心理素质的人,心理承受能力较强,能正确地调节自我,使自己的思想和行为适应客观环境的变化。具有良好心理素质的人,在遇到挫折时,能够采取有效的调控手段,使自身不受到损害,或不沉浸在悲观失望的情绪中,充满信心地迎接挑战。大学生的诸多心理问

---

① 参见邢文华《大学生体质在下降》,http://news.ifeng.com/gundong/detail_ 2011_ 09/14/9157036_ 0.shtml,2011年9月14日。

② 李明:《大学生学习学》,河南大学出版社2004年,第33页。

题都是不能正确面对挫折造成的,有些学生不能面对在参与社团活动和班级管理工作中遇到的挫折,有些学生不能面对恋爱失败的挫折,有些学生不能适应大学的学习方式,有些学生不能适应学校饮食,有些学生不能面对没能考上理想大学或专业的挫折,还有些学生不能面对家境艰难付不出学费、身体不好、比赛失利、身材不理想等挫折。

身体素质是心理素质的基础。身体是灵魂、心智的载体。没有良好身体素质的人就如同一只被剥夺了飞翔能力的鸟儿一样。健全的体魄可以排除浊气,放松精神,消除疲劳,摆脱紧张、抑郁、焦虑、愤怒等不良情绪,使自己内心宁静。

心理素质可以调节身体素质。《庄子·在宥》中说:"抱神以静,形将自正。"《黄帝内经·素问》第一篇《上古天真论》在讨论养生长寿的方法时写道:"精神内守,病安从来。"这两句话从心理稳定和平衡角度分别论述了精神与健康、精神与疾病的关系。良好的心理素质可以增强机体的免疫力,使人精神放松、心胸豁达、情绪乐观,防病强身。

在充满风险和不确定因素的现代社会,大学生必须有良好的心理素质,才能将挑战转化为机遇,将困难转化为坦途,才能对生活充满信心,为实现自己的人生目标而不懈努力。在激烈竞争的现代社会,大学生必须具有良好的身体素质,因为人生目标的实现往往不是一帆风顺的,而是要进行长期的奋斗,这需要体力与耐力,如果体力不支、耐力不够就很容易放弃目标。因此,大学生要将养身养心并举,养身先养心,养心重于养身,通过优化心理素质来增强身体素质。

2. 科学素质、人文素质与思想道德素质的和谐发展

科学素质是大学生成才的重要基础。科学素质可以理解为科学理性在人格上的内化,既包括掌握必要的科学知识,具备科学精神和科学世界观,以及用科学态度和科学方法判断及处理各种事物的能力。江泽民同志指出:"科学知识、科学思想、科学方法和科学精神,可以引导人们奋发图强、积极向上,促进人们牢固地形成正确的世界观、人生观和价值观,促进人们实事求是地创造性地进行社会实践活动。"[①] 大学生树立起科学的世界观,才能自觉抵制和反对各种伪科学、邪教、迷信活动。大学生掌

[①] 江泽民:《江泽民论有中国特色社会主义(专题摘要编)》,中央文献出版社2002年版,第269页。

握了人类在长期实践和科学研究中创造和积累的科学思维方法，才能分析和解决学习、生活、工作中的各种具体问题。大学生具备了科学精神才能有进行科学探索的不竭动力，正如爱因斯坦说："一切方法的背后如果没有一种生气勃勃的精神，它们到头来都不过是笨拙的工具。"[①] 科学素质中最根本的是科学精神。胡锦涛同志强调："要在全体人民中弘扬科学精神，普及科学知识，树立科学观念，提倡科学方法，努力在全社会形成学习科学、相信科学、依靠科学的良好氛围，促进全民族科学素质的提高。"[②] 现代社会，科学技术已渗透到职业生活和社会生活的各个方面，各种实践问题的解决只依靠一门科学是不行的，而要综合运用多种知识。因此，大学生只有掌握多种科学基础知识和科学思维方法才能解决各种实践问题。在建设创新型国家的宏观背景下，大学生必须提高自身的创新能力，而这需要养成科学怀疑、理性批判、勇于探索的精神。

人文素质是大学生成人的重要保证。人文素质是一种具有时代特征的综合素质，包括人文精神、人文意识、人文品质、道德水准和文化心理等。人文素质以人内心的精神世界为基础，思考和关注个体和人类的命运。正如爱因斯坦所说：对于一个纯粹的科学家来说，对人类自身命运的关注，从来都必须成为一切基础工作的目的。大学生通过学习文学、历史、哲学、艺术等人文知识，开阔视野，陶冶情操，关爱他人，敬畏自然，关注社会，提高为人处世的能力。人文素质高的大学生会自觉将服务民族进步、国家发展、人类幸福作为提升自我的出发点和归宿，从而将自我融入国家、社会中。文化品位和人文素质制约着大学生综合素质的发展。

思想道德素质是大学生成才成人的精神动力。在大学生的综合素质中，思想道德素质发挥着根本性的导向作用，为大学生科学素质和文化素质的培养提供精神动力。大学生只有坚持正确的政治方向，提高政治觉悟，才能认清时代赋予自己的历史使命，自觉自愿地为建设中国特色社会主义而刻苦学习科学技术和文化知识。只有具备良好的思想道德素质，大学生才会把个人发展与祖国命运联系起来，才能树立坚定的中国特色社会

---

① [美] 爱因斯坦：《爱因斯坦文集》第 1 卷，许良英、赵中立、李宝恒、范岱年编译，商务印书馆 1979 年版，第 176 页。

② 胡锦涛：《牢固树立社会主义荣辱观》，载《求是》2006 年第 9 期。

主义理想信念，并内化为一种持久的精神追求和强大的精神动力，精力充沛地投身到中国特色社会主义建设事业中，自觉自愿地奉献社会，提升自身的综合素质。

（三）大学生全面发展：物质需要与精神需要的和谐发展

"需要"这个范畴在马克思主义理论中的地位极其重要，是考察分析人类历史活动的根本出发点。需要是形成人的利益要求、价值取向和理想追求的内在根据，也是人的活动的内在动力。人的需要多种多样，物质需要和精神需要是人的两种基本需要。"人处在有限的物与无限的神之间——这就是人性结构的奥妙所在。"① 人是介于动物与神之间的存在物，是有限与无限的统一。因此，人既需要追求有限的物质，又需要追求无限的精神。

物质需要是精神需要的基础。人的生存需要是一个人生存下去的基础性需要，生存需要应该是最优先被考虑的。一般而言，物质需要满足了，才会产生精神发展的需求。"只要物质条件不容许人有从事其他活动的可能，人的更高级的需要就不可能产生和得到发展。"② 精神需要始终受到物质需要的制约与纠缠，物质需要制约与纠缠得越厉害，精神需要发展得就越艰难。人们在追求物质需要满足的过程中会出现一些消极现象，但我们不能因噎废食，全盘否定人的物质需要，要用精神需要引导物质需要。对于大学生来说，如果基本的生存需要无法解决，就根本谈不上静心学习，更高层次的精神追求就会受到制约。

精神需要引导物质需要。"在人们的现实生活中，很多人有需要也不断在满足着需要，他们只是盲目地被本能的需要牵着走，没有认真审视过他们的需要，也不了解人的真正需要究竟是什么。"③ 人的真正需要是精神需要，精神需要是人的本性的确证，是人与动物的根本区别。没有精神需要，人的本性就不完满，人就不能获得真正的幸福。古希腊哲学家德谟克利特说："幸福不在于占有蓄群，也不在于占有黄金，它的居处是在我

---

① 戴茂堂：《人性的结构与伦理学的诞生》，载《哲学研究》2004年第3期。
② 王天思：《超越"人性"裂谷》，载《江西社会科学》2003年第10期。
③ 高清海等：《社会发展哲学——中国现代化的理性思考》，高等教育出版社1999年版，第421页。

们的灵魂之中。""人们通过享乐上的有节制和生活的宁静淡泊，才得到愉快。"① 人的物质需要是无限扩张的，当人的精神需要发展起来，就会引导物质需要，使其更加合理。"人的需要的发展水平决定了人的价值观，决定了人的精神境界、品位高低和行为准则。"② 没有精神需要，不建构精神生命，人就退化为动物，人的价值就无从体现。没有精神需要，大学生不可能实现发展自我、完善自我的目的。

大学生是具有个性和能动性的主体，不同大学生因其家庭背景、地域环境、性别、年级、所学专业、面临问题、知识结构等差异形成个性化的需求，这些个性化的需求都可以归到物质需要与精神需要两大类中。大学生全面发展内在地包含物质需要与精神需要的和谐发展。

三、大学生全面发展对高校德育的诉求

目前，大学生仍然存在许多片面发展的现象，造成大学生片面发展的原因很多，但笔者认为，应试教育与应试德育也负有不可推卸的责任。现代社会需要各种素质全面发展的复合型人才。因此，必须扬弃应试德育方式，对大学生实施素质德育，为大学生全面发展开辟出一片广阔的自由空间。

（一）大学生片面发展的原因：应试教育与应试德育

目前，大学生的发展状况与全面发展的要求仍有一定差距，大学生处于片面发展状态，主要表现在四个方面：①重知识和能力，轻素质。由于受到市场经济和社会重视实用技术等因素的影响，大学生普遍重视实用技术知识。例如，不论文科学生还是理科学生，都十分重视计算机知识的学习和计算机水平考试。大学生对实用技术知识的重视，并不说明他们就具有很高的科学素质，一些学生对科技常识一知半解，对科技发展趋势一无所知，缺乏迎难而上的勇气、实事求是的精神、独立探索的进取意识。②科学素质与人文素质的不平衡。目前，大学生的科学素质与人文素质发展不平衡的状况仍然存在，令人担忧。理工科学生重理工、轻人文，文科学

---

① 北京师大等七所师范院校：《欧洲哲学史教程》，福建人民出版社1983年版，第54页。
② 王天思：《和谐社会的制度条件和人性根据》，载《天津社会科学》2006年第2期。

生重人文、轻科学的偏颇现象普遍存在。许多理工科学生历史知识、文学知识知之甚少，缺乏艺术修养、审美能力，文化品位不高。许多文科学生对自然科学的基本知识知之甚少，不了解现代科技发展趋势，诸如对"转基因工程""芯片""克隆""黑洞""纳米"和"遗传工程"等现代高科技知识十分陌生，缺乏理性的科学精神。③重科学文化素质，轻思想道德素质。大学生普遍重视科学文化素质，因为科学文化素质就是人的智力业务素质，容易在业务中突显出来，而思想道德素质是为智力业务素质提供精神动力的无形的潜隐的素质，难以在业务中体现出来。④重物质需要，轻精神需要。市场经济对功利与效益的追求，推动了物质财富的增长，人们将经济领域中的价值原则无限制地推广到社会生活中，以金钱衡量人生价值。一些大学生将赚钱视作人生的目的，片面追求物质需要的满足，精神需要处于萎缩状态。

造成大学生片面发展的原因很多，但应试教育与应试德育负有不可推卸的责任。

应试教育是一种"外在化"教育，以考试为目的，围绕考试开展教育活动，它不是以学生的内在发展为衡量标准，而是以外在的知识和考试成绩等作为衡量标准。考试一般只能考查学生对知识的掌握情况，难以考察学生的能力和素质。因此，应试教育培养的学生仅仅重视对知识的"占有"，忽略对知识的综合运用。知识是素质的基础，知识水平的提高有利于素质的提高，但不等于说知识的增加必然导致素质的提高。素质的形成是一个内化过程，在内化过程中起关键作用的因素不是智力因素，而是非智力因素。应试教育过分强调"以课堂为中心、以教材为中心、以教师为中心"，过分强调对知识的识记而忽略对非智力因素的开发，难以将知识内化为素质，外化为能力。"一方面，教育内容不能得到有效内化，大学生只是外在化、形式化地占有等待被复制的符号，却难以占有教育内容的内在意义和价值；另一方面，大学生的思想没有得到触动，思想矛盾斗争不可能展开，造成'说归说，做归做'的知行脱节。"① 应试教育培养的学生理论水平高，实践能力低；模仿能力强，创新能力弱；保守思维多，创造思维少。

---

① 教育部思想政治工作司组编：《大学生思想政治教育理论与实践》，高等教育出版社2009年版，第101页。

应试德育是应试教育的一种表现形式。传统的高校德育模式是应试德育，教育的目的就是应对考试，教育者教给学生的只是一些概念化的知识，学生只需要将这些概念知识塞进记忆里，于是，学生成为记忆思想道德概念知识的人，而不是成为有思想道德素质的人。思想道德素质是构成民族凝聚力的精神支柱，是一个国家和民族的灵魂，也是一个人的核心素质。思想道德素质在人才成长过程中处于首要地位，是提升科学文化素质的重要驱动力量，也是科学文化素质发挥正功能的保障力量。应试德育不以提高大学生思想道德素质为目的，结果造成大学生思想道德素质不高，不能保障科学文化素质按照"德"的要求去发挥，不能保障精神需要对物质需要的引导，大学生片面地追求"何以为生"的科学文化知识，放弃了"为何而生"的价值追求。现在的大学不是远离现实社会的"象牙塔"，大学生非常注重学以致"用"，"用"有精神之用与物质之用、直接之用与间接之用、即时之用与长远之用，但大学生往往对"用"做简单化、庸俗化的理解，用功利、实用的眼光来挑选有物质之用、直接之用与即时之用的知识。

（二）大学生全面发展对高校德育的诉求：素质德育

当代大学生肩负着中国特色社会主义现代化建设的历史重任，中国特色社会主义现代化建设需要大批基础知识广博、宽口径、智能型、具有创新潜质的全方位、立体型的高素质复合人才。高等院校要培养高素质复合人才，培养德智体等诸方面全面发展的社会主义新型人才，就必须实施全面发展的素质教育。全面发展的素质教育就是通过德育、智育、体育和美育等几个部分全面协调地发展来培养和造就全面发展的人，它是实现人的全面发展的根本途径。《国家中长期教育改革和发展规划纲要（2010—2020年）》指出，要"坚持全面发展。全面加强和改进德育、智育、体育、美育。坚持文化知识学习和思想品德修养的统一、理论学习与社会实践的统一、全面发展与个性发展的统一"①。

实施全面发展的素质教育，必然要求高校德育实施素质德育，素质德育追求的是为发展而教、为发展而学，素质德育提倡自主学习、自我建构

---

① 《国家中长期教育改革和发展规划纲要（2010—2020年）》，人民出版社2010年版，第17页。

和探究式的学习，素质德育鼓励个性和创造性，素质德育注重知识和学科的关联与整合，素质德育重视解决实际问题能力的培养，素质德育更多关注人的智慧、能力和创造性等深层次素质的开发与激活。① 素质德育以全体学生的全面发展为宗旨，为学生学会做人、学会求知、学会劳动、学会生活、学会健体、学会审美奠定基础，使学生的身体素质、心理素质、科学素质、人文素质、思想道德素质等得到全面协调发展，使大学生的理性、情感、意志与行为和谐发展，达到真、善、美的统一。

大学生全面发展的基石是包括思想道德素质、科学文化素质、身心素质等在内的综合素质，素质德育正是要由以书为本的学历教育转向培养大学生综合素质为本的创新能力教育。素质德育强调在理论培养和实践能力培养的基础上拓展素质。理论素养是实践能力的基础，大学生只有掌握了科学的理论才能在实践中大显身手，他们对科学理论知识的掌握是否牢靠要看其发现问题、解决问题的实践能力。大学生的素质在丰富多彩的各级各类科学文化活动中可以得到横向和纵向的拓展，在理论学习和社会实践中得到提升。

素质德育可以保证大学生综合素质的可持续发展。知识只是能力和素质的基础，素质是一个人全面发展的基础，有创新和作为的人，都是综合素质高而且综合素质得到可持续发展的人。大学生的综合素质如何，不仅要看其在校的表现，更要看走向社会后的可持续发展能力。现代社会，新技术、新知识层出不穷，高等教育不能仅停留于传授知识层面，更要重视培养学生获取知识的能力，提高学生的学习能力，使学生"学会学习"。学习素质是确保大学生可持续发展的关键，大学生只有养成良好的学习习惯，掌握了求知的方法和途径，才能根据自身的职业目标和人生目标广泛涉猎相关学科的知识，根据社会发展趋势拓宽自身的知识面、优化自身的知识结构，使自身的综合素质与时俱进。

---

① 参见杨维、刘苍劲等《素质德育论：大学生的现代适应与综合素质培养研究》，人民出版社2008年版，第21–22页。

第三节　大学生思想道德素质发展的诉求

大学生思想道德素质的发展是思想道德认知、思想道德情感、思想道德意志、思想道德行为等要素均衡发展和循环往复、螺旋式上升的矛盾运动过程。缺少任何一个要素或各要素发展不协调都无法形成良好的思想道德素质。高校传统的知性德育只能促进学生思想道德认知的发展，忽略了思想道德情感、思想道德意志、思想道德行为的发展，高校德育应该从知性德育向实践德育发展。

一、大学生思想道德素质的构成要素

大学生思想道德素质的形式结构包括思想道德认知、思想道德情感、思想道德意志和思想道德行为四个基本要素。这四个基本要素在大学生思想道德素质的形成和发展中发挥各自独特的作用。

（一）认知是大学生思想道德素质形成和发展的基础

早在古希腊时期，苏格拉底就提出"美德即知识"的思想，由此出发，他又提出"没有人故意作恶"的著名道德命题，人们之所以会作恶，是由于其"无知"造成的。虽然苏格拉底将德性的形成与对知识的掌握之间的关系演绎为必然性关系有失偏颇，但是他认识到了"德性"必须有一定的知识前提。科尔伯格也提出，认知发展是道德发展的必要条件，他从研究儿童的道德认知入手建构道德教育理论。在他看来，道德认知是道德发展的核心要素，道德认知是道德行为的基础，道德教育的基础在于激发儿童对道德问题的理性思考。他将道德发展划分为六个阶段，道德发展处于较高阶段的个人能更好地推理，更适当地回应道德困境，而且能根据判断做出行动。虽然，科尔伯格将道德教育简化为道德认知教育有失偏颇，但是重视道德教育中的认知因素有其合理性。

思想道德素质的形成一般是从认知开始的，人的认知过程是螺旋式上升的，从量的积累到质的飞跃，不断得以深化。没有正确的认知，就难以形成积极的思想道德情感和良好的思想道德行为。认知能力和认知结构与人的思想道德素质的形成是紧密相连的，个体的知识水平制约着个体思想道德素质的发展。大学生在接受思想道德教育信息时，会根据已有认知结构、接受目的、接受标准来选择信息和解释信息。选择信息和解释信息的差异源自于主体认知结构的差异。大学生对接受的信息进行推理、判断，如果这些信息能与其原有的思想道德知识吻合就接受，如果不能吻合要么放弃这些信息，要么改变原有的认知，建构新的认知。正如海德格尔所说的，理解者对任何文本的理解都与理解者的"前结构"（认知结构）有关，"前结构"由"前有""前识""前设"三者组成。"前有"指理解者预先有的文化习惯，"前识"指理解者预先有的概念系统，"前设"指理解者对被理解者预先有的假定。

知识是人类思想智慧的结晶，高校德育途径之一就是通过思想政治理论课教学传授知识。大学生掌握思想道德知识，是大学生坚信教育内容并照此践行的基础所在，是形成教育者所期望的思想道德素质的基础所在。抛弃掌握系统知识的渠道，而仅仅依赖日常生活中的养成教育方式形成相应的德行固然有效，但难免流于师傅带徒弟式的小作坊生产，局限于经验学习，难以提升、深化。抛弃掌握系统知识的渠道，而仅仅慕求从具体事件中获得与提升推理判断的能力以实现相应的德行固然有效，但难免面临"皮之不存，毛将焉附"的诘难。"有效的思想政治教育要求必须经过教育对象主体性的思维运作并从而达到其对教育内容的知识掌握这样一环。"[1] 虽然大学生对高校德育教育内容的知识型掌握至关重要，但它绝不是高校德育的全部。

（二）情感是大学生思想道德素质形成和发展的动力

1. 情感对认知和行为的影响

第一，情感对认知的影响。传统认识论（包括旧唯物主义反映论和唯心主义先验论）把人的认知活动视为不受情感影响的纯理性、纯智力的行为过程，忽视了人的情感等非智力因素的能动作用。实际上，人的一切活动都是在一定的情绪情感状态下进行的，不同的情绪情感状态会选择不同的认知角度和认知层次，进而对同一事物或现象产生认知差异。埃德

---

[1] 沈壮海：《思想政治教育有效性研究》，武汉大学出版社2008年版，第114页。

加·莫兰在《复杂性理论与教育问题》一书中讲到，人性是冲动、情感和理性三者的整合，三者之间不遵从理性⟵⟶感情⟵⟶冲动的等级制关系，而是一种不稳定的、可对调位置的、转动的非线性关系。理性在三者之中并不居于统治地位，不拥有最高权力，"它只是不可分离的三联整体中与其他两项竞争和对抗的一项，它是脆弱的——它可能被情感或冲动所控制、完全占有甚至奴役"①。现代心理学研究表明，情感在人的认知活动中不起主要作用，但能调节人的认知活动，快乐、兴趣、喜悦等正情感能促进认知活动，愤怒、悲哀、恐惧等负情感会抑制认知活动。

第二，情感对行为的意义。情感对行为活动具有增力或减力的效能。心理学研究表明，任何一种行为的发生和发展都与一定的需要相联系，需要是促使行为发生和发展的原动力。需要动机成为推动一个人行为的基本动力系统，情感与这种动力系统有着密切的关系，情感起着"放大"或"缩小"内驱力（即需要）的作用。当情感需要与客观事物的关系一致时，情感起着积极的推波助澜的作用；反之，起消极的离心作用。例如，一个学生出于自身兴趣而学习，在情感上是愉悦的，学习效果就很好；而一个学生出于教师压力而学习，在情感上是抵触的，难以产生良好的学习效果。

2. 情感是大学生思想道德素质形成的动力

一定的思想道德认知并不能确保相应的行为，思想道德认知与行为之间有一些中间变量，情感是认知与行为之间的一个调节变量。儒家思想就特别强调感情在道德行为中的作用，所谓"格物致知"的"知"不同于通常所说的知识或认知，不单是对客观事物和道德原则的认识和理解，主要是指对他人喜怒哀乐等情感的体会与感知。孟子的"四端说"（恻隐之心，仁之端也；羞恶之心，义之端也；辞让之心，礼之端也；是非之心，智之端也）就说明人有了情感体验才能真正行善。休谟也否认了抽象的理性原则在道德行为中的决定作用，他认为"理性和判断由于推动或指导一种情感，确是能够成为一种行为的间接原因"②。杜威认为，道德由知识、情感和能力三个部分构成，"单有知识，而没有感情以鼓舞之，还

---

① [法] 埃德加·莫兰：《复杂性理论与教育问题》，陈一壮译，北京大学出版社 2004 年版，第 39 页。
② [英] 休谟：《人性论》，关文运译，商务印书馆 1980 年版，第 503 页。

是不行，所以又要感情，引起他的欲望，使他爱做，不得不如此做，对于社会有一种同情和忠心"①。情绪可以"激发人、驱迫人去行他的知，简直可以说人是机械，情绪是原动力"②。"故意为恶"现象表明一定的道德认知不一定产生相应的道德行为。一定的道德认知加上相应的道德动机（包括道德情感）才能顺利转化为道德行为。

大学生思想道德素质的形成与发展虽然以认知发展为基础，但也与情感活动密不可分。思想道德情感是指"人们对思想道德现象和行为规范的爱憎、好恶的内心评价和态度。思想道德情感是人们根据一定的需要，在感知、理解、评价客观事物时所产生的一种情绪体验"③。积极的思想道德情感，会使大学生接近、尊重、信任教育者，使他们积极思考，认同、接纳教育内容，并付诸实践。消极的思想道德情感，会使大学生排斥对教育内容的认知，对不良思想道德现象视而不见、听而不闻，对思想观念不愿做深刻的思考，对政治观点不愿做深入的分析，对道德规范不愿践行。

（三）意志是大学生思想道德素质形成和发展的保障

1. 意志对认知和情感的影响

心理学上把人的心理活动分为认识过程、情感过程和意志过程。意志是指人为达到某种目的，有意识地调整自己的行动，并克服种种困难的心理活动。

意志主导认知。意志可以支配、调节个体的认知活动。认知活动总是有目的、有计划的，是一种复杂而艰巨的脑力劳动，因此要求人们具有坚强的意志品质。在认知活动中常常会遇到各种困难，诸如细致观察、有意记忆、创造想象、问题解决等，如果没有坚强的意志，认知活动无法顺利进行。在认知活动中，由于意志的参与，才能不断深入研究，深化对事物的认识。

意志调控情感。良好的意志品质可以控制不良情绪的影响（如失败时的恼怒、沮丧，胜利时的骄傲、狂喜等），将行动进行到底。所谓"理

---

① ［美］杜威：《杜威五大演讲》，胡适译，安徽教育出版社2005年版，第167页。
② ［美］杜威：《杜威五大演讲》，胡适译，安徽教育出版社2005年版，第277页。
③ 张澍军：《德育哲学引论》，中国社会科学出版社2008年版，第276页。

智战胜情感",是指在理智认识的基础上靠意志的力量去克服和抑制不合理智的情感。意志薄弱的人常常受不良情感左右,或者一次失败就情绪低落,一蹶不振,或者难以控制不良情绪,做出背离理智的冲动行为。

2. 意志是大学生思想道德素质形成的重要保障

思想道德意志是指人在实现思想道德目的的行为实践中,自觉奋进或克服阻碍的意识能力和心理趋向,换言之,是指人为实现有意义的思想道德目的(这个目的此时并不吸引他)而克服那些富有新引力的动机、需要或愿望的心理特征。中国古代教育家非常重视道德意志的作用。孔子就要求大家"志于道",树立远大、高尚的志向,才能"据于德,依于仁,游于艺"(《论语·述而》)。一个人只有"志于道",不断积累顽强的道德意志,才能不断完善道德品格,使之日趋广大精微而臻于"全德"境界。张载说"志久则气久、德性久"(《正蒙·至当篇》),意思是道德意志保持的时间越长久,德性保持的时间也越长久。

思想道德意志是思想道德习惯和行为养成的重要环节,完整的思想道德教育过程不能脱离锻炼意志这一环节。思想道德意志是一种强大的精神力量,它在大学生思想道德品德形成和发展中发挥着保证力、控制力等作用。如果大学生意志薄弱,尽管对思想道德目标有深刻的认识和积极的情感,一旦遇到困难便可能放弃。如果大学生有坚强的意志,就能按照思想道德要求约束自己,克服各种困难,排除各种障碍,实现思想道德目标。坚强的意志力能够促使大学生克服种种困难,始终朝着理想目标迈进,不断完善自己。大学生要有良好的思想道德素质,就必须借助意志进行自我克制、自我主宰,并用理性来引导自己的行为。

(四) 行为是大学生思想道德素质形成和发展的标志

思想道德素质的内在心理要素(思想道德认知、思想道德情感、思想道德信念)属于精神的范畴,它在客观化、外在化之前,还不能构成完整意义的思想道德素质。大学生思想道德素质的形成发展是内化与外化的统一,内化是在知情意等心理机制的作用下,将社会的思想道德规定转化为自身的思想道德认知、情感、意志等精神力量。外化是将精神力量转化为思想道德行为实践,经常、反复进行,养成良好的习惯,形成相对稳定的思想道德行为。大学生思想道德素质的形成过程是其各构成要素由低级到高级、由简单到复杂、由量变到质变,从而形成相对稳定的思想道德品质的动态过程。

大学生思想道德行为是知情意等内在心理因素的外在表现，是衡量大学生思想道德素质的重要标志。评价大学生的思想道德水平高低，不能根据他说什么、表面上喜恶什么，而是要看他做什么。思想道德行为作为思想道德素质形成的一个子过程，它直观地、感性地体现出大学生认知活动、情感活动和意志信念的实际效应，体现出教育活动的实际效果。

二、大学生思想道德素质构成要素之间的矛盾关系

思想道德认知、情感、意志与行为等构成要素之间不是简单的线性关系，而是复杂的非线性关系。这些构成要素之间错综复杂的矛盾决定了大学生思想道德素质的提升异常复杂，只重视任何一个要素都不行。本章主要探讨大学生思想道德素质结构中的三对主要矛盾，即思想道德认知与思想道德情感、思想道德认知与思想道德意志、思想道德认知与思想道德行为的对立统一。

（一）思想道德认知与思想道德情感的矛盾

1. 思想道德认知与思想道德情感的统一性

思想道德认知与思想道德情感是相互作用、相互影响的。思想道德情感活动一般建立在思想道德认知活动基础之上，二者具有统一性。首先，思想道德认知影响着思想道德情感的强度。大学生只有对思想观念、道德规范和政治观点有一定的认知，才可能引起他们的情感认同。一般对教育内容的认知越深刻，思想道德情感越丰富。其次，思想道德认知影响着思想道德情感的性质和方向。思想道德情感有不同的性质和方向，决定其性质和方向的是思想道德认知。错误的认知会把大学生的情感引向错误的方向，正确的认知会把大学生的情感引向正确的方向。最后，积极的思想道德情感促进思想道德认知的发展。大学生思维敏捷，在积极情感的影响下，可以快速认知教育内容，更透彻、更牢固地理解和掌握教育内容。积极的情感活动是大学生对教育内容及其所表达的教育目的的认同与接纳的推动力量，是大学生践行教育内容的推动力量。因此，高校德育要利用各种手段将大学生的消极情绪情感转化为积极情绪情感，促使大学生做到知行合一。

2. 思想道德认知与思想道德情感的对立性

思想道德认知与情感不是完全同时同步同性的简单线性关系。一方面，思想道德情感的深厚与否并不完全取决于思想道德认知水平的高低；另一方面，思想道德认知水平的高低也并非自然而然地随着思想道德情感水平的变化而变化。大学生思想道德认知与思想道德情感之间的差异主要表现为：一是思想道德认知水平高，但思想道德情感水平较低。有些大学生经常在口头上是"巨人"，在行动上是"侏儒"；他们对伦理道德规范非常熟悉，但缺乏应有的道德信仰；他们对政治理论了如指掌，但缺乏应有的政治信仰。这都是因为大学生对其认知的东西并不认同，缺乏感情的倾注。二是思想道德情感的性质与思想道德教育目标相符，思想道德情感水平很高，但有关的思想道德知识较少。三是思想道德情感的性质是消极的，阻碍思想道德认知的形成和发展。消极的思想道德情感会使人排斥对思想道德教育内容的认知，对政治观念、道德规范、思想观点不愿做深刻的思考。

（二）思想道德认知与思想道德意志的矛盾

1. 思想道德认知与思想道德意志具有统一性

首先，思想道德认知是磨炼思想道德意志的基础和前提。思想道德认知或涉及事物的表面现象（感性认识）或深入到事物的本质（理性认识），在对思想道德内容进行理性认识的基础上，才能坚定思想道德意志。一个坚定地追求马克思主义信仰的人需要坚定的意志，他的意志从何而来？建立在对马克思主义思想体系深刻认识的基础之上。一个对马克思主义思想体系没有深刻认识的人，不可能有坚强的毅力去追求社会主义和共产主义的实现。大学生的思想道德意志基于对思想道德教育内容的认知之上，对思想道德教育内容没有任何认知的大学生不可能形成践行思想道德教育内容的意志品质。其次，思想道德认知决定思想道德意志作用的性质和方向。只有在对德育内容正确认知的基础上，大学生才会自觉磨炼意志，并使其意志形成强大的保障力，保障他们践行思想道德教育内容，对社会产生积极的进步的作用。正确的认知和由此外化的行为能够获得社会的积极评价，积极的社会评价反过来又强化大学生思想道德意志，从而形成良性循环；反之，其社会作用则是消极的甚至是反动的。

2. 思想道德认知与思想道德意志的对立性

首先，思想道德认知与思想道德意志的表现形式不同。思想道德认知表现为对思想、政治、道德知识的获得、理解和领悟。思想道德意志表现为人对思想观点、政治观念和道德规范的一种选择、控制、延续或中止的心理状态。思想道德意志是控制情感并不使其放任自流的保证力。其次，思想道德认知水平与思想道德意志力的强弱不是成正比的关系。有些大学生思想道德认识水平高，但意志力薄弱；有些大学生思想道德认知水平低，但意志力坚强。最后，思想道德认知与思想道德意志的形成过程不同。思想道德认知的形成是在教育者的引导下通过概念、判断、推理等逻辑思维完成的。思想道德意志的形成既受理性因素的影响，更受非理性因素的影响，其形成过程较为复杂，既可以与思想道德认知环节相联系，也可以不与思想道德认知环节相联系。

（三）思想道德认知与思想道德行为的矛盾

1. 思想道德认知与思想道德行为的统一性

不同的人由于认知不同，在对待同一件事情、同一个问题上就会有不同的行为方式。思想道德认知为思想道德行为提供准绳，帮助大学生从多种行为方式中选择符合个人发展和社会发展的行为方式。一般而言，思想道德认知正确则思想道德行为正确；反之，则为错误。思想道德行为对思想道德认知具有反作用，可以巩固和深化思想道德认知。大学生对思想道德规范认识不深，往往就是因为他们没有参加社会实践缺乏亲身体验造成的，实践是大学生将教育内容转换为"为我之物"的重要一环。

2. 思想道德认知与思想道德行为的差异性

思想道德认知与思想道德行为不是一种简单的一一对应关系，有正确的思想道德认知不等于在实践中就一定具有正确的思想道德行为。大学生对教育内容已经达到知识型掌握的程度，教育内容已经由"外我态"转化为"为我态"和"属我态"。但是这种"'为我态''属我态'尚需由知识型掌握的层面上升到信念、信仰型掌握的层面。而对教育内容的信念、信仰型掌握，只有通过思想政治教育对象具体的实践才能实现"[1]。大学生对教育内容的认知，属于观念性、精神性活动，大学生是否真正认

---

[1] 沈壮海：《思想政治教育有效性研究》，武汉大学出版社2008年版，第118页。

同教育内容还要体现在思想道德行为中。在现实生活中，从思想道德认知到思想道德行为往往会受各种因素的干扰，思想道德认知与思想道德行为不完全是同性同向的，二者的关系是错综复杂的，如知善行善、知善不行善、不知善行善、不知善不行善等。

三、大学生思想道德素质形成的复杂性对高校德育的诉求

传统德育将大学生思想道德素质简单理解为理性认知，高校德育因此简化为知性德育，结果培养出缺乏丰富情感体验、缺乏坚强毅力、缺乏思想道德践行能力的片面发展的"人才"。大学生思想道德素质构成要素的复杂性以及各要素之间的复杂关系决定了高校德育思维方式应该从简单的线性思维向复杂的非线性思维发展，也就是说，从简单传授知识的知性德育走向知情意行综合发展的实践德育。

（一）知性德育：对大学生思想道德素质的简单化理解

过去，人们对思想道德素质做了简单化的理解，认为思想道德素质只有一个维度，即知性或理性。理性确实在思想道德素质结构中发挥着举足轻重的作用，它是实施思想道德行为的前提条件，它解决"如何行为"的问题，理性的发展能够增进人们的思想道德认知能力。"理性的发展程度越高，我们就越能够正确地评价其他生命的需要，就越能够意识到我们自己的动机与冲动的真正性质，就越能够协调产生于我们自己生命的冲动与产生于社会的冲动之间的相互冲突，就越能够选择有效的方法去实现我们所赞许的目的。"[①] 理性能够使人按照社会的整体需要来评判和调整自己的行为，使人抑制自己的自私冲动，承认他人的合理冲动，将人类的各种冲动整合到社会秩序中。由于对理性的过分强调，传统德育实质上被简化为知性教育，主要传授普遍化、客观化的知识，忽视对大学生的情感、意志、行为等要素的培育，导致思想道德教育与大学生生活的疏离，培养出缺乏丰富情感体验、缺乏承受挫折的坚强毅力、知行脱离的伪君子。知

---

① [美] R. 尼布尔：《道德的人与不道德的社会》，蒋庆、阮炜、黄世瑞、王守晶、牛振辉译，贵州人民出版社2009年版，第17页。

性德育不能确保大学生做出正确的政治行为和道德行为，同时也妨碍了大学生追求有意义的生命活动。

（二）实践德育：大学生思想道德素质综合发展的有效方式

思想道德素质是人的一种内在的精神品格或人格，具体整体性特征。"从人的存在这一维度看，德性并不仅仅表现为互不相关的品格或德目，它所表征的，同时是整个的人。德性的具体表现形式可以是多样的，但作为存在的具体形态，德性又展现为同一道德主体的相关规定。德性的这种统一性往往以人格为其存在形态。"① 大学生思想道德素质的不断提升是一个复杂的人格完善过程，这个过程既需要理论教育，也需要情感体验、锻炼意志和深入实践，在社会实践中才能将知情意统一起来。因此，思想道德素质的表征与提升都离不开社会实践。

一方面，思想道德素质要通过实践表征自身。思想道德素质与人的存在是一体的，而人的存在就是他们的实际生活过程，从这个意义上说，思想道德素质融于社会生活中。社会生活在本质上是实践的，因此，思想道德素质就产生于人们的物质交往活动中。在原始社会，人们通过祭祀、节庆、歌舞等形式接受部落首领的教育，教育、道德与生活融为一体、无法分离。"道德同存在的事实性密切相关，而不是同脱离实际的理想、目的和责任相关。作为道德基础的事实，来源于人们相互之间的密切合作，来源于人们在愿望、信仰、满足和不满的生活中相互关联的活动结果。"② 因此说，道德具有社会性和实践性。大学生的思想道德素质是在具体的政治生活和道德生活中展现的，空谈思想道德素质是毫无意义的。离开实践，各种道德规则和政治观念就成了僵死的条文和抽象的原则。

另一方面，思想道德素质在实践中得以提升。思想道德素质是一种实践精神，它要转化为一定的目的和在这目的支配下的行动，它的意义才能呈现出来。因此，从理论上讲，思想道德素质不可或缺的构成要素是实践或行为。大学生思想道德素质高低的根本标志是其行为表现，高校德育的最终目标是使大学生形成良好的思想道德行为。大学生良好的思想道德行

---

① 杨国荣：《伦理与存在——道德哲学研究》，上海人民出版社 2002 年版，第 140 页。
② ［美］约翰·杜威：《新旧个人主义——杜威文选》，孙有中、蓝克林、裴雯译，上海社会科学出版社 1997 年版，第 105 页。

为，不是单独口授的结果，不是记诵道德规范和政治规则就可以学会的，只有通过实践才能真正理解思想道德内容、深化情感体验、磨炼意志品质，真正学会如何去做。杜威明确提出"教育即生活"的命题，指出道德教育过程与道德生活过程是一致的，只有在道德生活中才能开展真正的道德教育。陶行知也指出："没有生活作中心的教育是死教育，没有生活作中心的学校是死学校，没有生活作中心的书本是死书本。"[①] 传统德育带有明显的理性化、形式化、知性化特征，忽视了大学生的生活实践基础，导致大学生思想道德认知与思想道德行为相分离。实践是大学生思想道德素质生长的土壤，离开实践，思想道德素质的提升就成为"口号"而已。高校德育只有发展实践育人方式，在实践中锻炼大学生，才能使他们的思想道德认知、情感、意志与行为统一起来。

---

① 陶行知：《陶行知全集》（第四卷），四川人民出版社1991年版，第65页。

第五章　复杂性思维方式视野下高校德育的实践对策

系统科学理论认为，系统的内聚吸引、合作、相互作用的普遍现象，是由系统内部诸要素的差异与协同来完成的。高校德育系统要对大学生思想道德素质的培养产生内聚吸引、合作和相互作用，就必须使高校德育适应并优化社会环境，使高校德育系统内部各子系统协调互补，使高校德育系统内部各要素优化组合。

第一节　协同发展：高校德育与社会环境的适应优化

高校德育是一个开放系统，要与社会环境不断进行物质、能量和信息的交换，与社会环境有着千丝万缕的联系。随着社会环境的发展变化，高校德育也要发生相应变化以适应社会环境，在适应社会环境中发展自身，在自身发展中优化社会环境，达到与社会环境的协同发展。

一、高校德育与社会环境协同发展的理论依据：教育与环境的辩证关系

环境与教育之间的关系一直是人们关注和争论的焦点问题，对环境功能的不同看法构成不同的教育环境观。近代以来，在教育环境观的争论中形成了两种典型的观点——环境无用论和环境决定论。环境无用论否定环境对人的思想和行为的影响，片面强调人的理性、心理和情感等因素在个体生活中的作用，有代表性的是"意志决定论""本能决定论""遗传决定论"等观点。教育家赫尔巴特就否定环境对人的影响，他不让学生接

触社会，而是从观念出发开展教育活动，主张用自由、完善、法权和正义的观念来丰富学生的心灵，培养学生良好的道德品质。环境决定论认为，人是环境的产物，环境决定了人的思想和行为特点，环境的变迁必然导致人的思想和行为的变化。主张环境决定论的突出代表是爱尔维修，他反对天赋观念，否定人的主观能动性，强调环境特别是国家政治制度对人的思想和行为的决定作用，把人看成环境的被动产物，过分夸大了环境的作用，陷入机械唯物论。环境无用论和环境决定论是人与环境关系问题上的两种极端表现，违背了辩证法，不符合人的成长发展规律。

马克思主义环境论认为，环境与教育是辩证统一的，环境决定人，人反作用于环境，人可以认识、开发和优化环境。具体来讲，主要表现在四个方面：①环境为人的生存和发展提供了客观物质条件。人类生存的第一个前提，即历史的第一个前提是必须能够生活，而生活就需要吃穿住等物质资料，人们只能从环境中获取这些资料。②环境决定人的主观世界。人的思想观念的形成不只是"独立主体"的思维过程，而是客观存在的社会环境在头脑中的反映，"观念的东西不外是移入人的头脑并在人的头脑中改造过的物质的东西而已"[①]。影响人的思想行为的环境因素多种多样，但起决定作用的是经济因素，即利益关系。利益关系是社会存在和发展的"神经系统"，如何对待利益关系，是人们世界观、人生观、价值观的突出表现，如恩格斯所说："人们自觉或不自觉地，归根到底总是从他们的阶级地位所依据的实际关系中——从他们进行生产和交换的经济关系中，获得自己的伦理观念。"[②] ③环境的变迁必然导致人的思想和行为的变化。马克思和恩格斯在《共产党宣言》中指出："人们的观念、观点和概念，一句话，人们的意识随着人们的生活条件、人们的社会关系、人们的社会存在的改变而改变，这难道需要深思才能了解吗？"[③] 社会环境的发展变化引起人们思想观念的发展变化，这是不需要深思就能明白的。恩格斯从道德发展的角度，论述了人们的善恶观念是随着社会经济制度的变化而变

---

① 中共中央马克思恩格斯列宁斯大林著作编译局：《马克思恩格斯选集》第 2 卷，人民出版社 1995 年版，第 112 页。

② 中共中央马克思恩格斯列宁斯大林著作编译局：《马克思恩格斯选集》第 3 卷，人民出版社 1995 年版，第 434 页。

③ 中共中央马克思恩格斯列宁斯大林著作编译局：《马克思恩格斯选集》第 1 卷，人民出版社 1995 年版，第 291 页。

化的。"善恶观念从一个民族到另一个民族、从一个时代到另一个时代变更得这样厉害,以致它们常常是互相直接矛盾的。"① 因此,我们在教育中不能固守任何道德教条,"我们拒绝想把任何道德教条当作永恒的、终极的、从此不变的伦理规律强加给我们的一切无理要求。相反地,我们断定,一切以往的道德论归根到底都是当时的社会经济状况的产物"②。④人在环境面前不是完全被动的,人可以认识、开发和优化环境。机械环境决定论肯定了社会环境对人的思想观念的影响,但否定了人对环境的能动作用。社会环境决定人们的思想观念是在归根到底的意义上而言的,人在环境面前也不是完全无能为力的,人可以认识和改造环境。马克思在批判机械唯物主义时指出:"关于环境和教育起改变作用的唯物主义学说忘记了:环境是由人来改变的,而教育者本人一定是受教育的。""环境的改变和人的活动或自我改变的一致,只能被看作是并合理地理解为革命的实践。"③ 马克思既看到社会环境对人的影响,又看到人对社会环境的改造,并提出只有通过社会实践活动才能改造环境,使环境更适合人的生存发展。

马克思主义教育环境论的基本观点是:环境决定人的发展,决定人的思想政治状况和道德面貌,人可以通过社会实践改变环境,改变思想政治状况和道德风尚。一方面,社会环境尤其是社会物质条件、经济制度和政治制度规定着德育的性质和方向,制约着德育的内容和方式,保证德育能够符合一定社会经济和政治制度的要求。另一方面,德育对社会环境也产生巨大的影响和促进作用。德育能够抑制、克服与革除社会环境中落后的、起阻碍作用的思想观念和行为习惯,激励和强化社会环境中先进的、起促进作用的思想观念和行为。马克思主义教育环境论强调只有在社会实践的基础上,才能使环境、德育与人的思想观念产生相互作用并使之有机统一起来。马克思主义教育环境论为我们正确认识和处理环境、德育与人的思想观念之间的关系提供了科学的理论指导,高校德育既能在适应社会

---

① 中共中央马克思恩格斯列宁斯大林著作编译局:《马克思恩格斯选集》第3卷,人民出版社1995年版,第433-434页。
② 中共中央马克思恩格斯列宁斯大林著作编译局:《马克思恩格斯选集》第3卷,人民出版社1995年版,第435页。
③ 中共中央马克思恩格斯列宁斯大林著作编译局:《马克思恩格斯选集》第1卷,人民出版社1995年版,第55页。

环境中发展自身，又能在自身发展中优化社会环境。

二、高校德育在适应社会环境中发展

高校德育要走出"孤岛"效应，必须要以开放的思维和积极的态度对待社会环境，疏而不堵、因势利导，利用社会环境加强教育。高校德育不能消极被动地适应社会环境，而要积极主动地适应社会环境。高校德育要增强主体性，使自身在适应复杂的社会环境中得以发展；增强耗散性，使自身在适应开放的社会环境中得以发展；增强预示性，使自身在适应不确定的社会环境中得以发展。

（一）增强主体性：高校德育在适应复杂的社会环境中发展自身

与传统社会相比，现代高校德育面临的社会环境是非常复杂的。"思想道德教育环境的复杂性，是由影响因素的广泛性，影响因素的易变性，影响性质的多重性，影响方式的多样性决定的。"① ①影响高校德育和大学生思想行为的因素是极其广泛的：既包括自然环境也包括社会环境；既包括经济环境、政治环境，也包括文化环境；既包括历史环境也包括现实环境。高校德育环境是多要素构成的，各要素相互作用、交织叠加，越来越难以划界。②影响高校德育和大学生思想行为的环境因素变化速度加快。随着科学技术的发展，人们认识和改造环境的手段和能力得到前所未有的提高，社会经济、政治和文化飞速发展，尤其是互联网的发展加速了信息的产生和传播速度。③影响高校德育和大学生思想行为的因素具有多重性质。社会环境中既存在健康向上、催人奋进的积极因素，也存在悲观消沉、使人颓废的消极因素，这些不同性质的因素混杂在一起，难以完全分离和过滤。④影响高校德育和大学生思想行为的方式是多样的，"有教育与环境因素的相互双向影响，也有环境因素对教育的单向影响方式；有直接的影响方式，也有间接的影响方式；有广泛的、普遍的影响方式，也有个别、特殊的影响方式；有深入持久的影响方式，也有浅层偶尔的影响

---

① 郑永廷：《现代思想道德教育理论与方法》，广东高等教育出版社2000年版，第267页。

方式；有真实的影响方式，也有虚假的影响方式"①。

混沌理论告诉我们，混沌系统对初始条件是非常敏感的，初始条件的微小变化可能导致不成比例的巨大后果。因此，社会环境中的微小变化都可能对大学生的思想行为产生巨大的影响。大学生生活、学习、交往的范围和领域不断扩大，与此相关的因素都可以影响他们的思想和行为，这些因素稍有变动都可能成为干扰源，使他们的思想产生混乱，行为无所适从。在全球化和信息化时代，社会环境这个信息源犹如一部无线电发射器，发射的信息频带越来越宽，可供选择的正信息增多，渗入的负信息也随之增多。负信息成为大学生认同高校德育内容的干扰源，干扰大学生的思想行为，使他们迷惘困惑，无所适从。在复杂多变的社会环境中，高校德育更要坚持主体性，对社会环境中的信息加以鉴别和选择，对负信息要分析其错误之处、揭露其危害之处，用正信息引导大学生，增强他们对社会环境的认识和把握能力，使他们在复杂多变的社会环境中做出正确的选择。

（二）增强耗散性：高校德育在适应开放的社会环境中发展自身

与传统社会相比，现代高校德育面临的社会环境是开放的。在空间上，影响大学生思想行为的社会环境是没有固定界域的开放环境，有宏观的经济、政治和文化环境，有微观的家庭、学校和社区环境，有国内社会环境，有国外社会环境，有现实社会环境，有虚拟社会环境，这些社会环境的宽泛程度难以确切估计。尤其是大众传媒环境和网络环境对大学生的吸引力、影响力不断增强，大众传媒利用各种手段制作和播出具有诱惑力的节目，互联网对各种新鲜刺激信息、感官信息、娱乐信息的即时快速传播，都有效地吸引了大学生的眼球。如果把高校德育小环境人为封闭起来，截断高校德育与社会环境的物质、信息和能量的交换，那么高校德育系统内部就会出现熵增现象，走向衰退。在时间上，影响大学生思想行为的社会环境是没有严格界限的，有传统的生活方式，有现代的生活方式，有过时的、滞后的思想观念，有超前的、先进的思想观念，因此不可能将大学生的思想行为控制在某个时间界限之内。

---

① 郑永廷：《现代思想道德教育理论与方法》，广东高等教育出版社 2000 年版，第 269 页。

大学生的思想系统是远离平衡态的开放系统，通过与外界进行物质、能量和信息的交换，接受各种外界信息的刺激，产生思想矛盾，通过涨落，产生新的思想认识，新的思想认识又会输出到社会环境中。在开放的社会环境中，大学生掌握的信息内容往往比教育者还多，高校德育如果采取"堵"的方式，仅仅对大学生传递正面的知识和信息来压制他们的思想行为，恰恰会适得其反。如果给大学生输入大量杂乱信息，而不让他们输出信息，就会使他们思想混乱。思想的输出可以让大学生产生一定的满足感和价值感，思想的输出又会带动思想的输入，增强思想的耗散性，加强思想系统的稳态运转。"环境的开放和人的流动空间的扩大，要求思想政治教育也相应地改变封闭的观念和工作方式，代之以开放的观念和工作方式。"① 教育者要通过组织讨论、写论文、调研、社会实践等多种形式，积极鼓励和引导大学生输出思想成果，向社会环境中输出积极有益的思想观念，增强高校德育的渗透力和辐射力，使高校德育与社会环境之间形成合理的张力。

（三）增强预示性：高校德育在适应不确定的社会环境中发展自身

市场经济的竞争使社会环境中的不确定性因素增多。在市场经济社会，竞争已经遍及社会的经济、政治、文化、科技、教育等领域，竞争已成为现代国家、民族、群体和个人都无法逃避的必然选择。竞争的开放性意味着人类活动领域的扩大，竞争的全球性导致物质资源在全球范围内流动和展开，竞争的自由性导致物质资源和各种利益关系的多样和多变。竞争带来的开放、流动、多样的社会环境，为个体的自由选择和自主发展提供了机遇，但竞争中的不确定因素为个体的发展带来难以避免的风险。

现代社会的各种人为风险使社会环境中的不确定性因素增多。传统社会是相对封闭的、变动缓慢的，人们做事的参照系是习俗、经验、惯例等确定的东西，人们遇到的几乎每一件事情都可以从过去的经验中找到解决的方法，知道该做什么，不该做什么，什么时候能做，什么时候不能做。习俗、经验、惯例成为个体行动的外在条件和动力源泉。而在现代社会，人们的日常生活不再具有"日出而作，日落而息"的固定程式和不变性，

---

① 李辉：《现代思想政治教育环境研究》，广东人民出版社 2005 年版，第 219 页。

而面临着诸如技术风险、诱惑风险、环境风险、战争风险等各种人为风险，人为风险的存在为未来发展增加了许多不确定性因素，这些不确定性因素恰恰为变化求新创造了条件。

在激烈竞争和人为风险存在的社会环境中，大学生只有认识不确定性、把握不确定性的内在规律性，才能把不确定性因素转化为确定性因素，抓住发展机遇。把不确定因素转化为个体发展的机遇，转化为个体发展的竞争优势，往往是瞬间的事情。因此，高校德育要提升大学生的机遇意识，培养大学生及时把握机遇的能力。在现代社会，"过去失去了它决定现在的权力。它的位置被未来取代了，因而，不存在的、想象的和虚拟的东西成为现在的经验和行动的'原因'。我们在今天变得积极是为了避免、缓解或者预防明天或者后天的问题和危机"①。大学生要将未来的不确定性因素转化为发展机遇，要能够面向社会、面向未来，预示事物发展的方向。从客观上要求高校德育增强预示性，对社会发展规律及其对人产生的影响提出前瞻性的预见，并使大学生形成自我判断和自我选择的能力。

三、高校德育在自身发展中优化社会环境

社会环境作为一种自发影响，总是良莠不齐、好坏并存，从来都不存在绝对好或绝对坏的环境。人是有能动性的，既不能对社会环境的不良影响抱怨不已，也不能对社会环境的不良影响心安理得，而应该克服对社会环境的依赖意识，确立对社会环境的自主意识。"所谓自主意识，就是主体对环境的独立意识，而不是盲从意识；就是主体对环境的主人意识，而不是奴役意识；就是主体对环境的驾驭意识，而不是屈从意识。"② 高校德育的社会环境是一个极为广泛而复杂的系统，不同层次的社会环境要素交织叠加，综合影响大学生的思想行为。社会环境是高校德育生存和发展的必要条件，高校德育如果丧失了对社会环境的自主意识，就必然在社会环境中随波逐流，飘忽不定，被社会环境所主导。因此，高校德育要遵循

---

① ［德］乌尔里希·贝克：《风险社会》，何博闻译，译林出版社2004年版，第35页。
② 郑永廷：《现代思想道德教育理论与方法》，广东高等教育出版社2000年版，第292－293页。

趋利避害的原则，对社会环境中的复杂因素进行分析与鉴别，努力选择和发展有利的环境因素，避开或转化不利的环境因素，不断优化社会环境。

（一）高校德育的发展是优化社会环境的基础

高校德育要通过增强主体性、耗散性和预示性，使自身得到发展，才能使人们认同它的价值，增强其对社会环境的影响力度，为优化社会环境创造有利条件。

1. 认同高校德育的现代价值是优化社会环境的基础条件

随着社会环境的发展，高校德育的价值逐渐从过去单一的政治导向和政治保证功能，发展到经济功能、预测功能、开发功能、享受功能等更适合社会发展和个体发展需求的层面。大学生对高校德育现代价值的认识逐渐深刻起来，如果高校德育能渗透到专业教育，指导大学生的职业生涯规划，为大学生自我实现提供方向和动力，他们就会自觉自愿地接受德育内容，将德育内容内化为自身的思想意识，外化为实际行动，向社会环境辐射和渗透先进思想、先进文化，为优化社会环境奠定坚实的基础。

2. 增强高校德育对社会环境的影响力度是优化社会环境的必要条件

从教育与人的关系来看，随着教育的发展，教育对人的身心发展、智力发展和思想道德发展的影响力度越来越强。从人与环境的关系看，随着人们掌握的科学知识和人文知识逐渐增多，人类对社会环境的影响力也越来越强。教育对人的影响力度增强，人对环境的影响力度增强，因此，教育对社会环境的影响力度增强。高校德育只有不断发展自身，才能提升大学生的思想道德素质，有效规范大学生的行为，为社会输送大批坚持社会主义核心价值观的合格建设者和可靠接班人。这些在各自岗位上兢兢业业、恪尽职守的建设者和接班人，能够发挥模范带头作用，感染周围的人，为优化社会环境创造必要条件。

（二）高校德育在发展中优化社会环境的思路

当代大学生同他们父辈的青少年时期一样，也是生活在三个环境中——家庭、学校和社会。在传统社会，家庭对一个人的影响始终是第一位的。随着九年制义务教育的普及，学校对学生的影响逐渐增强。而如今，社会对学生的影响力度加大，尤其是大众传媒正在超越家庭和学校成为影响大学生思想行为的第一因素。因此，优化高校德育环境主要是优化家庭环境、校园环境和大众传媒环境,尤其应以优化大众传媒环境为重点。

1. 建立家校联动机制,优化家庭环境

大学生的思想行为最先受到家庭的影响,父母的思想觉悟、道德品质、性格气质、为人处世等都会对他们产生直接的、深刻的影响。在家庭成员之间自然频繁的交往中,父母的思维方式、行为方式、生活方式和情感表达方式等为他们提供了第一参照系和最感性的示范。大学生人格的起点不是学校显性教育的结果,而是家庭教育隐性渗透的结果。在积极向上的家庭氛围中长大的大学生,更具有上进心,积极参与社会事务,关心国际国内事务。在平等和睦的家庭氛围中长大的大学生,更能平等待人,关爱他人,自由发展,形成健全的人格。温暖和谐的家庭有助于发展孩子的健全人格,冷漠暴力的家庭容易使孩子形成消极回避甚至扭曲的心理状态和个性特征。一些大学生产生的诸多心理健康问题与童年时期不健康的亲子关系相关,他们在现实中遇到挫折尤其是情感挫折时,就容易唤起童年时期的创伤性记忆,不知不觉就会出现消极情绪甚至过激行为——伤害自己,伤害他人。因此,父母应该有意识地营造温馨和睦的家庭环境,采取科学的教育方式培养孩子形成正确的价值观和积极的人生态度。家庭是社会的细胞,家庭环境的优化将为整个社会环境的优化奠定基础。

优化家庭环境,不仅父母有责任,学校也有责任,而且学校也可以有所作为。高校可以建立家校联动机制,成立学校领导、党团干部、辅导员、班主任、任课教师、家长委员会等组成的"家校进步共同体"。通过校园网及时向家长宣传国家的有关法律法规,宣传学校的工作,辅导员、班主任、任课教师可以通过QQ群、微博等及时向家长告知学生在学校的生活学习情况,反映他们成长过程中出现的新情况、新问题,及时回答家长关心的问题。通过学校与家长的沟通,家长可以更好地了解子女的学习和生活状况,可以更好地与子女沟通交流,形成平等交流的亲子关系,营造出温馨和谐的家庭环境。

2. 加强校园文化建设,优化校园环境

大学校园环境是高校为培育人而有意识创设的育人环境,是实施教育活动不可缺少的重要资源,是一种潜在的教育因素。校园环境包括物质环境和精神环境。优美的校园环境能够愉悦学生的身心,激发学生的自豪感和自信心;先进的教学设备能让学生领悟到高科技的魅力,激发学生的求

知欲望；现代化的图书馆能让学生了解专业领域的前沿研究，激发学生的研究欲望。良好的校园环境是一种道德力量，这种力量以某种特有的潜在作用促进大学生自觉自愿地按照校纪校规的准则调节和规范自己的行为，潜移默化地陶冶着大学生的思想情感，提升着大学生的精神境界，完善着大学生的道德品质，激励着大学生奋发向上。良好的校园环境能够提供正确的价值导向，将师生员工凝聚为一个蓬勃向上的共同体，催人奋进，升华精神。校园环境尤其是校园精神环境的优劣，直接影响着大学生素质的发展。因此，要加强校园文化建设，优化校园环境，发挥环境育人的功能。

校园文化建设包括物质文化建设和精神文化建设，物质文化建设为精神文化建设提供必要的基础，精神文化建设为物质文化建设提供方向。校园文化建设的重点是精神文化建设，尤其是要通过开展内容丰富多彩、形式灵活多样的校园文化活动来建设校园精神文化。丰富多样的校园文化活动符合大学生好奇、好胜、好学的特点，是大学生乐于接受并自愿参加的活动形式。大学生通过参加文明修身活动将良好的心理素质、深厚的道德涵养、崇高的理想信念和文明的行为举止统一起来，通过参加学术科技活动养成崇尚科学、追求真知、勇于创新、锐意进取的习惯，通过参加文体艺术活动养成既竞争又合作的精神，通过参加志愿服务活动深入领会和认同社会主义核心价值观，通过参加创新创业活动提高创新精神和实践能力。大学生在参加各种校园文化活动中，使自己真正"动"起来，在琐碎的实际工作中提高适应社会的能力，在互相配合中提高合作能力，在自我教育、自我管理中主动成长、自由发展。通过举办丰富多样的校园文化活动，营造出富有朝气的、充满活力的、积极进取的校园文化氛围，"润物细无声"地滋润着大学生的心灵。

3. 加强舆论引导，优化大众传媒环境

随着社会主义市场经济的不断推进，我国的大众传媒虽然没有实行私人所有，但主要以"事业性质、企业管理"的方式自主经营、自负盈亏，基于商业利益的驱动，它也不得不考虑收视率、点击率、发行量，从而走上世俗化甚至低俗化的道路。消费逻辑侵蚀着大众传媒，大众传媒将人们从"心仪彼岸"的神圣化道路上拉回到"心仪物质"的世俗化道路上，大众传媒不太关心文化产品的质量和文化产品对人类精神生活的影响，更关心文化产品的制造、发行、销售，更关心利润的实现。为了增加发行量

和点击率，大众传媒极力张扬的消费主义生活方式，使越来越多的大学生追求世俗化的物质享受，崇高的理想信念悄然"褪色"。另外，开放的互联网方便了西方国家输出文化，对我国进行意识形态的渗透。西方国家总是将自己置于中心位置和救世主的位置，西方媒体在声称遵循所谓客观报道的原则下，特别喜欢挖掘中国的"黑暗面"信息，攻击社会主义制度和政策。媒体报道的内容与高校德育内容往往发生冲突，大学生正处于青年成长的高峰期，生理发育已完全成熟，心理发育还没有成熟，看问题往往是理性不足，容易跟着感觉走，出现偏激的认知和情绪，媒体报道很容易影响他们对事物真相的判断，从而消解高校德育的作用。

大众传媒肩负着新闻传播和思想宣传的任务，影响着人们的价值取向。因此，大众传媒要坚持正确的舆论导向。在现时代，加强舆论导向建设就是要坚持以马克思主义中国化理论为指导，以社会主义核心价值体系为引领，以社会主义荣辱观为基础，大力发展先进文化，支持健康有益文化，努力改进落后文化，坚决抵制腐朽文化。大众传媒的报道应立足主流，弘扬主旋律，以民族精神和时代精神鼓舞大学生的斗志。另外，要建立一批针对大学生的优质教育传媒，满足大学生精神文化生活的多样需求。

高校德育要利用大众传媒的信息资源丰富德育内容，借鉴大众传媒的传播方式改进德育方式。长期以来，高校德育无视大众传媒中的各种信息，教育的信息量极其有限，教育内容陈旧、枯燥、乏味、缺少变化，不能与大学生产生思想共鸣。高校德育要充分挖掘大众传媒中的教育资源，尤其要挖掘新媒体中的教育资源，充分利用新传媒的有益信息。新媒体能快速及时地传播每个人都基本可以看懂听懂的、图文声并茂的各种信息，这与大学生喜欢追求新奇、追求个性的心理特征相吻合，比较容易刺激大学生的神经系统，激发大学生的求知欲望。长期以来，高校德育没有形成有效的信息传递，原因之一是重理性轻感性，重理论轻实践。马克思主义认为，感性思维上升到理性思维确实是认识过程必需的，但如果没有对一个个生动的感性存在的认识，就无从有理性思维。如果高校德育只重视理性思维，而忽略从个别的感性的实际存在出发去分析对象的特殊性，就会滑入教条主义的泥淖，陷入只唯书的空谈阔论中。高校德育需要寻找感性触觉点，充分利用好大众传媒中形象、生动、直观的材料，吸引大学生的注意力，刺激大学生的感性思维，用马克思主义理论对这些感性材料进行理性分析，调动大学生的理性思维，使大学生对教育内容从感性认识上升到理性认识。大学生可以更理性地选择大众传媒中的精华，摒弃吸引眼球的糟粕，光靠吸引眼球的大众传媒会越来越没有市场，这就迫使大众传媒通过提高文化品位来增加发行量和点击率。

第二节　功能耦合：高校德育各子系统的协调互补

任何系统都不是各组成部分的机械组合或简单相加，而是一个有机整体，系统的整体功能是各要素在孤立状态下所没有的新质，即整体是大于部分之和的。高校德育系统的整体功能要最大限度地发挥出来，各子系统之间必须做到协调互补，产生耦合效应。

一、功能耦合的含义

系统内部各子系统之间是非平衡、非线性的，这种非平衡、非线性可以使系统功能产生协同放大的效应。"系统的非平衡性决定了系统内部物质、能量、信息的差异性，这种差异性的相互作用使系统要素之间与子系统间具有动态的非线性作用，而这种非线性的相互作用导致差异系统协同放大，并促使有序结构的迅速形成，以实现系统整体优化目的。"[1] 协同放大"是指开放系统内部子系统围绕系统整体的目的协同放大系统的功能"[2]，协同放大原理说明系统内部各子系统之间能够形成功能耦合的效应。

耦合是物理学的一个基本概念，"是指两个或两个以上的系统或运动方式之间通过各种相互作用而彼此影响以至联合起来的现象，是在各子系统间的良性互动下，相互依赖、相互协调、相互促进的动态关联关系"[3]。一切开放的整体系统都具有自我调节功能，其各个子系统是互相生成、互

---

[1] 乌杰：《协同论与和谐社会》，载《系统科学学报》2010 年第 1 期。
[2] 乌杰：《协同论与和谐社会》，载《系统科学学报》2010 年第 1 期。
[3] 王知桂：《要素耦合与区域创新体系的构建》，载《当代经济研究》2006 年版，第 11 期。

相依赖、互相作用的，各个子系统之间往往会形成功能耦合。如图 5－1 所示，子系统 S1 的功能或输出又正好是子系统 S2 的输入或生存条件。子系统 S2 的功能或输出又正好是子系统 S1 的输入或生存条件。一个系统的有机性越高，各子系统的关联越密切，整体性越强，这种功能耦合的因果循环也越稳定。一个系统要达到整体目标，就必须从整体出发，调整各子系统的功能与目标，以达到系统整体最大限度的相互适应与总体最佳。一个子系统出了问题，系统活动都可能中断。一个子系统薄弱，即成"瓶颈"，就会影响整体的功能和效应。

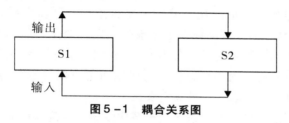

图 5－1　耦合关系图

高校德育系统是教学系统、管理系统和服务系统以一定的方式组成的结构或功能统一的整体，三个子系统围绕教育目标相互影响，通过非线性的相互作用产生协同效应。在高校德育中，必须考虑教学系统、管理系统和服务系统之间的相互作用，忽视他们之间的联系就不能实现功能耦合的最佳效果。

二、教学系统、管理系统、服务系统的功能耦合

高校一切工作都要以学生为本，坚持"一切为了学生，为了学生的一切"的教育理念，做到教学育人、服务育人、管理育人。高校德育各子系统，即教学系统、管理系统和服务系统之间既相互制约又相互促进，三者要统一到"育人"这个焦点上，才能产生功能耦合效应。

（一）教学系统、管理系统和服务系统的功能耦合点——育人

在传统的科层管理中，高校组织机构按照职能划分为各个专门的部门，其职能划分得过细，使得教学、管理、服务和育人分割开来，从而使得个人或部门往往用简单的观点解释各种事件。如果学生出现思想行为问

题，大家往往将其归咎于专职德育部门的"无能"和"无力"，教学系统的专业教育、管理系统、服务系统则可以不承担任何责任。高校德育系统是一个复杂系统，复杂系统的基本特性是"因""果"在时空上的分离，"事实真相与我们习惯的思考方式之间，有一个根本的差距。要修改这个差距的第一步，是撇开因果在时间与空间上是接近的观念"[①]。在现实中，大学生的思想行为问题往往是由于环境的变化、大学扩招、学业就业压力过大、行政部门的官僚化、后勤服务部门的市场化等原因造成的，如果只是一味对专职德育人员施加压力，通常是没有功效的——短期也许会有所改观，长期却会使事情恶化。彼得·圣吉指出，可以用系统思维引导人"由看片段，到重新观照整体；由看事件，到看变化背后的结构；以及由静态的分析变因，到看见其间的互动，进而寻得一种动态的平衡"[②]。如果用系统思维分析，大学生思想行为出现问题不仅与专职德育人员有关，也与专业教师、管理者、服务者有关。

高校德育系统的三大子系统——教学系统、管理系统和服务系统，如果结构合理，就能发挥协调与互补的功能，实现"育人"的功能耦合效应。高校提出"三育人"的工作理念，"三育人"是指教师、干部、职工分别在教学、管理、服务工作中，共同创造一个良好的育人环境，承担育人的责任，使学生得到全面、健康的成长。"三育人"工作要始终把坚持正确的政治方向摆在首位，用马列主义、毛泽东思想、中国特色社会主义理论教育学生，培养有理想、有道德、有文化、有纪律的社会主义新人。在"三育人"工作中，教书育人为主，管理育人、服务育人为辅，三者相辅相成，缺一不可。教学系统、管理系统和服务系统三大系统功能耦合的聚焦点是育人。

1. 教书与育人的统一

教书和育人是一个完整教育过程的两个方面，二者相互作用、相互渗透。如果只强调教书，不重视育人，没有教会学生如何做人，那么高校向社会输送的"人才"就可能是个"危险品"；反之，如果只强调育人，不

---

① [美]彼得·圣吉：《第五项修炼——学习型组织的艺术与实务》，郭进隆译，上海三联书店1998年版，第70页。

② [美]彼得·圣吉：《第五项修炼——学习型组织的艺术与实务》，郭进隆译，上海三联书店1998年版，赵耀东序，第2页。

重视教书，没有教给学生专业知识和技能，没有教会学生科学的思维方法和学习方法，那么高校向社会输送的"人才"就可能是个"废品"。教育即德育，全部教育工作者都要肩负育德的职责。有人提出，德育专职教师专门负责育德，专业教师只管教学就可以。在这种观念的影响下，出现了专业教师只管教书，不管育人的现象，产生了"没有教育的教学"。教学虽然是学校的中心工作，但它只是手段不是目的，学校的根本目的是育人，具体落实在教师身上，就是通过教师的教学促进学生的全面发展。教师职业道德的真谛是教书育人，育人为本。高校所有教师都要自觉承担起育人的神圣职责，重教重育，以高度负责的态度，言传身教。一名合格的教师既要重视传授知识，培养学生的专业技能，又要重视以自己崇高的行为风范感染学生，以自己良好的思想道德品格潜移默化地影响学生。要把育人工作渗透到教学、科研、社会服务中，通过各个环节发现学生思想观念和行为表现方面的各种问题，有针对性地引导学生的思想和行为健康发展。

2. 管理与育人的统一

管理是育人的重要手段。高校德育的根本任务是提高大学生的思想道德素质，把大学生培养成中国特色社会主义的建设者和接班人。高校的一切管理工作都要以实现此目标为宗旨。高校管理主要是用纪律和各种规章制度约束和规范学生的行为，使之养成良好的行为习惯。如果没有严格的管理，没有纪律和各种规章制度的约束，高校德育就会失去保证，变得软弱无力甚至成为空谈。严格的管理有利于大学生养成良好的行为习惯，进而形成正确的世界观、人生观和价值观。管理仅仅是育人的一种手段而已，因此，高校各种管理制度不应当是束缚学生发展的冷冰冰的条文，而应当有利于充分发掘学生的内在潜能，激发他们的自律意识和发展意识，引导、激励他们不断发展自我、完善自我，使他们自觉按照社会主义合格建设者和接班人的要求进行自我教育。

育人是管理的内在要求。高校管理者和管理对象都是人，这就决定了人在高校管理中的重要作用。高校管理要以人为本，实现学生的全面发展，而学生全面发展的实质就是完整地获得与展现人的本质，充分发挥人的主体性。高校管理首先要彻底改变把学生当作接受容器的观念，把关心爱护、尊重信任、平等对待学生作为管理手段的前提，把学生的身心健康成长、和谐发展作为管理效能的重要指标。高校管理不仅仅要满足学生的物质生活需求，更要满足学生的精神生活需求，关注学生的个性化需求、兴趣，利用各种制度规范加以引导使其不断趋于高品位的价值诉求，激励和满足大学生健康向上的精神追求。

管理育人在高校育人体系中起着举足轻重的作用，它"既是教书育人的重要补充，又是教书育人得以有效实施的重要保障；既是服务育人得以实施的重要前提，又为服务育人提供方法上的指导"①。

3. 服务与育人的统一

服务是育人的重要保障。后勤服务就是要保障为大学生的成长、成才、成人创造一个良好的环境。高校后勤服务工作是学校教学、科研和师生员工生活的重要保障，不仅为大学生学习科学文化知识提供可靠的物质保证，而且为学生的全面发展提供实践条件。后勤服务员工在了解大学生的愿望，解决大学生反映的一个个具体问题，满足大学生对学习、生活和活动等方面合理要求的同时，在细致入微服务的同时，就在以自己的服务感染学生、教育学生。

育人是服务的内在要求。《关于进一步加强和改进大学生思想政治教育的意见》中指出："后勤服务人员要努力搞好后勤保障，为大学生办实事办好事，使大学生在优质服务中受到感染和教育。"服务育人是"在高校特定的环境和条件下，广大后勤职工通过自己的服务，以良好职业道德影响学生、以优质服务感染学生、以无私奉献教育学生、以优雅的服务环境熏陶学生，言传身教、耳濡目染，使学生在接受具体的服务与管理过程中受到潜移默化的教育，从而达到育人目的"②。高校后勤服务系统在提供膳食、住宿、维修、商业等各种服务的同时就在对学生进行思想道德教育，食堂、宿舍、商业网点等各种场所是学生思想道德教育的"第二课堂"。

（二）教学系统、管理系统与服务系统功能耦合的机制

"机制"原指机器的构造原理和运作原理。在不同学科、不同领域中，人们从不同角度理解"机制"，赋予"机制"以本学科、本领域的内

---

① 苗丽芬主编：《大学生日常思想政治教育实效性研究》，高等教育出版社2009年版，第93页。

② 骆郁廷、储诸斌：《大学生日常思想政治教育的力量整合》，载《学校党建与思想教育》（上）2010年第10期。

涵和特色。在社会科学中，"机制"的引申义非常复杂，主要有几种："一是构成方式，事物作为一个整体，总是由若干要素按照一定的方式构成；二是作用方式，组成事物的各要素总是按照一定的方式相互作用；三是运行方式，按照某种方式组合在一起的各要素，通过有规律性的相互作用而引起系统整体的生成、运行并发挥功能；四是调节方式，可以建立人们所期望的对事物运行和发展最适合人的要求的调节形式；五是呈现方式，机制是两个事物间可能存在的因果关系，这种关系是'经常发生的、易于识别的因果关系'（Elster，1998），虽然因果关系诱发的条件不明朗，后果呈现的方式也不确定，但总的还是希望朝着人们的愿景发展。"[①] 本书将"机制"理解为一种运行方式，即指系统内部各要素之间的结构形式，以及通过要素之间的有序作用来实现整体功能的运行方式。高校德育要将教学系统、管理系统与服务系统整合起来，实现育人的耦合功能，就必须建立相应的工作运行机制。

1. 建立协调沟通机制

1995年制定的《中国普通高等学校德育大纲》，系统完整地阐述了高等学校德育领导体制，明确指出："党委是学校德育工作的领导核心，应研究德育的指导思想、工作方针、任务和重要问题，主持制定德育的总体规划与实施计划，定期分析学生思想政治状况和德育工作状况。在党委的统一部署下，建立和完善以校长及行政系统为主实施的德育管理体制，校长对学生德、智、体全面负责。应明确一名副校长（可由党委副书记兼任）具体负责德育工作。可成立学校德育工作领导小组，由党委书记或校长，或主管学生思想政治教育的副书记或副校长任组长。系（科）也应建立相应的德育工作领导小组。"[②] 目前，各高校都建立了党委领导下的校长及行政系统为主实施的德育管理体制。这种体制是实施全员育人、全程育人、全方位育人的必要条件，但这一体制的效能是否能够充分发挥，取决于是否有相应的协调沟通机制来推动。这一体制的有效运行会使教学系统、管理系统与服务系统在"育人"上发挥同性同向的强化作用。

---

① 马奇柯：《城市社区思想政治教育机制研究》，华中师范大学2006年博士学位论文，第11–12页。

② 教育部思想政治工作司编：《加强和改进大学生思想政治教育重要文献选编：1978—2008》，中国人民大学出版社2008年版，第222页。

在高校德育的复杂系统中，要使教学系统、管理系统与服务系统有机地联系起来，要使各种德育信息及时传递和反馈，需要有一定的协调沟通机制。高校应成立负责协调沟通各职能部门的德育机构——学校德育工作领导小组，既负责纵向的自上而下的德育信息沟通，加强德育决策中心与教学系统、管理系统、服务系统的联系，使其及时准确地获取信息和反馈信息，又负责横向的德育信息沟通，使教学系统、管理系统与服务系统相互配合，协调一致地完成德育任务。

2. 建立考评保障机制

教学系统、管理系统与服务系统都肩负着育人的职责，都有相应的德育工作和任务，这些德育工作和任务能否落到实处，需要相应的考评机制来保障。高校要把德育工作纳入教学院系学科建设中，把德育工作纳入日常管理中，把德育工作纳入后勤服务中，通过评聘职称、职务、收入分配等政策杠杆相应地把德育任务层层分解，定岗、定职、定责、包干到人，落实到党政机关人员、专业教师、后勤服务人员等所有教职工身上。全体教职工的评优评先不能仅以业务工作为衡量标准，必须与"育人"挂钩，采取一票否决制，即有违纪违法、不良品行的教职工不管其业务工作有多突出都不能评优评先。在评优评先中，要将个人评优评先与集体评优评先相结合，把个人工作成绩与集体工作成绩紧密联系在一起，从而使学校各部门在"育人"工作中形成协调合作的竞争局面。采取奖优罚劣的激励机制，有利于调动全体教职员工"育人"的积极性，激发他们"育人"的创造性，挖掘他们"育人"的潜力。建立考评保障机制，可以使教学系统、管理系统、服务系统由板块式结合变为渗透式结合，使耦合育人任务落到实处。

3. 建立自教自律机制

全体教职工都具有主体性，要充分信任他们具有"育人"的能力和愿望。过去，我们总是把教职工看作消极、被动的客体，不注意发挥他们的主体性。教职工是活生生的生命存在，是有自尊心、自信心和主体精神的人，他们不是消极被动地接受学校管理，而是选择性地接受管理、创造性地挑战工作。考评保障机制是教职工自教自律的必不可少的外在条件，但它毕竟不是教职工的自主育人行为。要把"育人"的要求转化为教职工的内在思想和德性规范，还要通过它们的认知、情感、意志的思维活动和自教自律的方式才能实现。教职工大多是知识丰富、思维敏锐、眼界开阔、思想超前、人格独立的主体，管理者应该充分信任他们，采取民主平等、合作互动的方式与他们充分沟通，使他们全身心地投入到育人工作中。自教自律使教职工的思想和行动富有生机与活力，使他们将外在的德育任务自觉内化为自身努力的目标，真正做到用"心"育人。建立自教自律机制，教师才能真正把知识教育、思想教育、启迪智慧三者高度统一起来，自觉实践"教书育人"的理想。建立自律自教机制，管理者才能真正做到关心、爱护学生，设身处地为学生着想，真正将育人工作渗透到解决学生实际问题中。建立自律自教机制，服务人员才能真正从学生的学习和生活需要出发拓展服务内容、转变服务方式，真正做到以良好的职业道德影响学生，以优质的服务感染学生，营造出"服务学生、关心学生、爱护学生"的育人氛围。

三、教学系统内部思想政治理论课教学与专业教学的功能耦合

思想政治理论课是高校德育的主渠道，但也不能忽视专业教学（包括哲学社会科学课程和自然科学课程）对大学生思想道德素质的影响。思想政治理论课教学与专业教学之间的关系复杂，主要有三种情况：①专业教学中渗透德育，专业教学与思想政治理论课教学对大学生思想道德素质的形成发挥着同性同向强化的作用。②专业教学只教给学生专业知识，专业教学与思想政治理论课教学是互不相干的"两张皮"。③专业教学与思想政治理论课教学的主旨相悖，专业教学与思想政治理论课教学对大学生思想道德素质发挥着异性异向弱化的作用。第一种情况，思想政治理论课教学与专业教学产生了协同效应，实现了功能耦合。后两种情况，思想政治理论课教学与专业教学没有实现功能耦合。

（一）思想政治理论课教学与专业教学功能耦合的必要性

在高等教育中，思想政治理论课教学与专业教学的功能耦合起来，共同提升大学生的思想道德素质是非常必要的。

1. 中国特色社会主义事业建设需要"又红又专"的人才

改革开放后，在科学技术成为第一生产力的时代，一些教育专家提出"教育与意识形态相分离""人才培养不需要政治""培养人才重在培养能

力"之类的口号。在这些口号的蛊惑下,部分教育者抛弃传统的"重道鄙器"思想转而信奉"重器鄙道"的价值观,对"为谁学"的问题置之不顾,认为只要把大学生培养成国家需要的专业人才,让他们拥有建设国家的技能就可以,至于思想先进不先进是无所谓的。如果高校培养的人才有政治瑕疵,就会影响甚至危害中国特色社会主义建设事业。"人才培养不需要政治""培养人才重在培养能力"等观点只是强调了人对社会的工具性价值,忽视了人对社会的目的性价值。对于社会而言,专业能力只是一种工具性需求,只是社会在操作层面的需求,对社会只是一种浅层次的贡献与服务。建设中国特色社会主义事业不仅要培养必需的科技人才,更要培养能与国家同呼吸共命运的接班人。高校在人才培养中必须弄清"为谁培养人"和"培养什么样的人",我们要培养的是社会主义的建设者和接班人,要让大学生树立马克思主义世界观、人生观和价值观。邓小平指出:"如果我们不是马克思主义者,没有对马克思主义的充分信仰,或者不是把马克思主义同中国自己的实际相结合,走自己的道路,中国革命就搞不成功,中国现在还会是四分五裂,没有独立,也没有统一。对马克思主义的信仰,是中国革命胜利的一种精神动力。"① 信仰马克思主义,不仅是中国革命取得胜利的精神动力,而且是社会主义现代化建设取得胜利的根本保证。高校应从战略和全局的高度,全方位地深思"为谁培养人""培养什么样的人""怎样培养人"这些重大问题,在专业教育中渗透德育,使专业教育与德育形成合力,同性同向共同加强对大学生思想道德素质的培养,才能实现高校培养社会主义合格建设者和可靠接班人的最终目标。

21世纪中国和谐社会的建设需要全面发展的人才,即"又红又专"的人才,只专不红或只红不专的人都不能成为中国特色社会主义事业的合格建设者和可靠接班人。思想政治理论课教学和专业教学都要立德树人,都要将社会主义核心价值体系渗透其中,引导大学生形成正确的世界观、人生观和价值观。专业教学如果只教给大学生"是什么"的知识,不能提供"为什么"的价值判断,不能解决"应当怎样"的问题,那么,就有可能培养出带有"政治瑕疵"的"人才",就会影响甚至危害中国特色社会主义建设事业。思想政治理论课教学如果不从哲学社会科学课程和自

---

① 邓小平:《邓小平文选》第3卷,人民出版社1993年版,第63页。

然科学课程中汲取丰富的养料，就会显得干瘪空洞，成为理论说教，不能吸引学生甚至使学生产生逆反心理。

2. 专业教学中出现"淡化意识形态"的现象

20世纪90年代以来，随着"冷战"的结束，发展强劲的经济全球化浪潮给人的感觉是全球化已经不带有意识形态性，于是西方学者高喊"意识形态趋同""意识形态终结"的口号，大量散布"淡化意识形态"的论调。意识形态"趋同论""终结论"实质都是西方国家"和平演变"的策略，其实质是要消解、否定马克思主义意识形态，消解、否定社会主义意识形态在我国的主导地位，其要害是破坏中国特色社会主义事业的建设和发展。意识形态领域的斗争，决不仅仅是理论争论和观念争论，而是利益之争、命运之争。如果我们在思想文化领域没有一个总体把握而忽视马克思主义意识形态的主导，就势必会消解主流价值取向，导致实用主义、相对主义价值的出现和思想领域的混乱，建设中国特色社会主义事业的根本目的就无法实现。受西方思想的影响，我国一些学者也跟着高喊"淡化意识形态"的口号，他们并不是真的抛弃意识形态，而是妄图用一种非马克思主义的意识形态代替马克思主义。近年来，高校专业教学中出现"淡化意识形态"的现象，"淡化意识形态"的专业教学与思想政治理论课教学背道而驰，消解思想政治理论课教学的效果。

（二）思想政治理论课教学与专业教学功能耦合的可能性

1. 思想政治理论课教学以意识形态性和政治性为主要特征

在阶级社会中，占领了物质生产资料的统治阶级为了维护自身利益，就要进行思想的生产与分配，统治阶级进行思想生产与分配的重要途径之一是德育。在任何阶级社会里，都存在德育，其实质和目的都是要论证统治阶级统治的合法性和合理性。正如马克思所说："每一个企图取代旧统治阶级的新阶级，为了达到自己的目的不得不把自己的利益说成是社会全体成员的共同利益，就是说，……赋予自己的思想以普遍性的形式，把它们描绘成唯一合乎理性的、有普遍意义的思想。"① 在我国，思想政治理论课教学是高校德育的主渠道。意识形态性是思想政治理论课教学的根本

---

① 中共中央马克思恩格斯列宁斯大林著作编译局：《马克思恩格斯选集》第1卷，人民出版社1995年版，第100页。

属性。思想政治理论课教学在很大程度上是进行意识形态教育和政治教育的，而不是一般的知识教育或学术教育。我国的社会制度是中国共产党领导的社会主义制度，因此，思想政治理论课教学必然将社会主义意识形态作为主导性内容，以论证社会主义制度的合法性和维护中国共产党的领导，让大学生树立科学的马克思主义观，坚定中国特色社会主义的政治方向，认同社会主义意识形态。

2. 哲学社会科学课程具有意识形态性和政治性的特点

哲学社会科学与人的活动直接联系在一起，它要研究人与人、人与组织、人与社会之间的关系，要解释各种社会现象发生的原因和发展变化规律，要对社会发展变化做出应然判断，即"应该是怎样的"。不同的人，为达到不同目的，对同样的社会现象做出不同甚至相反的结论。这说明，哲学社会科学课程具有鲜明的意识形态属性。任何一个社会都是在特定的社会制度中运行和发展的，执政党都会确立维护自身经济基础的上层建筑和反映执政党政治倾向的意识形态。灌输与宣传反映执政党政治倾向的意识形态的一个重要途径就是通过哲学社会科学课程的教育实现的。"意识形态性是在思想和精神上反映执政者的主张和导向，政治性是要求人们在思想和认识上与执政者保持一致，这两个方面都会在哲学社会科学课程中体现出来。"① 意识形态性与政治性本质上的一致，是哲学社会科学课程同一性质的不同表现形式。哲学社会科学课程的内容不能与执政党所倡导的意识形态相悖，不能与执政党制定的政治法律制度相悖，它不仅要论证执政党的合理性和合法性，而且要宣传执政党的执政理念和执政策略。哲学社会科学课程的意识形态性和政治性特点，表明它负有思想政治教育的职责。

3. 自然科学课程中蕴含丰富的人文价值

自然科学教学中也可以渗透德育内容，可以将传授自然科学知识与思想道德素质的培养结合起来。20世纪70年代，许多科学家、教育家就提出了自然科学教育要以科学的价值为目的，让学生掌握自然科学知识，学会用科学方法思考问题，为社会发展服务。联合国教科文组织国际教育发展委员会编写的《学会生存》中，列举了人类生存环境恶化的种种现象，提出自然科学教育要渗透科学的价值，要将人的体力、智力、情绪、伦理

---

① 顾钰民：《马克思主义理论学科建设研究》，复旦大学出版社2009年版，第123页。

各方面因素综合起来，竭力防止和抵制人们运用自然科学制造诸如战争、污染等人为风险。中共中央、国务院《关于进一步加强和改进大学生思想政治教育的意见》强调指出，"要加强马克思主义唯物论和无神论教育，大力提倡科学精神，坚持不懈地普及科技知识"。自然科学研究自然界发展的规律，有助于大学生树立科学的世界观和价值观，提升大学生的逻辑思维能力，有助于大学生正确地分析和认识社会问题。马克思非常注重从自然科学的发展成果中汲取营养，经过系统研究技术发展的历史，写出了《资本论》，为无产阶级推翻资产阶级提供了科学理论。自然科学教学在传授专业知识的同时，既要思考技术理性的"能不能够"，还要思考价值理性的"应不应该"，使大学生正确利用专业知识，服务于祖国，造福于人类。

（三）思想政治理论课教学与专业教学实现功能耦合的条件

育人是高校各门专业课程教学的题中应有之义。《关于进一步加强和改进大学生思想政治教育的意见》明确指出，高校各门课程都具有育人功能，要深入发掘各门专业课程的思想政治教育资源。各门专业课程都是人类社会实践的智慧结晶，都是一代代人用生命和热情谱写的美丽乐章，都是人类文明的精华。高校教师的职责是把知识教育、思想教育、启迪智慧三者高度统一起来，自觉实践"教书育人"的理想。思想政治理论课教学与专业教学要在育人功能上实现耦合，就应在内容上相互交叉、渗透和融合。

1. 思想政治理论课教学要从哲学社会科学和自然科学中汲取丰富的养料

哲学社会科学研究的对象主要是人，涉及人格、品质、情感、价值取向等问题，其中蕴含着丰富的人文精神。人文精神回答的是"应当怎样做"的问题，即应当怎样做人，怎样对国家、社会承担责任。思想政治理论课内容具有原则性、政策性等特点，这些内容要真正内化到大学生的思想中，仅仅通过宏观内容的讲解是不行的，只有将这些宏观内容与诗歌、小说、电影、电视等生动的具体内容结合起来，才会有好的教学效果。思想政治理论课教学要善于横向联系和纵向联系，把教学内容放到一定的社会背景和历史背景中有理有据地讲解，才能使大学生可感可知可践。

自然科学中蕴含着丰富的人文价值，它原本就是求知与求善的统一。柏拉图认为，知识是以理念为基础的，最高理念是善的理念。因此，求知与求善是统一的。亚里士多德认为，科学是探求世界必然真理的公理体系，而探求知识便是最高幸福，因此将求知与求善统一起来。直到近代科学，才将求知与求善分割开来。但是将求知与求善分割开来给人类社会带来巨大的灾难，两次世界大战后，人们又重新认识到自然科学的研究必须将求知与求善结合起来。每一门自然科学课程都要从历史、社会和伦理学的角度回答三个基本问题：本学科的历史和传统是什么？本学科涉及的社会和经济问题是什么？本学科要面对哪些伦理和道德问题？思想政治理论课要将这些问题融入教学中，激发学生的学习兴趣，提高学生灵活运用知识的能力，将学术知识与伦理道德统一起来，有利于大学生健全人格的培养。

2. 哲学社会科学和自然科学教学要以社会主义核心价值体系为导向

高等教育的宗旨是大学生的全面发展，大学生全面发展的方向要靠价值观教育来导航。价值观是人类认识活动和实践活动的向导，也是人们生活信念、生活追求、道德选择的依据。价值观教育是高等教育的一项重要内容，各门课程的教学都负有引导大学生树立正确价值观的责任。随着我国经济成分的多样化，文化多样化和价值观多样化也已然成为现实，面对各种各样的价值观，大学生产生了诸多迷茫和困惑，不知所措。高等学校有责任和义务教会学生如何在多元价值观中选择和树立正确的价值观，积极健康地生活。专业教师要挖掘专业教学内容中的德育因素，在学科发展史中挖掘德育资源，利用各个环节实施德育。专业教师在传播专业知识的同时，要注意结合学科特点对学生进行思想教育和人生启迪，特别是要对学生进行科学精神和道德精神的教育。大学生学习专业课程不仅仅是学会某门具体的专业知识，更重要的是学习该专业的思想、方法、精神，学习该专业中蕴涵的人文价值，将求真与求善相结合。

即使在经济全球化和高等教育国际化的今天，教育依然"承载着构成民族国家的共同基本要素：文化、历史、民族价值观"[1]，高等教育依然肩负着弘扬民族核心价值的重任。任何社会都有自己的核心价值体系，它是社会秩序得以维持和社会系统得以运转的基本精神依托，具有政治引

---

[1] 刘小新等：《当代大学生主导价值观研究》，首都师范大学出版社2005年版，第209页。

导和思想统摄作用。党的十七大报告提出，要将社会主义核心价值体系融入国民教育中，增强社会主义意识形态的吸引力和凝聚力，形成全民族奋发向上的精神力量，打牢全党全国各族人民团结奋斗的精神基础。高等教育要树立"先为人，再为学，先育人，再育才"的教育理念，哲学社会科学和自然科学教学只有以社会主义核心价值体系为导向，才能与思想政治理论课教学共同促进大学生自觉坚持社会主义核心价值体系。

第三节 内容整合：高校德育系统内部各要素的优化组合

高校德育系统内部各要素不是杂乱无章地堆砌在一起的，要素与要素之间通过相互联系、相互作用形成一定的结构，生成不能用孤立的要素特征来解释的新特征和新功能。高校德育系统内部通过整合教育内容、聚集教育主体，使教育资源涌现出来，才能达成社会目标与个体目标的共生。

一、整合教育内容

高度统一的德育内容不能满足现代社会大学生精神生活的多样需求，客观上要求高校德育整合教育内容。整合教育内容一定要坚持主导性内容，同时蕴涵当今时代内容、结合社会实际内容、比较中外相关内容、渗透一定业务内容，形成主导内容与多样内容的综合。整合教育内容的方式多种多样，主要有主题式教育、案例式教育、专题式讨论等。

（一）整合教育内容的必要性

在复杂多样的社会环境中，性质相异的信息潜移默化地影响着大学生，高校德育只有将社会环境中的教育内容整合进去，才能满足大学生多样化的精神需求。

1. 社会环境的复杂多样要求高校德育整合教育内容

改革开放前，政治统领经济和文化，三者具有高度一致性和协调性，人们的经济利益取向一致、政治意识形态倾向相同、文化价值导向统一，高校完全按照上级指定的内容开展教育活动，德育内容带有计划性、指令性特征，高校传递给学生的思想观念和价值规范恰好与社会环境一致，高校德育与社会环境对大学生思想行为的影响是相互强化和互补的。高校德育内容的高度统一，保证了德育意识形态功能的充分发挥，但是，改革开放后，在复杂、多样、开放的社会环境中，内容高度统一的高校德育显得单薄无力，说服力不强，感染力下降。社会环境中的各种信息渗透到大学生的生活学习中，潜移默化地影响着大学生的思想行为，社会环境对大学生的感染甚至超过高校德育。因为，社会环境对人的感染具有极强的渗透性和隐蔽性，尤其当前，在微博制造的公共空间里，观点鲜明、言语犀利的观点被转发和评论，形成关注氛围，甚至影响整个舆论场，这时所谓围观的人的情绪都会受到感染，思想都会受到影响。社会环境可以产生积极的感染或消极的感染，积极的感染可以鼓舞大学生的斗志，使他们产生强烈的情感去追求和探索真理，消极的感染可以使他们精神颓废、意志消沉、抱怨社会、不思进取、随波逐流。在复杂多样的社会环境里，高校德育如果仍然一味传授高度统一的教育内容，势必引起学生的反感，难以对教育内容产生认同，这客观上要求将社会环境中的教育内容整合进高校德育。

2. 大学生对精神生活的多样需求要求高校德育整合教育内容

大学生的精神生活是指大学生为满足精神需要而进行的一系列活动，具体表现在大学生学习、交往、生活过程中，是展现大学生的精神风貌，体现大学生的精神价值的各种活动的总和。一方面，大学生是具有个性和能动性的主体，大学生因其家庭背景、成长环境、性别差异、所学专业、面临问题、知识结构、智力活动等方式的不同形成需求差异（个性化的需求），根据自己的需求有选择地吸纳不同思想，产生认知差异（兴趣爱好、情感判断等）和行为差异（行为方式）。不同类型的大学生群体有不同的需求，同样的教育内容对不同类型的大学生可能会产生迥然相异的效果。另一方面，在多元开放的社会环境中，大学生思想关注点呈现出宽域性和分散性特征，关注范围不断扩展，关注点愈益分散。各种思想信息经过大众传媒、网络、手机等传播后更加零散，它以无数次零散的、无意识的观点影响大学生。大学生对思想信息的接受过程具有散点化的特征，表现在"接受时间和地点的不确定性，接受内容的零碎化，接受过程的不连续性，内化过程的反复性等几个方面"①。高校德育集中单一的方式会引起学生反感，理论化和体系化的内容不能满足学生多样化的思想关注。因此，高校德育亟须将各种错综复杂的、混乱的教育内容向着一个方向整合，既要坚持社会主义意识形态的主导性内容，又要丰富大学生的精神文化生活，满足大学生日益增长的分化性、多样性需求。

（二）整合教育内容的内涵

高校德育内容的确定和选择直接关系到大学生思想道德素质和精神面貌的发展状况。整合教育内容不是给各种教育内容同样的地位，不是让各种教育内容占有同样的分量，不是将各种教育内容杂糅在一起。整合教育内容一定要坚持主导性内容，同时蕴涵当今时代内容、结合社会实际内容、比较中外相关内容、渗透一定业务内容，形成主导内容与多样内容的综合。主导性内容只有渗透多样性内容才会变得更丰富多彩，多样性内容只有坚持主导性内容的指导才不会失去方向。

1. 坚持主导性内容

高校德育的主导性内容，是决定高校德育方向和性质的内容。不同阶级、政党和社会的根本利益和意志、根本价值取向和立场不同甚至完全对立，因此，各国高校德育的主导性内容各有特色。"主导性德育内容不是一两个具体的理论观点简单拼凑而成，而是一个系统的理论体系，它反映一个阶级、一个政党、一个社会的根本利益和意志，代表一个阶级、一个政党和一个社会的根本价值取向和立场。"② 我国的社会制度是中国共产党领导的社会主义制度。因此，高校德育必然将社会主义意识形态作为主导性内容，以论证社会主义制度的合法性和维护中国共产党的领导。在我国现阶段，坚持社会主义意识形态最主要的就是要坚持社会主义核心价值体系，因为社会主义核心价值体系是社会主义意识形态的本质体现，是全党全国各族人民团结奋斗的共同思想基础。随着国际局势和国内经济、政治、文化生态环境的变化，社会主义核心价值体系的认同受到各方面的挑

---

① 刘波、李映秋：《当代青年学生接受社会思潮的方式变迁》，载《中国青年研究》2010年第7期。

② 郑永廷、江传月等：《主导德育论：大学生思想政治教育一元主导与多样发展研究》，人民出版社2008年版，第148页。

战，其导向力、凝聚力、整合力还不够。如何使社会主义核心价值体系为大学生所接受、认同，并且自觉转化为实践，是高校德育需要解决的突出问题。要让大学生接受、认同社会主义核心价值体系，高校德育必须在坚持社会主义核心价值体系主导性内容的前提下，将当今时代内容、社会实际内容、中外相关内容和一定业务内容渗透其中。

2. 蕴涵当今时代内容

时代是关于人类社会发展一定时期全球性、世界性重大问题的高度概括，是对该时期世界的主要特征和发展趋势的揭示和反映。随着时代的发展，时代特征也在不断变化，当今所处的时代特征是经济全球化和市场化、政治民主化、文化多样化和社会信息化。高校德育要把握时代发展的特征，根据经济全球化和市场化所激发的竞争意识，发展主体德育，提高学生的竞争意识；根据政治民主化所激发的民主意识，发展生活德育，提高学生的参与意识；根据文化多样化所激发的选择意识，发展开放德育，提高学生的鉴别能力；根据社会信息化所激发的创新意识，发展信息德育，提高学生的创造能力。在和平与发展为主题的时代，在建设社会主义和谐社会的时代，我们要追求的是社会和个人的全面协调可持续发展，而推进社会和个人发展的主要方式是竞争，促进社会和个人发展的主要资源是科技、知识和信息。高校德育要紧扣时代主题，触摸时代跳动的脉搏，将体现时代精神的内容融合进教育中，以增强德育主导性内容的时代特色。

3. 结合社会实际内容

在新的历史条件下，影响大学生的信息源具有多向性，大学生除接受教育者传递的教育信息外，还从家庭、同辈群体、大众传媒、社团组织等多种渠道中获取信息，尤其是在信息社会，大学生的信息更多地来源于网络、手机等新兴媒体和对现实生活的直接体验。各种信息连环传播、交互感染、交互强化，以交互的网状性方式辐射到大学生生活学习的各个领域。大学生受到多种信息的干扰，在接受教育信息时思想必然会出现波动，产生矛盾和冲突，这时他们运用原有的认知图式对各种信息进行比较鉴别，做出是否接受德育内容的决定，整合来自四面八方的信息，重新建构认知图式。高校德育如果不结合社会实际内容，就不能引起学生的共鸣，德育内容就会被学生的认知图式屏蔽掉。高校德育只有结合社会实际，才能贴近学生的实际，才能触摸到学生的思想脉搏，才能了解学生成长发展中的困惑，引导学生树立正确的价值取向，促进学生自主自觉自愿地改造自己的主观世界。

4. 比较中外相关内容

高校德育不是无源之水、无本之木，它需要通过开发中国传统德育资源，利用国外优秀德育资源，来丰富和充实自身。中国传统文化中蕴含着丰富的德育资源，是推进高校德育发展的思想基础。高校德育要开发我国重视道德教化、强调德育首位的传统，确立高校德育的"首位"地位；开发我国重视道德人格培养的传统，按照现代社会发展要求，将"修身"与"齐家、治国、平天下"联系起来，弘扬"八荣八耻"的社会主义荣辱观，提升大学生道德人格；开发我国强调社会整体发展、以民族利益和国家利益为重的传统，弘扬民族精神和爱国主义精神，让大学生树立起中国特色社会主义的共同理想信念。在全球化时代，高校德育要面向世界，大胆吸收利用国外有益的德育资源，对国外德育文化进行辩证审视，合理取舍。国外文化中有许多反映人类共同心理、共同美感、共同道德和时代精神的德育资源，诸如以自由、民主、平等、博爱、公平、正义等为核心的人文主义价值追求，我国高校德育可以汲取这些价值理念。现代社会，国外德育所涵盖的内容也越来越广泛，涉及人类生活的各个方面，诸如国家政策教育、人权教育、和平教育、国际理解教育、公民教育、消费教育、环保教育、现代生活方式教育等，我国高校德育可以借鉴这些教育内容，并与中国社会实际相结合。国外德育善于融会和汲取学习学、心理学、教育学、政治学、历史学、社会学、宗教学、伦理学等学科的相关知识，我国高校德育应借鉴国外德育依托于学科的经验，使自身从广度和深度上得到丰富和发展。

5. 渗透一定业务内容

高等学校的根本任务是育人，培育"又红又专"的人才，即思想道德素质和业务能力都过硬的复合型人才。大学生不仅希望在德育中学到"做人"的道理，还希望从德育中获取能够指导自己专业发展的思想，他们在遇到择业、就业和创业问题时，希望能够得到德育工作者的指导和帮助。因此，高校德育要渗透一定业务内容，帮助学生树立正确的择业、就业和创业价值观，引导学生正确对待和处理学习、就业压力，引导学生根据自身特点和社会发展趋势做出合理的职业生涯规划。如果高校德育不能将业务内容渗透其中，就会发生德育教育与专业教育"油水分离"的现象，在激烈的学习竞争和就业竞争中，学生必然会对德育教育置之不理。高校德育只有自觉地根据社会发展需要和大学生身心发展规律，把德育与传授科学文化知识结合起来，把"为人"与"治学"结合起来，使大学生既学会"做学问"又学会"做人"，才能真正受到学生的认可。

（三）整合教育内容的方式

高校德育整合教育内容的方式多种多样，诸如主题式教育、案例式教育、专题式讨论等。

1. 主题式教育

高校德育的主题教育就是把德育的内容主题化，即确立一个有意义的教育主题，在学生工作处、团委、辅导员和班主任等的指导下，学生自己通过多种途径与方式开展丰富多彩的活动，学生在活动中实现自我教育，提升综合素质的教育活动。主题教育活动的内容是以主导性内容为核心，往往与社会转型期出现的许多新情况、新问题相联系，与学生思想道德发展中的热点难点问题相联系，与历史传统相衔接。各个高校每年都要开展多次主题教育活动，有些主题教育活动内容紧跟国际国内形势，捕捉到大学生关心的最敏感而且最具有教育意义的问题，例如，2012年9月18日，为纪念"九一八"事变，为抗议日本政府"购买"钓鱼岛，许多高校开展了理性爱国主题教育活动，引导大学生从更高、更远、更深的视域来审视和观察中日关系，引导大学生冷静观察和分析问题，引导大学生以务实的态度，把浓烈的爱国情、报国志化为现实的强国力量。有些主题教育活动内容符合学生的思想实际和生活状况。例如，感恩主题教育、学雷锋主题教育、大学生文明修身主题教育等活动的开展，引导学生把专业知识学习与自身修养提高结合起来，引导学生做知书达理、诚实守信、个性鲜明、素质全面的复合型人才。有些主题教育活动内容具有地方特色和校本特色，许多学校开展的新生入学主题系列教育活动中都有一个重要内容是校史教育，通过阅读文献、观看纪录片、举办讲座、参观校史展、举办校史知识竞赛、举办主题征文大赛等形式，使大学生了解学校发展历史，增强爱校意识。有些主题教育活动以清明、端午、中秋、重阳、新年等传统节日为契机，深入挖掘传统节日的文化和精神内涵，引导学生认知传统、尊重传统、继承传统、弘扬传统，增强学生对民族文化的认同感。

2. 案例式教育

1908年，美国哈佛大学商学院开始用案例教育培养学生，案例教育现已风靡整个管理界，产生了世界性影响。当前，案例式教育在美、英、法、日等国家十分盛行，我国从20世纪80年代也开始使用此种教育方式。近年来，高校德育也开始采用案例教学法，"所谓案例教学法，就是指教师结合教学内容，从理论的高度把纷纭复杂的生活现象经过精心筛选，提炼一些典型的人物与事件，将其浓缩成一个个的案例，引导学生运用马克思主义理论剖析这些案例，在案例分析过程中，融会贯通有关的原理，使学生提高分析问题和解决问题的能力的方法"[①]。高校德育工作者围绕一定教育目的，把从社会实践中观察和搜集到的真实事例加以典型化处理的过程中要综合运用多种理论知识，案例中蕴含着丰富的教育内容，尤其是蕴含着丰富的时代内容，因为案例是经过实际调查研究挖掘出来的反映社会现实并具有一定典型意义的例子。案例中的事件一般是围绕现实问题展开的，因此案例教育中隐含着"问题"，学生在与教师共同讨论案例的过程中，引用古今中外相关知识分析案例中的问题，运用多学科的知识解决案例中的问题，学生可以获取大量的信息和知识。案例教育有利于将理论与实际联系起来，学生在讨论案例的过程中，可以加深对思想政治理论的理解，通过相互启发，发现案例中内含的矛盾，运用已有的知识和能力解决矛盾，获得新的知识和能力。

3. 专题式讨论

专题式讨论主要是指高校德育工作者结合社会、学生和教材实际，选定讨论题目，让学生提前做好讨论准备，在课堂上进行专题讨论。专题式讨论的选题遵循"三点一致"的原则，即"把学生的知识结构、思想觉悟水平和认识问题的能力作为起点，把'教学基本要求'和教学大纲主要内容作为重点，把学生对现实重大社会政治事件的理解和实际思想问题的疑点作为难点，把此三点有机统一起来确立讨论的主题"[②]。为使讨论紧凑、热烈、充实、有效，学生必须事先做好理论知识的准备和实际问题材料的搜集工作，他们在准备材料的过程中，需要对知识进行综合分析和

[①] 骆郁廷主编：《高校思想政治理论课程论》，武汉大学出版社2006年版，第224页。
[②] 张雷声主编：《新时期思想政治理论课教学方法探讨》，高等教育出版社2006年版，第58页。

加工，可以拓展他们的知识面。例如，开展关于对毛泽东评价的专题讨论，就应事先认真阅读毛泽东以及党的其他领导人的著作、传记、回忆录等文献，就应充分了解中国近代历史面临的主要矛盾，还要了解当前国际国内形势和党的路线、方针、政策。高校德育工作者在准备专题讨论的过程中，也需要搜集和整理各种资料，综合运用各种材料。在专题讨论中，教师与学生、学生与学生之间发生思想碰撞，相互启发，有利于拓展教师与学生的想象空间、思考空间和创新空间，有利于辩证地把握所讨论的问题。

二、聚集教育主体

现代社会，高校德育的教育主体不仅包括个体教育者和群体教育者，还包括个体受教育者和群体受教育者，不同的教育主体拥有独特的教育资源，只有将教育主体聚集起来，才能使教育资源涌现出来，实现教育目标。

（一）聚集教育主体的必要性

现代社会，教育者与受教育者之间的边界模糊，而且二者常可以相互转化。教育者和受教育者都拥有一定的教育资源，将他们聚集起来，使教育资源涌现，并共享教育资源，共同提高学习力。

1. 教育者与受教育者的相互转化明显且边界模糊

受主客二分思维方式的影响，传统高校德育强调教育者的主体地位和能动作用，把教育者的能动性无限拔高，而把大学生看成消极被动的"受教育者"，把"受教育者"的被动性无限放大。其结果是将教育者与"受教育者"绝对对立起来，"教育者"的职责就是"教"，学生的任务就是"学"。而且，教育者认为自己总比受教育者占有更多的知识、拥有更多经验，不考虑大学生的身心发展规律，看不到大学生的思想行为对自身的制约和影响，压制和阻碍了他们学习的积极性和主动性。在信息社会，教育者与大学生的知识占有关系发生了转变，教育者传递给学生的信息在学生可接受的信息总量中所占比重逐渐减少，学生越来越多地从社会的开放学习资源中获取到教育者未传授的知识，获取到补充与深化教育内容的知识，获取到自己认为更有价值的知识，而且学生对社会学习资源的接触与接受往往要先于教育者。在这种情况下，受教育者与教育者的边界开始模糊，受教育者与教育者的地位相互转化，也就是说，"此时的所谓'教育者'对教师而言只不过是一种制度身份，他在与学生的知识（包括价值、规范、态度、生活方式等）互动中的实际地位（或可视为实际扮演的角色）已变成一个'非教育者'；同理，此时的所谓'受教育者'对学生而言也只是一种制度身份，他在与教师的知识互动中也已变成了一个'非受教育者'"[①]。"90 后"大学生具有很强的自主意识、能动意识和创造意识，他们希望作为主体参与到教育中，表达自己的思想观点。大学生确实在许多方面都要强于教育者，大学生成为"先生"，为教育者提供丰富的知识资源。教育者在知识的占有方面处于劣势的现象也频频发生，教育者成为"学生"，被置于学习者的位置，通过与大学生的互动，教育者完善自身的知识结构，开阔自己的信息视野。教育者与大学生都要作为教育主体，教育者可以从大学生那里开发教育资源，大学生可以从教育者那里获取学习资源，使教育资源涌现，促进教育者与大学生共同成长。

2. 合作学习，共享资源

20 世纪 70 年代，美国为了提高教育质量，对传统教学组织形式进行反思与批判，正式提出合作学习。如今，合作学习的研究与实践已遍及世界各地，我国于 20 世纪 90 年代在课堂教学中引入小组活动，探讨合作学习的策略。"合作学习（Cooperative Learning 或 Collaborative Learning）又称协作学习，是以现代社会心理学、教育社会学、认知心理学等为基础，以研究与利用课堂教学中的人际关系为基点，以目标设计为先导，以师生、生生、师师合作作为基本动力，以小组活动为基本教学方式，以团体成绩为评价标准，以标准参照评价为基本手段，以大面积提高学生的学习成绩、改善班级内的社会心理气氛、形成学生良好的心理品质和社会技能为根本目标，极富创意与实效的教学理论与策略体系。"[②] 合作学习是融入良性竞争的互促学习，因为每个个体的目标非常紧密地联系在一起，每个个体目标的实现必须以团队其他个体也能够获得和实现他们的目标为前

[①] 吴康宁：《学生仅仅是"受教育者"吗？——兼谈师生关系观的转换》，载《教育研究》2003 年第 4 期。

[②] 桑青松、江芳、王贤进：《学习策略的原理与实践》，安徽教育出版社 2006 年版，第 212 页。

提。在良性竞争的互促学习中,形成学生个体与个体的互动、学生个体与群体的互动、学生群体与群体的互动、师生之间的互动、师师之间的互动,互动中的每个人都是有待开发的教育资源,通过互动实现资源共享。合作学习创设出富有活力的合作情境,生生之间、师生之间、师师之间存在认知差异、情感差异等,他们相互切磋、相互交流、相互启发、集思广益,使教育资源涌现,获取自身所需知识,完善自身认知结构。在不鼓励合作学习的教育中,学生获得的知识包括三部分,即教科书提供的知识、教师个人的知识和师生互动产生的知识,教师获得的知识只有师生互动产生的知识,而在鼓励合作学习的教育中,学生获得的知识包括四部分,即教科书提供的知识、教师个人的知识、师生互动产生的知识和生生互动产生的知识,教育者获得的知识包括师生互动产生的知识和师师互动产生的知识。

3. 创建学习型组织,提高学习力

彼得·圣吉在融合组织学习、创造原理、认知科学、群体讨论与模拟演练等理论与方法后,写出《第五项修炼——学习型组织的艺术与实务》一书,引起了人们对于学习型组织研究和实践的热潮。学习型组织是指"组织通过培养弥漫于整个组织的学习气氛,能够积极主动地、持续高效地进行组织学习,从结构、目标设计,到组织成员的思维、理念等,都具有强烈的革新和协调意识,并能驾驭组织内外环境变化的能力而获取组织成功的组织"[1]。彼得·圣吉在《第五项修炼——学习型组织的艺术与实务》提出学习型组织的五个构成要素,即五项修炼:自我超越、改善心智模式、建立共同愿景、团体学习和系统思考。[2] 这五项修炼的目的是使组织内的全体成员全身心投入并保持持续增长的学习力,学习力是一个人或一个组织学习动力、学习毅力、学习能力的综合体现。学习动力来源于学习目标,学习毅力来源于学习者的意志,学习能力来源于学习者掌握的知识及其在实践中所获得的技能和经验等。任何类型组织之间的竞争最终一定是学习力的竞争,组织竞争力的强弱与学习力成正相关关系。学习型组织善于把学习力转化为创新力,实现以观念、知识、智能更新为表征的

---

[1] 岳澎主编:《现代组织理论》,中国农业大学出版社 2010 年版,第 187 页。

[2] 参见 [美] 彼得·圣吉《第五项修炼——学习型组织的艺术与实务》,郭进隆译,上海三联书店 1998 年版,第 165 页。

制度创新、管理创新、技术创新、人力资源创新等。学习型组织善于创造和谐、民主、向上的学习氛围，营造积极的组织学习文化，建立知识与信息的共享网络，用各种补偿或奖励的形式来增加知识的共享与使用，最终实现组织及组织成员的自我超越。在高校德育系统内，创建学习型组织，使教育者和大学生充分发挥生命的潜能，在学习中体悟工作意义和人生意义，使教育主体聚集起来，实现教育资源涌现，最终提高学习力。

（二）聚集教育主体的内涵

聚集是一种特殊形式的关联，分为共享聚集和组成聚集。共享聚集是指部分可以参加多个整体。组成聚集是指整体拥有部分，整体不存在则部分消失。教育主体的聚集属于共享聚集。教育主体不仅包括个体教育者和个体受教育者，而且包括群体教育者和群体受教育者。聚集教育主体是指通过交流与互动，充分开发个体教育者、个体受教育者、群体教育者和群体受教育者四种教育主体中的教育资源，实现教育资源的涌现和共享。具体来讲，包括两个方面。

1. 聚集教育者与受教育者

在传统社会，教育者与受教育者有明确的定位和界限，二者之间具有不可逾越的鸿沟，其突出表现为二者之间的等级关系。在现代社会，教育者与受教育者的主体性都明显增强，教育者和受教育者的边界日益模糊，身份相互转化，因此，教育主体就不仅包括教育者，而且包括受教育者。"思想政治教育的教育者与受教育者，都是具有主体性的人，都是教育、教学的主体。"[①]

在高校德育中，教育者的主体性体现为四个方面：①全面、客观地认识大学生。全面、客观地认识大学生是有效开展德育活动的前提，它在整个德育活动中具有重要意义。教育者在引导组织大学生的学习活动时，必须仔细研究学生已有的知识结构、情感态度和行为倾向，因为学生真正的学习过程，是借助已有的知识与观点，去理解和探讨新的思想理论，将新的思想理论纳入旧有知识系统中，不断丰富知识系统的过程。②选择教育内容和教育方法。教育者要根据国家制定的高校德育准则选择教育内容，

---

① 张耀灿、郑永廷、吴潜涛、骆郁廷等：《现代思想政治教育学》，人民出版社2006年版，第268页。

并根据时代发展和大学生的发展提出的新要求,适时提炼出反映时代和大学生发展要求的教育内容。教育者应该随着教育情境和大学生的变化,选择有效的教育方法,根据教育内容选择灵活多样的教育方法并创造新的教育方法。③主动适应、选择和改造教育环境。在传媒高度发达的现代社会,社会环境对大学生思想行为的影响力度越来越大,社会环境影响具有自发性和多重性,呈现出无目的、无计划、无组织的自发状态。这就要求高校德育工作者认识环境、选择环境、优化环境,将环境信息转化成教育资源,开发环境的育人功能。④自我改造,自我提升。"教育者把自身作为认识和改造的对象,进行自我改造、自我提升,是教育者主体性的内在动力源泉。"① 随着社会环境的变化,教育者逐渐丧失知识权威的优势,需要不断拓展知识领域,优化知识结构,使自己与时俱进,适应时代发展的要求。教育者只有发展好自己,才能掌握真理,满足大学生求知和发展的需要。

在高校德育中,受教育者的主体性体现在以下三个方面:①选择德育内容。高校德育内容主要包含反映社会要求的具有长远性和全局性的内容,具有长远性和全局性的德育内容在一定程度上与具有短期性和局部性的个体需要存在着矛盾。如果大学生不能全面理解德育内容,就必然会把德育视为外在的强制与约束,从而以消极和被动的态度对待德育。②要求与教育者平等互动。在现代社会条件下,大学生具有较强的独立自主意识,注重个性和自我价值的实现,他们不再盲目迷信教育者的权威,而是根据自己已经获得的知识和信息,对教育内容进行质疑和批判,设法影响教育者。大学生与教育者在获得知识方面具有共同的平台,甚至比教育者获得的知识和信息还要丰富,他们对各种社会现象和社会问题都有自己的看法,拒绝教育者的单向灌输,要作为独立人格的主体通过平等的双向互动,表达自己的见解。③对自教自律的诉求。在现代社会,大学生的主体意识不断增强,他们越来越不能满足自己在德育过程中的被动地位,他们希望将自己的思想观念、需要、行为内在地统一起来,使自己在德育过程中发挥主体作用,自觉自愿地改造主观世界,不断地建构自我、发展自我和完善自我,因此,他们希望采取自教自律的德育方式。自教自律既是大

---

① 张耀灿、郑永廷、吴潜涛、骆郁廷等:《现代思想政治教育学》,人民出版社 2006 年版,第 276 页。

学生主体性发展到一定程度的产物，又是大学生主体性发展的必然结果和归宿。

在高校德育中，教育者与受教育者都具有主体性，都是教育主体，将他们聚集起来，可以使各种教育资源涌现出来。教育者可以更好地了解受教育者已有的知识结构、情感态度和行为倾向，进而选择适合受教育者的教育内容和教育方法，使受教育者更自觉地认同教育内容。将教育者与受教育者聚集起来，受教育者可以与教育者平等互动，受教育者可以充分表达自己的见解，教育者可以将受教育者的观点融入以后的教育中，丰富教育内容。

2. 聚集群体教育者、聚集群体受教育者

在马克思看来，人在现实社会中有三种存在形态，即"人类作为种属的一般形态；群体作为不同社会类型的特殊形态；个人作为有个性的人的个别形态"①。物以类聚，人以群分。人以群体作为最基本的存在形态，因为只有在群体中个人才能表现出丰富的联合性和整体性。每个人都以不同方式与他人发生直接或间接的思想交流和行为交互，在特定的时空条件下，具有相同或相似特征的思想交流和行为交互会趋于相对稳定状态，形成群体现象。在教育者与受教育者中都存在各种群体，每个群体特点不同，所拥有的知识、所持的价值观念和行为方式都不同，每个群体中都蕴含着不同的教育资源，因此，要将群体教育者和群体受教育者分别聚集起来，开发群体教育资源。

第一，聚集群体教育者。每个教育者都分属于不同的群体，形成群体教育者。在高校德育中，群体教育者主要包括德育专职教师群体、专业教师群体、管理人员群体和服务人员群体。德育专职教师群体包括思想政治理论课教师和专职辅导员。中共中央、国务院《关于进一步加强和改进大学生思想政治教育的意见》中强调，思想政治理论课教师和专职辅导员是高校德育专职教师，是开展大学生思想政治教育的骨干力量。德育专职教师群体能够自觉坚持社会主义的政治方向，能够系统掌握马克思主义理论、思想政治教育的专业知识和相关学科知识，具有运用真理、事理和情理来引导大学生的能力。专业教师群体具有高水平的学术素养，他们丰硕的学术成果可以激发学生的专业兴趣，他们的求真务实精神和艰苦探索

---

① 孙鼎国主编：《世界人学史》（第4卷），河北人民出版社2003年版，第278页。

精神可以增强学生追求事业的责任感。管理人员群体管理的是教育资源，他们对教育资源的管理是否合理关系到大学生的全面发展与健康成长，管理人员群体规范化和科学化的管理可以为学生的学习生活提供更好更多的资源。服务人员群体以自身良好的职业道德影响学生，以优质的服务感染学生，使学生在接受服务中受到潜移默化的教育。不同的群体教育者拥有相异的教育资源，只有将他们聚集起来，综合开发不同群体教育者的教育资源，才能形成教育合力。

第二，聚集群体受教育者。大学生中存在着各种小群体，每个大学生都分属于不同的群体，每个群体在心理特征、思想观念和行为方式等方面都各具特色，这些具有不同特点的群体就形成群体受教育者。《关于进一步加强和改进大学生思想政治教育的意见》中指出，大学生存在的群体主要有：政治先进群体、共青团和学生组织群体、网络教育群体、心理教育群体、经济困难群体、毕业生群体、新型学生群体。对大学生群体进行分类的标准有多种，例如，根据群体规模大小分为大型群体和小型群体，根据群体的实际存在程度分为实际群体和假设群体，根据群体建立的原则、目的和方法等分为正式群体和非正式群体，根据群体在大学生心目中的形象分为标准群体和一般群体。每个大学生群体都具有独特的主体目标、组织结构、运行方式、时空形态等，他们通过自我管理实现群体凝聚，通过思想交流和实践活动提高思辨能力、交往能力、实践能力和创新能力。每个大学生群体中都隐藏着丰富的教育资源，只有将他们聚集起来，综合开发不同大学生群体的教育资源，才能形成相互竞争、相互学习和相互促进的教育场域。

（三）聚集教育主体的前提

聚集教育主体，使教育资源涌现的前提是教育主体之间的平等互动。因为，只有在平等互动中，教育主体才不会把对方看作被动等待的对象，而是看作与"我"共同讨论"同一话题"的对话中的"你"，教育主体之间才能形成一种同伴式的"参与—合作"关系，才能创造出一个充满自由、民主和活力的教育情境。教育主体置身其中，才能真正地传播、交流和沟通信息，才能不断重构自己的知识和价值观念。

在高校德育中，教育主体之间的平等互动，主要包括教育者与受教育者之间的平等互动、受教育者之间的平等互动、教育者之间的平等互动。

第一，教育者与受教育者之间的平等互动。教育者与受教育者作为平等的主体，相互影响、相互作用、相互渗透，在高校德育活动中展示出来的是一种交往主体性，而不是占有主体性。教育者与受教育者双方都把对方当作与自己相同的"人"来看待，教育者通过全面认识受教育者、科学掌握和运用教育客体、适应和优化教育环境等活动来提供教育资源。受教育者根据自己已经获得的知识和信息，对教育内容进行质疑和批判，通过提问、反驳、争论、探讨等方式与教育者深入交流以丰富教育活动。教育者与受教育者通过平等互动，可以丰富对方的精神世界，并创造性地生成新的精神文化。

第二，受教育者之间的平等互动。个体受教育者因其家庭背景、成长环境、性别差异、所学专业、面临问题、知识结构、智力活动方式等的不同，形成不同的心理特征、思想观念和行为方式，他们只有在平等互动中，才能互通有无，相互学习，相互影响。群体受教育者因其群体的目标、构成人员、组织结构和运行方式等的差异，有各自的价值规范和规章制度，举办丰富多样的群体活动，如体育活动、艺术活动、科技活动、志愿活动、文学活动等，通过这些群体活动，他们不但能够进行自我教育，而且可以帮助他人，成为他人的教育资源。

第三，教育者之间的平等互动。个体教育者因其年龄、性别、家庭环境、知识结构、生活经验、学术研究方向等的差异，形成不同的思想观念和思维方式，他们可以通过建立教学共同体和学术共同体的方式聚集起来，共同成长。群体教育者因其工作性质、工作内容、工作方式等的不同，有各自的教育经验和错位优势，通过平等交流平台，才能相互了解，共享教育资源，发挥合力育人优势。

（四）聚集教育主体的方式

在高校德育中，聚集教育主体要通过教育交往的方式，因为教育交往不仅是人的思想道德素质形成的基础，也是人的思想道德观念得以呈现的方式。聚集教育主体的方式多种多样，有合作学习、探究学习、实践活动、虚拟互动等。

1. 合作学习

合作学习是相对于"个体学习"而言的，是指受教育者在教育者指导下，受教育者为了完成学习任务分成小组或团队，明确责任，互相帮助。在合作学习中，学习团队为了实现共同目标，需要自由、自主地交流和讨论，激发团队成员学习的积极性，有效发挥学习潜能，提高学习效率。在合作学习中，团队成员形成一种伙伴关系，每个人首先进行独立学习和独立思考，然后在和谐、民主的氛围中进行交流和讨论，形成优势互补、资源共享的局面，借助集体的智慧提高自身的思想道德素质。在合作学习中，教育者由关注个人到关注每个小组或团队，可以将每个团队的知识信息吸纳进来，丰富教育内容，开阔视野，提高教学和辅导艺术。

2. 探究学习

在高校德育中，探究学习是指受教育者在教育者指导下为科学探索马克思主义理论与思想政治教育问题而展开的学习活动。在探究学习中，教育者发挥主导作用，教育者直接给受教育者布置需要探索的问题，或者征集受教育者希望探索的问题再进行修改整理后布置给受教育者，并指导受教育者搜集资料、开展研究、解析问题等。受教育者通过一段时间的探究后，将探究的问题整理成文字材料，向班级其他同学介绍，教育者进行点评，进一步引导受教育者思考、探究相关问题。经过探究学习，受教育者学会收集材料和整理材料，学会如何寻找问题和分析问题，学会如何运用所学马克思主义理论分析社会现实问题。经过探究学习，促进教育者进一步研究难点问题，汲取不同学科的知识，扩展知识面，为深入指导受教育者的探究学习做好准备。

3. 实践活动

在高校德育中，聚集教育主体的实践活动，主要包括思想政治理论课实践教学、校园实践活动和校外实践活动。

（1）思想政治理论课实践教学。思想政治理论课教学不是简单地传授某一方面的知识，而是要让大学生树立正确的信念，形成符合社会发展要求的行为方式，因此，通过专题讲座、社会调查、课堂讨论、课外研讨、参观考察等实践教学，可以使大学生正确认识社会，深化理论认识，产生学习兴趣。

（2）校园实践活动。校园实践活动主要是指学生社团活动，主要有文明修身类、学术科技类、社会工作与社团类、文体艺术类、志愿服务与勤工助学类、创新创业类六种活动。[1] 大学生自觉自愿聚集起来开展社团

---

[1] 参见胡树强《大学生社会实践教育理论与方法》，人民出版社 2010 年版，第 149 页。

活动，在互相配合中提高合作能力，在自我教育和自我管理中主动成长、自由发展。通过策划、组织社团活动，内隐在大学生身上的教育资源可以充分涌现出来。

（3）校外实践活动。通过社会调查、志愿服务、勤工助学、挂职锻炼和生产实习等校外实践活动，使教育与生产劳动结合起来，有利于大学生运用所学理论发现问题、分析问题并创造性地解决问题，他们内隐的创造潜力得以挖掘。

4. 虚拟互动

在信息社会，网络已成为各种信息的集散地和社会舆论的放大器，网络信息和舆论由于具有虚拟性、开放性、互动性、情绪性和突发性等特点，传播的速度之快和传播的范围之广都是传统信息和舆论不可比拟的。尤其是微博的应用，使信息和舆论传播的速度更是以几何级数增长，微博已成为大学生接受和发布信息的一个重要平台。微博通过转发机制，在极短的时间里可能把某个事件放大为整个社会关注的热点，社会事件的当事人和众多目击者第一时间将近似原生态的信息向外传播并不间断连续报道，事件有关各方、媒体人、旁观者都可以将自己的看法观点在微博上流转、汇聚和碰撞。教育者和受教育者都能够快速接收、理解、评判和容纳各种事实信息和评论信息，进而构筑自己对客观世界的认知图式。虽然微博可以让人更清楚地了解事件的细节和过程，但不超过 140 字的片言碎语容易将知识碎片化。这些碎片化的知识影响大学生对信息的甄别与选择，容易做出错误的价值判断，这就需要教育者在与大学生分享信息的同时，根据学生的需要，开辟专题或在线帮助，让学生发表自己观点的同时，补充、修改和引导他们建构完善的认知图式。

三、教育目标共生

德育目标规定着德育活动的价值取向，是德育活动的起点和归宿。1995 年颁布的《中国普通高等学校德育大纲（试行）》，第一次明确地、完整地提出了"德育目标"的概念。划分德育目标的标准和方法很多，本书根据目标内容将高校德育目标划分为社会目标和个体目标。高校德育整合教育内容、聚集教育主体就是要使教育资源涌现出来，最终实现社会目标与个体目标的共生。

(一) 教育目标共生的依据

埃德加·莫兰指出，人是个人、社会和族类三者整合的统一体，它们三者处于"个人⟷社会⟷族类"的圆环之中，"个人⟷社会⟷族类"是三元联立的、统一的。人不是抽象的概念，而是"现实的人"。"现实的人"无论从事何种社会实践，都不可能完全脱离社会和族类而孤立地进行。个人是人类族类繁衍的产物，人类族类的繁衍过程又离不开两个两个的个人。因此，"我们不能把个人绝对化，使他成为这个圆环的最高目的；我们也不能对族类或社会这样做。在人类学的层面上，社会为个人而生存，而个人为社会而生存；社会与个人为族类而生存，而族类又为个人与社会而生存。这三项中的每一项都同时是手段和目的：是文化和社会使得个人可能长成，是个人之间的相互作用使得文化可能永续和社会可能自我组织"[1]。因此，一方面，作为内在于社会整体中的个体，他有对社会、族类共在价值的肯定；另一方面，作为个体的人，他有对自我存在价值的肯定。每一个个体都与社会、族类有一种相互依存、相互联系的价值关联性。如社会学家爱弥尔·涂尔干所说："事实上，两者并不势不两立，各自的发展并不以牺牲对方为代价；相反，两者是相辅相成的。个人只有趋向于社会，才能趋向于自己。社会对个人施加的影响，主要是通过教育来实现的，其目的和作用根本不是去压制和消灭个人，剥夺他的天性；相反，是促进个人成长，使他成为一个真正意义上的人。"[2] 高校德育既可以实现带有全局性、普遍性、战略性的社会目标，又可以实现局部性、差异性、战术性的个体目标。社会目标与个体目标是辩证统一的，社会目标包含个体目标，个体目标体现社会目标。

(二) 教育目标共生的内涵

高校德育目标既要体现社会主义的政治方向，以促进社会发展为外在指向，培养社会主义事业的合格建设者和可靠接班人，又要体现以人为

---

[1] [法] 埃德加·莫兰：《复杂性理论与教育问题》，陈一壮译，北京大学出版社2004年版，第40页。
[2] [法] 爱弥尔·涂尔干：《道德教育》，陈光金、沈杰、朱谐汉译，上海人民出版社2006年版，第240页。

本，以促进大学生成长成才成人为内在指向，使大学生思想道德素质、科学文化素质和身心素质得以协调发展。高校德育的社会目标是主导性目标，个体目标是层次性目标，两者相互联系，相互促进，忽视其中任何一个，高校德育都不可能健康发展。

缺乏社会的主导性目标，个体的层次性目标就失去风向标。德育层次性目标的选择和制定必须以主导性目标为前提和根本，因为德育的主导性目标决定了德育的方向和性质。德育的主导性目标一旦丧失，高校德育将像成为无家可归的流浪者，四处漂泊，迷失社会主义方向，使受教育者思想混乱，失去批判力和鉴别力。

缺乏个体的层次性目标，社会的主导性目标难以落实。没有个体的层次性目标，高校德育必定是没有创造力的，是死的、静的。中华人民共和国成立后至"文化大革命"结束，我国高校以社会为本位，在德育目标定位上过分强调统一性、政治性，缺乏层次性与现实性，显得单调、空洞，远离学生的认知水平和生活实际，导致高校德育缺乏活力和生气。

高校德育目标共生就是要在社会的主导性目标中体现个体的层次性目标，同时用个体的层次性目标促进社会的主导性目标。

（三）教育目标共生的方式

社会的主导性目标要通过强化显性教育的凝聚力与影响力来实现，个体的层次性目标要通过发挥隐性教育的渗透力与辐射力来实现。要达成教育目标的共生，需要显性教育与隐性教育的有机结合。

1. 强化显性教育的凝聚力与影响力

在高校德育中，显性教育是指德育主体根据德育内容策划组织的，直接公开地对大学生进行德育教育的正规方式的总和。显性教育是一种"有形"的教育方式，具有规范性、专门性和公开性等特点，是由国家或组织用制度的形式予以规范、高校德育工作者专门设置与策划的、利用公开场合与公开方式表达德育的要求和主张，让大学生直接感受和接受德育影响的德育活动。显性教育主要包括思想政治理论课教学、党员培训课程、入党积极分子培训课程、团日主题活动、先进人物事迹报告会等。显性教育具有较强的影响力，它所承载的教育信息大多具有较强的思想理论性和政治导向性，能够对各种错误思想文化形成批判力量，增强社会主义主导文化的声音，使社会主义主导文化深入人心，充分发挥社会主义主导文化的影响力。显性教育具有较强的凝聚力，它通过有组织的、公开的信息传递渠道，将党和政府的大政方针及随形势变化不断调整的政策及时传达给大学生，将大学生未知的思想理论和实事性信息及时传送给他们，使他们知情、明理、践行，在思想和行动上与社会发展方向保持一致。随着经济全球化、政治民主化、文化多样化和社会信息化的发展，环境信息对大学生思想行为的影响越来越大，大学生自主选择的机会增加，自主选择的范围扩大，但是他们又显得迷茫困惑，漂浮不定。这恰好说明显性教育的育人作用发挥得还不够，更需要强化显性教育的凝聚力和影响力，把主导性内容与学生的思想和生活实际结合起来，有效引导学生过滤、选择和优化环境信息，不断提高大学生的思想认识，使他们认同社会主义核心价值体系，实现高校德育应有的政治功能和社会目标。

2. 发挥隐性教育的渗透力与辐射力

在高校德育中，隐性教育是指寓于显性教育之外的学习活动和生活实践中不为大学生明确感知的德育方式的总和。隐性教育是一种"无形"的教育方式，具有渗透性、潜隐性和非规范性等特点。隐性教育把带强制性的教育目的巧妙地隐藏在"非教育"的日常生活、校园文化、社会活动、网络等领域，以文明宿舍建设活动、文体活动、科技创新活动、志愿服务、演讲比赛、社会实践活动、创办青年网站等活动为载体。隐性教育具有较强的渗透力，它将德育的社会要求和内容潜隐在大学生学习生活的各个角落，渗透到第二课堂活动中，德育的社会要求和内容变为大学生开展活动所需的知识信息，于是，他们就会自觉自愿地学习，德育"润物细无声"地浸润着他们的思想，潜移默化地影响着他们的行为，发挥着滴水穿石的持久影响力。隐性教育具有较强的辐射力，它的覆盖面比显性教育要广泛得多，它充分利用大学生学习生活中存在的教育因素和活动形式，灵活应对不断涌现的新情况、新问题，寓教于事、寓教于乐，全方位辐射到学习与生活领域、理论与实践领域、现实与虚拟领域，满足大学生的个性化和多样化需求。

3. 显性教育与隐性教育的有机结合

显性教育始终处于主导地位，只有通过显性教育才能对社会意识领域的复杂局面进行有效的控制，才能使高校德育显示出强势地位，才能使隐性教育顺利渗透到大学生的学习和生活中，并保持其应有的影响力。隐性教育在多样化活动空间中满足学生多样化发展需求，更贴近学生的实际生活，具有较强的渗透力和辐射力，有利于促进学生对显性教育中思想道德理论与规范的理解和接受，有利于正确观念的形成和道德习惯的养成，具有显性教育不可替代的作用，是显性教育的重要补充。显性教育与隐性教育是"皮"与"毛"的主辅关系，不能抑"显"扬"隐"，更不能以"隐"代"显"。"在当前意识形态多元共存的社会中，显性教育比隐性教育更能及时快速地实现对社会意识和思想的导控。一旦用隐性教育代替显性教育，思想政治教育的战斗性和对社会的直接影响功能就难以体现，特别是长期依托和潜隐于非政治领域活动的存在形式，非常容易被所依托的活动掩盖甚至取代，以致丧失思想政治教育的存在形式和影响力。"[①] 高校德育必须坚持显性教育的主导地位，并用隐性教育之优势弥补显性教育之不足，推动显性教育与隐性教育齐头并进，实现德育目标的共生。

---

① 罗洪铁、董娅主编：《思想政治教育原理与方法：基础理论研究》，人民出版社2005年版，第437页。

结　语

人类认识事物、探寻真理离不开一定的工具和手段，其中思维方式就是不可或缺的工具和手段。人类任何活动的背后都是由一定的思维方式来指导，高校德育也不例外。长期以来，我们对高校德育进行了许多细枝末节的改革，但总觉得效果不佳，实效不明显，其原因就在于没有找到问题的根本所在。高校德育各种问题形成的原因多种多样，但深层原因是思维方式的简单性造成的，在宏观层面，高校德育系统与社会环境之间存在脱节的问题；在中观层面，高校德育各子系统之间存在割裂的问题；在微观层面，高校德育系统各要素之间存在结构不合理的问题。

复杂性思维方式是在复杂性科学活动领域中孕育、滋生出来的，它已经超越了复杂性科学的领域，从自然科学领域推进到社会科学领域，被提升到一般化和普遍化的哲学认识论高度。复杂性思维方式的兴起为我们提供了一个思考高校德育的新视角。

哲学家托马斯·库恩指出："范式一改变，这世界本身也随之改变了。科学家由一个新范式指引，去采用新工具，注意新领域。甚至更为重要的是，在革命过程中科学家用熟悉的工具去注意以前注意过的地方时，他们会看到新的不同的东西。这就好像整个专业共同体突然被载运到另一个行星上去，在那儿他们过去所熟悉的物体显现在一种不同的光线中，并与他们不熟悉的物体结合在一起。"① 运用复杂性思维方式透视高校德育，我们可以看到一些新的不同的东西：高校德育系统是一个复杂系统，具有非线性、耗散性、整体性等特征。高校德育系统的非线性主要表现在两个方面：①高校德育子系统之间的非线性。高校德育系统包括教学系统、管理系统和服务系统等，这些子系统构成错综复杂的相互关系，其作用力在

---

① ［美］托马斯·库恩：《科学革命的结构》，金吾伦、胡新和译，北京大学出版社2003年版，第101页。

方向和程度上都是有差异的。②高校德育系统构成要素之间的非线性。高校德育系统构成要素中的主体、客体、介体、环体等相互联系、相互作用、相互影响，主体与客体、主体与介体、主体与环体、客体与介体、客体与环体、介体与环体等多对关系交织在一起。高校德育系统的耗散性主要表现在：高校德育每个子系统都在耗费环境中的物质、能量和信息，同时又在向环境中释放物质、能量和信息。在开放社会，社会环境时刻都在影响着教育者和受教育者，教育者和受教育者都在选择吸收外界信息，而后又将价值评价和行为实践释放到社会环境中。

复杂性思维方式将成为高校德育思维方式的必然选择。①经济市场化、政治民主化、文化多样化、社会信息化等社会变革同时涌现，现代社会环境的复杂多变，致使影响大学生思想行为的因素越来越具有不确定性和不可控性，并给大学生的发展造成种种问题，这要求高校德育扬弃简单性思维方式，运用非线性、立体、综合的复杂性思维方式，系统整体地思考和解决问题，使高校德育在适应与优化社会环境中向前发展。②原来简单的泛政治化德育、知性德育、生活德育等都不能满足大学生全面发展的需求。大学生追求知识、能力与素质的和谐发展，身心素质、科学文化素质与思想政治素质的和谐发展，物质需要与精神需要的和谐发展，这要求扬弃简单的应试德育，以复杂性思维方式为方法论基础开展素质德育。③影响大学生思想行为的原因是多种多样的，不能进行简单归因。过去，高校德育中存在种种简化现象：如果学生出现道德问题，就寻找道德原因；如果学生出现心理问题，就寻找心理原因；如果学生出现思想问题，就寻找思想原因。学生的心理、道德、思想问题（果）与其产生原因（因），这两个变量在时空上并不是很接近的、并不是紧密相连的，其间还有其他许多变量。因此，高校德育要"撇开因果在时间与空间上是接近的观念"①，运用复杂的非线性思维方式，探寻影响大学生思想行为的复杂原因，寻找他们思想行为产生的多种结果。

美国教育学家克罗韦尔说："教育面临的最大挑战，不是技术、不是

---

① ［美］彼得·圣吉：《第五项修炼——学习型组织的艺术与务实》，郭进隆译，上海三联书店1998年版，第70页。

资源、不是责任感，而是……去发现新的思维方式。"① 复杂性思维方式是一种新的思维方式，能够为高校德育提供一种新视角，能够提供面向德育实践的方法论，为德育实践的发展指明方向和路线。但是，复杂性思维方式不是包医百病的灵丹妙药，它不能为高校德育提出面向具体德育活动的方法或方案。

---

① ［美］克罗韦尔：《思维的新方式：未来的挑战》，载瞿葆奎主编《教育学文集·国际教育展望》，人民教育出版社1993年版，第330页。

参考文献

一、中文参考文献

[1] 中共中央马克思恩格斯列宁斯大林著作编译局. 马克思恩格斯选集. 第 1-4 卷 [M]. 北京：人民出版社，1995.

[2] 中共中央马克思恩格斯列宁斯大林著作编译局. 马克思恩格斯全集：第 1 卷 [M]. 北京：人民出版社，1956.

[3] 中共中央马克思恩格斯列宁斯大林著作编译局. 马克思恩格斯全集：第 42 卷 [M]. 北京：人民出版社，1979.

[4] 中共中央马克思恩格斯列宁斯大林著作编译局. 马克思恩格斯全集：第 46 卷 [M]. 北京：人民出版社，1979.

[5] 中共中央马克思恩格斯列宁斯大林著作编译局. 列宁选集：第 1 卷 [M]. 北京：人民出版社，1995.

[6] 中共中央马克思恩格斯列宁斯大林著作编译局. 列宁全集：第 55 卷 [M]. 北京：人民出版社，1990.

[7] 邓小平. 邓小平文选：第 3 卷 [M]. 北京：人民出版社，1993.

[8] 江泽民. 江泽民论有中国特色社会主义：专题摘要编 [M]. 北京：中央文献出版社，2002.

[9] 中共中央宣传部. 毛泽东邓小平江泽民论思想政治工作 [M]. 北京：学习出版社，2000.

[10] 教育部思想政治工作司组. 大学生思想政治教育理论与实践 [M]. 北京：高等教育出版社，2009.

[11] 金生鈜. 德性与教化 [M]. 长沙：湖南大学出版社，2003.

[12] 高德胜. 生活德育论 [M]. 北京：人民出版社，2005.

[13] 戚万学，等. 静水流深见气象：鲁洁先生的教育思想与教育情怀 [M]. 北京：教育科学出版社，2010.

[14] 埃德加·莫兰. 复杂思想：自觉的科学［M］. 陈一壮，译. 北京：北京大学出版社，2001.

[15] 上海交通大学. 智慧的钥匙：钱学森论系统科学［M］. 上海：上海交通大学出版社，2005.

[16] 北京大学现代科学与哲学研究中心. 复杂性新探［M］. 北京：人民出版社，2007.

[17] 中国百科大辞典编撰委员会. 中国百科大辞典：普及版［M］. 北京：中国大百科全书出版社，2005.

[18] 黑格尔. 小逻辑［M］. 贺麟，译. 北京：商务印书馆，1980.

[19] 杨楹. 精神的脉络：思维方式的历史研究［M］. 福州：福建人民出版社，2000.

[20] 黑格尔. 哲学史讲演录：第4卷［M］. 贺麟，王太庆，译，北京：商务印书馆，1978.

[21] 陈中立，杨楹，林振义，倪健民. 思维方式与社会发展［M］. 北京：社会科学文献出版社，2001.

[22] 许志峰，陈欣敏，王鹏娟. 现代科学技术概论［M］. 长春：东北师范大学出版社，2006.

[23] 马林. 思维科学知识读本［M］. 北京：中共中央党校出版社，2009.

[24] 李红革. 现代思维模式研究［M］. 长沙：湖南人民出版社，2009.

[25] 爱因斯坦. 爱因斯坦文集：第1卷［M］. 许良英，赵中立，李宝恒，范岱年，编译. 北京：商务印书馆，1976.

[26] 彭新武. 复杂性思维与社会发展［M］. 北京：中国人民大学出版社，2003.

[27] 刘祖云. 发展社会学［M］. 北京：高等教育出版社，2002.

[28] 克劳斯·迈因策尔. 复杂性中的思维［M］. 曾国屏，译. 北京：中央编译出版社，1999.

[29] 皮埃尔·布迪厄，华康德. 实践与反思：反思社会学导论［M］. 李猛，李康，译. 北京：中央编译出版社，1998.

[30] 自然辩证法百科全书编委会. 自然辩证法百科全书［M］. 北

京：中国大百科全书出版社，1995.

[31] 王学珍，郭建荣．北京大学史料：第一卷（1898—1911）[M]．北京：北京大学出版社，2000.

[32] 王国维．王国维文集：第3卷[M]．北京：中国文史出版社，1997.

[33] 陈桂生．中国德育问题[M]．福州：福建教育出版社，2006.

[34] 刘书林．思想道德修养：教师用书[M]．北京：清华大学出版社，2002.

[35] 郑永廷，江传月，等．主导德育论：大学生思想政治教育一元主导与多样发展研究[M]．北京：人民出版社，2008.

[36] 刘庆昌．教育思维论[M]．广州：广东教育出版社，2008.

[37] 苗东升．系统科学大学讲稿[M]．北京：人民出版社，2007.

[38] 冯·贝塔朗菲．一般系统论：基础、发展和应用[M]．林康义，魏宏森，译．北京：清华大学出版社，1987.

[39] 李辉．现代思想政治教育环境研究[M]．广州：广东人民出版社，2005.

[40] 李辉，等．大学生环境适应优化理论与方法[M]．北京：人民出版社，2010.

[41] 鲁洁．超越与创新[M]．北京：人民教育出版社，2001.

[42] 李冀．教育管理辞典[M]．北京：中国三环出版社，1989.

[43] 教育部思想政治工作司．加强和改进大学生思想政治教育重要文献选编：1978—2008[M]．北京：中国人民大学出版社，2008.

[44] 联合国教科文组织国际教育发展委员会．学会生存：教育世界的今天和明天[M]．北京：教育科学出版社，1996.

[45] 李合亮．解析与建构——当代中国思想政治教育的哲学反思[M]．北京：人民出版社，2010.

[46] 雅斯贝尔斯．什么是教育[M]．邹进，译．北京：生活·读书·新知三联书店1991.

[47] 盛云，段志锦．1999—2009大学生特点十年变迁与学生工作问题研究[M]．大连：东北财经大学出版社，2009.

[48] 国家教育委员会办公厅．高等学校领导干部阅读文件选编[M]．北京：高等教育出版社，1990.

[49] 张焕庭. 西方资产阶级教育论著选 [M]. 北京：人民教育出版社，1979.

[50] 冯建军. 当代主体教育论 [M]. 南京：江苏教育出版社，2004.

[51] 项贤明. 泛教育论 [M]. 太原：山西教育出版社，2004.

[52] 刘卓红，钟明华，等. 开放德育论：大学生思想政治教育继承借鉴与批判创新研究 [M]. 北京：人民出版社，2008.

[53] 万光侠，等. 思想政治教育的人学基础 [M]. 北京：人民出版社，2006.

[54] 金生鈜. 规训与教化 [M]. 北京：教育科学出版社，2004.

[55] 刘建军，曹一建. 思想理论教育原理新探 [M]. 北京：高等教育出版社，2006.

[56] 夸美纽斯. 大教学论 [M]. 傅任敢，译. 北京：人民教育出版社，1984.

[57] 高德胜. 知性德育及其超越 [M]. 北京：教育科学出版社，2003.

[58] 约翰·杜威. 确定性的寻求：关于知行关系的研究 [M]. 傅统先，译. 上海：上海人民出版社，2005.

[59] 欧阳教. 德育原理 [M]. 台北：文景出版社，1988.

[60] 马尔库塞. 现代文明与人的困境：马尔库塞文选 [M]. 李小兵，译. 上海：上海三联书店，1989.

[61] 冯增俊. 当代西方学校道德教育 [M]. 广州：广东教育出版，1993.

[62] 郑永廷，张彦. 德育发展研究：面向 21 世纪中国高校德育探索 [M]. 北京：人民出版社，2006.

[63] 万俊人. 现代性的伦理话语 [M]. 哈尔滨：黑龙江人民出版社，2002.

[64] 高兆明，李萍，等. 现代化进程中的伦理秩序研究 [M]. 北京：人民出版社，2007.

[65] 万光侠. 市场经济与人的存在方式 [M]. 北京：中国人民公安大学出版社，2002.

[66] 姚洋. 中国道路的世界意义 [M]. 北京：北京大学出版

社，2010.

［67］闫健. 让民主造福中国：俞可平访谈录［M］. 北京：中央编译出版社，2009.

［68］约翰·杜威. 民主主义与教育［M］. 王承绪，译. 北京：人民教育出版社，2001.

［69］阿尔温·托夫勒. 未来的震荡［M］. 任小明，译. 成都：四川人民出版社，1985.

［70］道格拉斯·C. 诺斯. 经济史中的结构与变迁［M］. 陈郁，罗华平，等，译. 上海：上海人民出版社，1994.

［71］王葎. 价值观教育的合法性［M］. 北京：北京师范大学出版社，2009.

［72］嘉格伦. 网络教育——21 世纪的教育革命［M］. 万小器，程文浩，译. 北京：高等教育出版社，2000.

［73］尼葛洛庞帝. 数字化生存［M］. 胡泳，等，译. 海口：海南出版社，1997.

［74］霍福广，刘社欣. 信息德育论［M］. 北京：人民出版社，2008.

［75］高德胜. 道德教育的时代遭遇［M］. 北京：教育科学出版社，2008.

［76］张耀灿，高长舒，王体正. 高校灵魂工程：新世纪高校思想政治教育前瞻性研究［M］. 武汉：武汉大学出版社，2002.

［77］曼纽尔·卡斯特. 网络社会的崛起［M］. 夏铸九，王志弘，等，译. 北京：社会科学文献出版社，2003.

［78］徐涌金. 大学生素质教育教程［M］. 北京：中国标准出版社，2008.

［79］伊·谢·科恩. 自我论［M］. 佟景韩，译. 北京：生活·读书·新知三联书店，1986.

［80］郭湛. 主体性哲学［M］. 昆明：云南人民出版社，2002.

［81］瞿葆奎. 教育学文集：智育［M］. 北京：人民教育出版社，1993.

［82］瓦·阿·苏霍姆林斯基. 给教师的一百条建议［M］. 周蕖，王义高，译. 天津：天津人民出版社，1981.

[83] 张耀灿，郑永廷，吴潜涛，骆郁廷，等．现代思想政治教育学[M]．北京：人民出版社，2006.

[84] 苏振芳．思想政治教育学[M]．北京：社会科学文献出版社，2006.

[85] 王礼湛，陈杰，陆树程．思想政治教育学：第三版[M]．杭州：浙江大学出版社，1989.

[86] 黄楠森．人学原理[M]．南宁：广西人民出版社，2000.

[87] 韩庆祥，亢安毅．马克思开辟的道路：人的全面发展研究[M]．北京：人民出版社，2005.

[88] 袁贵仁，韩庆祥．论人的全面发展[M]．南宁：广西人民出版社，2003.

[89] 李明．大学生学习学[M]．开封：河南大学出版社，2004.

[90] 高清海，等．社会发展哲学：中国现代化的理性思考[M]．北京：高等教育人民出版社，1999.

[91] 北京师大等七年师范院校．欧洲哲学史教程[M]．福州：福建人民出版社，1983.

[92] 杨维，刘苍劲，等．素质德育论：大学生的现代适应与综合素质培养研究[M]．北京：人民出版社，2008.

[93] 沈壮海．思想政治教育有效性研究[M]．武汉：武汉大学出版社，2008.

[94] 埃德加·莫兰．复杂性理论与教育问题[M]．陈一壮，译．北京：北京大学出版社，2004.

[95] 休谟．人性论[M]．关文运，译．北京：商务印书馆，1980.

[96] 杜威．杜威五大演讲[M]．胡适，译．合肥：安徽教育出版社，1999.

[97] 张澍军．德育哲学引论[M]．北京：中国社会科学出版社，2008.

[98] R．尼布尔．道德的人与不道德的社会[M]．蒋庆，阮炜，黄世瑞，王守晶，牛振辉，译．贵阳：贵州人民出版社，2009.

[99] 杨国荣．伦理与存在：道德哲学研究[M]．上海：上海人民出版社，2002.

[100] 约翰·杜威．新旧个人主义：杜威文选[M]．孙有中，蓝克

林，裴雯，译. 上海：上海社会科学出版社，1997.

［101］陶行知. 陶行知全集：第四卷［M］. 成都：四川人民出版社，1991.

［102］郑永廷. 现代思想道德教育理论与方法［M］. 广州：广东高等教育出版社，2000.

［103］乌尔里希·贝克. 风险社会［M］. 何博闻，译. 南京：译林出版社，2004.

［104］苗丽芬. 大学生日常思想政治教育实效性研究［M］. 北京：高等教育出版社，2009.

［105］顾钰民. 马克思主义理论学科建设研究［M］. 上海：复旦大学出版社，2009.

［106］刘小新，等. 当代大学生主导价值观研究［M］. 北京：首都师范大学出版社，2005.

［107］骆郁廷. 高校思想政治理论课程论［M］. 武汉：武汉大学出版社，2006.

［108］张雷声. 新时期思想政治理论课教学方法探讨［M］. 北京：高等教育出版社，2006.

［109］桑青松，江芳，王贤进. 学习策略的原理与实践［M］. 合肥：安徽教育出版社，2006.

［110］岳澎. 现代组织理论［M］. 北京：中国农业大学出版社，2010.

［111］韩庆祥. 马克思主义人学思想研究［M］. 郑州：河南人民出版社，1996.

［112］胡树强. 大学生社会实践教育理论与方法［M］. 北京：人民出版社，2010.

［113］爱弥尔·涂尔干. 道德教育［M］. 陈光金，沈杰，朱谐汉，等，译. 上海：上海人民出版社，2006.

［114］罗洪铁、董娅. 思想政治教育原理与方法：基础理论研究［M］. 北京：人民出版社，2005.

［115］托马斯·库恩. 科学革命的结构［M］. 金吾伦，胡新和，译. 北京：北京大学出版社，2003.

［116］彼得·圣吉. 第五项修炼：学习型组织的艺术与实务［M］.

郭进隆,译. 上海：上海三联书店,1998.

[117] 瞿葆奎. 教育学文集：国际教育展望［M］. 北京：人民教育出版社,1993.

[118] 黄向阳. 德育原理［M］. 上海：华东师范大学出版社,2000.

[119] 黄富峰. 德育思维论［M］. 北京：人民出版社,2006.

[120] 张耀灿. 思想政治教育学前沿［M］. 北京：人民出版社,2006.

[121] 万美容. 思想政治教育方法发展研究［M］. 北京：中国社会科学出版社,2007.

[122] 黄济. 教育哲学通论［M］. 太原：山西教育出版社,1998.

[123] 王南湜. 从领域合一到领域分离［M］. 太原：山西教育出版社,1998.

[124] 班华. 现代德育论［M］. 合肥：安徽人民出版社,2009.

[125] 王仕民. 德育文化论［M］. 广州：中山大学出版社,2007.

[126] 石书臣. 主导论：多元文化背景下的高校德育主导性研究［M］. 北京：人民出版社,2011.

[127] 骆郁廷. 精神动力论［M］. 武汉：武汉大学出版社,2003.

[128] 杨韶刚. 道德教育心理学［M］. 上海：上海教育出版社,2007.

[129] 刘劲杨. 哲学视野中的复杂性［M］. 长沙：湖南科技出版社,2008.

[130] 约翰·H. 霍兰. 隐秩序：适应性造就复杂性［M］. 周晓牧,韩晖,译. 上海：上海科技教育出版社,2000.

[131] 胡锦涛. 牢固树立社会主义荣辱观［J］. 求是,2006（9）.

[132] 邱柏生. 试图摆脱困境的高校思想政治教育［J］. 思想·理论·教育,2003（6）.

[133] 钱广荣. 置疑"德育生活化"［J］. 思想理论教育导刊,2011（12）.

[134] 郑金洲,程亮. 中国教育学研究的发展趋向［J］. 教育研究,2005（11）.

[135] 卢岚. 复杂性思维与思想政治教育主体性的优化［J］. 理论

与改革，2007（4）．

［136］黄路．复杂性科学理论与大学生思想政治教育途径的拓展［J］．中南民族大学学报（哲学社会科学版），2006（1）．

［137］卢岚．思想政治教育的新路径——复杂性思维与思想政治教育社会生态研究［J］．襄樊学院学报（哲学社会科学版），2008（7）．

［138］薛淑芳．复杂性理论视野中的学校道德教育［J］．吉林省教育学院学报，2008（2）．

［139］颜晓峰．20世纪的科学技术发展与思维方式变革［J］．湖南文理学院学报（哲学社会科学版），2003（5）．

［140］游佩林．自然界中线性与非线性的辩证法［J］．自然辩证法研究，1994（6）．

［141］孙美堂．从实体思维到实践思维：兼谈对存在的诠释［J］．哲学动态，2003（9）．

［142］黄厚明，王向东．从实体性思维到实践性思维：我国高校学生管理改革的哲学思考［J］．现代教育科学，2010（5）．

［143］苗东升．非线性思维初探［J］．首都师范大学学报（哲学社会科学版），2003（5）．

［144］刘国光．对经济学教学与研究中一些问题的看法［J］．高校理论战线，2005（9）．

［145］张复满．高校教育的失衡与制衡［J］．中国特色社会主义研究，2003（3）．

［146］李文阁．遗忘生活：近代哲学之特征［J］．浙江社会科学，2000（4）．

［147］吴康宁．学生仅仅是"受教育者"吗？兼谈师生关系观的转换［J］．教育研究，2003（4）．

［148］任平．马克思主义交往实践观与主体性问题［J］．哲学研究，1991（10）．

［149］蓝江．主体性德育的哲学悖论［J］．理论学刊，2005（8）．

［150］杨金华．技术性思维与现代人的生存境遇［J］．科学·经济·社会，2007（4）．

［151］李立锋．全球化背景与市场体制下的当代集体主义价值［J］．社会主义研究，2005（1）．

[152] 倪愫襄. 论自由与平等的和谐 [J]. 福建论坛（人文社会科学版），2006（1）.

[153] 房正宏. 大学生网络政治参与：现状分析与探讨 [J]. 中国青年研究，2011（3）.

[154] 王洪波. 当代大学生网络政治参与的实证研究 [J]. 北大青年研究，2012（2）.

[155] 焦连志. 论中国计划经济年代的"票证社会" [J]. 求实，2009（11）.

[156] 路爱林. 社会转型期主流意识形态建构的路径选择 [J]. 求实，2009（7）.

[157] 张红霞. 论文化多样化对当代大学生的影响 [J]. 当代世界与社会主义，2011（4）.

[158] 步德胜，李勇. 大众流行文化的嬗变对"80后"大学生的影响 [J]. 中国青年研究，2009（1）.

[159] 朱志刚. 论思想政治教育的文化整合功能 [J]. 理论学刊，2007（11）.

[160] 陈仕平. 对达成社会价值共识路径的反思 [J]. 华中科技大学学报（哲学社会科学版），2009（1）.

[161] 张晓京. "90后"大学新生思想行为能力特点的调查研究 [J]. 思想理论教育导刊，2009（9）.

[162] 鲁洁. 教育：人之自我建构的实践活动 [J]. 教育研究，1998（9）.

[163] 戴茂堂. 人性的结构与伦理学的诞生 [J]. 哲学研究，2004（3）.

[164] 王天思. 超越"人性"裂谷 [J]. 江西社会科学，2003（10）.

[165] 王天思. 和谐社会的制度条件和人性根据 [J]. 天津社会科学，2006（2）.

[166] 乌杰. 协同论与和谐社会 [J]. 系统科学学报，2010（1）.

[167] 王知桂. 要素耦合与区域创新体系的构建 [J]. 当代经济研究，2006（11）.

[168] 骆郁廷，储诸斌. 大学生日常思想政治教育的力量整合 [J]. 学校党建与思想教育，2010（10）.

[169] 刘波，李映秋. 当代青年学生接受社会思潮的方式变迁 [J]. 中国青年研究，2010（7）.

[170] 卢建筠. 教育思维方式转向之透视研究：从实体性思维到生成性思维 [D]. 广州：华南师范大学，2006.

[171] 张香兰. 从实体到过程：现代教育的思维转向 [D]. 济南：山东师范大学，2007.

[172] 史宁. 复杂思维视野下的高校德育系统研究 [D]. 大连：辽宁师范大学，2009.

[173] 陈中建. 高校德育系统工程研究 [D]. 南京：南京师范大学，2008.

[174] 童静菊. 生本理念下高校学生工作体系研究 [D]. 武汉：华中科技大学，2008.

[175] 刘伟. 交往实践思想政治教育研究 [D]. 武汉：华中师范大学，2008.

二、英文参考文献

[1] Lawrence Kohlberg. The psychology of moral development: the nature and validity of moral stages [M]. San Francisco: Harper &Row, 1984.

[2] H Haken. Information and self-organization: A macroscopic approach to complex system [M]. Berlin: Springer-Verlag, 1988.

后　记

　　本书是在我的博士学位论文的基础上修改而成，是中山大学马克思主义学院思想政治教育专业对我进行学术培养的结果，也是我教师职业生涯中的一点心得体会。

　　感谢导师李辉教授和郑永廷教授！本书是在两位导师的指导、点拨与关爱下完成的。两位导师的宽慰和鼓励，使愚钝的我逐渐自信起来，让我更有力量面对前进道路上的坎坷，克服写作中遇到的各种困难。两位导师的指导和关心是我一生的感动，也是我不断前行的动力。

　　感谢答辩委员会专家陈金龙教授、万美容教授、王丽荣教授、詹小美教授、王仕民教授！他们提出了许多值得深入思考的问题和完善论文的指导意见，对论文修改成书发挥了重要作用。

　　感谢韶关学院马克思主义学院刘军院长、广东金融学院杨明院长，以及同事们和同学们的关怀！

　　感谢中山大学出版社嵇春霞副总编辑、靳晓虹编辑为本书出版付出的心血！

　　感谢广东省委宣传部理论处为本书出版提供经费资助！

　　感谢家人的默默支持！

　　学识有限，书中难免有错谬之处，真诚希望各位专家、学者批评指正。

　　学无止境，本书的出版是学术道路上的一个新起点，以此来鞭策自己加倍努力，继续探索思想政治教育专业中的新问题。

白翠红
2018 年 3 月 12 日